# 高校学生管理工作的行与思

杨 逍　林怡冰◎著

天津出版传媒集团

天津科学技术出版社

图书在版编目（CIP）数据

高校学生管理工作的行与思 / 杨逍, 林怡冰著. --天津：天津科学技术出版社, 2022.11
ISBN 978-7-5742-0628-1

Ⅰ.①高… Ⅱ.①杨… ②林… Ⅲ.①高等学校－学生－学校管理－研究 Ⅳ.①G645.5

中国版本图书馆CIP数据核字(2022)第196878号

高校学生管理工作的行与思
GAOXIAO XUESHENG GUANLI GONGZUO DE XING YU SI

责任编辑：宋佳霖

责任印制：兰　毅

| | |
|---|---|
| 出　　版： | 天津出版传媒集团<br>天津科学技术出版社 |
| 地　　址： | 天津市西康路35号 |
| 邮　　编： | 300051 |
| 电　　话： | （022）23332490 |
| 网　　址： | www.tjkjcbs.com.cn |
| 发　　行： | 新华书店经销 |
| 印　　刷： | 定州启航印刷有限公司 |

开本 710×1000　1/16　印张 13.75　字数 230 000
2022年11月第1版第1次印刷
定价：78.00元

# 前言

　　高校学生管理工作是高校教育教学工作的重要组成部分，是一个理论性和实践性很强的课题。近20年的改革开放中，各高等学校对学生管理工作都十分重视，认真贯彻党的教育方针，围绕学校培养目标，大胆实践，对高校学生管理工作改革进行了有益的探索。随着社会主义市场经济体制的逐步完善，我国高等教育事业快速发展，高等教育体制改革逐步深入，学生的思想观念日益复杂，传统的学生工作管理观念、方式和体制已很难适应形势发展的需要，必须用新的思路加以改革和创新。本学术著作正是基于这样的研究背景而开展的现实性研究，试图通过管理理念的创新与管理模式的重建为高校学生管理的创新提供参考。

　　全书共分为八章。第一章是高校学生管理工作的整体认知，主要对高校学生管理工作的核心概念进行了界定，对研究的现实基础和研究价值进行了阐述，从而确立了研究的逻辑起点。第二章是高校学生管理工作的理念发展，主要是理顺我国高校学生管理理念的历史发展脉络，总结我国高校学生管理工作的理念变革，并分析在新的时代背景下高校学生管理理念的发展趋势。第三章为高校学生管理工作的典型体制，主要列举了几类典型的管理工作体制，为后期管理工作制度的完善和发展奠定了基础。第四章主要分析了高校既有的人格化、网格化、精细化以及书院制等几种管理模式。第五至第七章聚焦高校学生管理工作中的日常事务管理（学生宿舍管理、课外活动管理、学习管理与辅导、安全管理与健康服务）、心理健康管理和就业管理。第八章则重点讨论高校学生管理工作创新，认为当前我国高校应积极引入新媒体、大数据、"互联网+"等新兴内容，充分利用上述各种途径实现管理创新。

高校学生管理工作创新是一个系统工程，要和高校自身的实际相结合，要通盘考虑高等教育的全过程，要紧跟时代步伐，进一步改进和完善，以适应社会经济的发展趋势。

在本书的撰写过程中，笔者得到了同事亲朋的鼎力相助，在此一并表示衷心的感谢。由于作者水平有限，书中疏漏之处在所难免，恳请同行专家以及广大读者批评指正。

## 第一章 高校学生管理工作的整体认知 / 1

  第一节 高校学生管理工作的基本概念与特点 / 1

  第二节 高校学生管理工作的科学要求与原则 / 5

  第三节 高校学生管理工作的综合价值与职能 / 12

  第四节 高校学生管理工作的基本环节与方法 / 19

## 第二章 高校学生管理工作的理念发展 / 32

  第一节 "政治教育+管理"理念（1949—1965年） / 32

  第二节 "思想政治教育+管理"理念（1979—1998年） / 35

  第三节 "思想政治教育+管理+服务"理念（1999年至今） / 39

  第四节 高校学生管理工作理念的发展趋势 / 42

## 第三章 高校学生管理工作的典型体制 / 51

  第一节 一级管理、集权式、有科室设置 / 51

  第二节 二级管理、分权式、两处型 / 53

  第三节 二级管理、分权式、单处型、有科室设置 / 54

  第四节 二级管理、分权式、合署型、无科室设置 / 56

  第五节 二级管理、分权式、委员会型、合署型、有科室设置 / 57

## 第四章 高校学生管理工作的既有模式 / 60

  第一节 人格化管理模式 / 60

第二节　精细化管理模式　/　62

第三节　网格化管理模式　/　71

第四节　书院制管理模式　/　79

## 第五章　高校学生管理工作之日常事务管理　/　94

第一节　高校学生宿舍管理　/　94

第二节　高校学生课外活动管理　/　112

第三节　高校学生学习管理与辅导　/　130

第四节　高校学生安全管理与健康服务　/　141

## 第六章　高校学生管理工作之心理健康管理　/　150

第一节　学生心理健康管理的核心概念与理论基础　/　150

第二节　高校学生群体心理特征及管理的主要措施　/　155

第三节　高校学生心理健康管理各类主体及具体情况　/　159

第四节　高校学生心理健康管理体系的系统构建　/　163

## 第七章　高校学生管理工作之就业管理　/　171

第一节　高校学生就业管理的系统概述　/　171

第二节　高校学生就业管理的历史沿革　/　173

第三节　高校学生就业管理的主要内容　/　175

第四节　提高学生就业管理水平的对策　/　178

## 第八章　高校学生管理工作的创新研究　/　182

第一节　新媒体与高校学生管理工作的创新　/　182

第二节　微时代与高校学生管理工作的创新　/　188

第三节　大数据与高校学生管理工作的创新　/　192

第四节　"互联网+"与高校学生管理工作的创新　/　201

## 参考文献　/　210

# 第一章 高校学生管理工作的整体认知

## 第一节 高校学生管理工作的基本概念与特点

### 一、高校学生管理工作的基本概念

#### (一) 管理

在人类历史上很早就已经出现了"管理"这一概念。管理是一种社会现象,凡是有许多人一起共同劳动、学习、生活的地方就需要管理。这是因为管理是社会组织为了实现预期的目标,以人为中心进行的协调活动。这就使得管理活动成为人类活动的一个重要方面,并且普遍存在于由人组成的各种机构中。可是真正现代意义上的"管理"概念则是由法国现代管理理论创始人亨利·法约尔(Henri Fayol)于1916年提出的,他认为"管理是以计划、组织、指挥、协调及控制等职能为要素组成的活动过程",这个概念阐明了管理的本质,奠定了管理学科学定义的基础。[①] 现在各种关于"管理"概念的阐述异常丰富,不同的学者对管理的概念有着不同的理解。系统管理学派的代表人物弗里蒙特·卡斯特(Fremont E. Kast)认为,管理是"组织中协调各分系统的活动,并使之与环境相适应"[②];决策学派代表人物、诺贝尔经济学奖获得者赫伯特·亚历山大·西蒙(Herbert Alexander Simon)认为,"管理就是决策,管理过程就是决策过程",等等。卡尔·海因里希·马克思(Karl Heinrich Marx)对"管理"概念也曾有过精辟的论述,他认为:"一切规模较大的直接社会劳动

---

① 亨利·法约尔. 工业管理与一般管理[M]. 王莲乔,吕衍,胡苏云,译. 成都:四川人民出版社,2017:7.
② 卡斯特,罗森茨威格. 科学、技术与管理[M]. 柴本良,华棣,等译. 北京:国防工业出版社. 1979:14-24.

或共同劳动，都或多或少地需要指挥，以协调个人的活动，并执行生产总体的运动——不同于这一总体的独立器官的运动——所产生的各种一般职能。一个单独的提琴手是自己指挥自己，一个乐队就需要一个乐队指挥。"[1] 马克思的这段话包含着四个方面的意思：一是管理是集体合作劳动的共同需要；二是管理是执行生产总体运动所产生的各种职能；三是管理的主要职能是指挥和协调他人的活动以取得成效；四是管理的目的是取得比各个部分之和更大的效益。

在这些概念中，学者力图从各个角度来揭示"管理"的本质内涵，相比而言，笔者赞同周三多先生在《管理学原理与方法》中对管理的阐述："管理是社会组织中，为了实现预期的目标，以人为中心的协调活动。"[2] 从这个阐述中可以看到关于"管理"作为一种社会活动与其他社会活动之间的本质区别，从而可以使我们能比较深刻地了解"管理"的科学含义。

### （二）高校管理

高校管理是一种用人以治事的活动，只不过人的特点、事的性质不同而已。高校中的"人"是有知识、有修养的教师群体和正在成长中的青年学生，高校中的"事"就是教育人、培养人，即把受教育者培养成德、智、体等方面都得到发展的现代化建设者。从这个意义上说，高校管理就是用好教职工以完成教书育人的一种活动。

学者给"高校管理"一词的界定尽管表述不完全一样，但基本含义是一致的，其实质是相同的。张济正认为："学校管理是学校管理者通过一定的机构和制度，采用一定的手段和方法，带领和引导师生员工，充分利用校内外的资源和条件，有效实现学校工作目标的组织活动。"[3]

### （三）高校学生管理

我国高校学生管理工作一般指学生非学术性活动和课外活动的总称，具体包括思想政治教育、遵纪守法和行为规范教育、日常管理、学生社团、各种课外活动、文体活动、经费资助、帮困助学服务、学生心理卫生、健康医疗、就

---

[1] 马克思,恩格斯.马克思恩格斯全集：第23卷[M].中共中央马克思恩格斯列宁斯大林著作编译局,编译.北京：人民出版社,2016：307.

[2] 周三多,陈传明,刘子馨,等.管理学原理与方法[M].7版.上海：复旦大学出版社,2018：8.

[3] 张济正.我国教育管理学科的过去、现在和未来[J].华东师范大学学报（教育科学版）,1989(3)：69-79.

业指导与管理、学术支持等多领域。学生管理工作与教学、科研一样，都是我国高等教育中不可或缺的有机组成部分。随着高校学生事务的发展及分化，学生管理的概念为众多学者及实务工作者所关注。目前，国内外对学生管理还未形成相对统一的标准概念，呈现出百家争鸣、众说纷纭的态势。蔡国春认为："学生管理工作是指高等学校通过非学术型事务和课外活动对学生施加教育影响，以规范、指导和服务学生，丰富学生校园生活，促进学生成长成才的组织活动。"① 云炜恒认为："学生管理工作是学校承担的有关学生非学术性的或课堂外的工作，是高校管理的重要组成部分，包括学生日常生活管理、伦理道德与法治教育、行为规范管理、学习辅导、职业（就业）指导、心理辅导、心理障碍干预、社团及文化建设管理、财政援助管理和特殊学生的管理等。"② 张书明认为："学生管理工作是指在以人为本、以学生为本的教育理念下，高校通过灵活的工作方式和多样化、现代化的手段，将发挥学生的主体作用与高校自身的教育、管理、服务职能有机结合，从而促进学生的全面发展，实现管理育人、服务育人的活动总称。"③ 储祖旺认为："学生管理工作是指高校的专门组织和学生管理者依据国家的法律、政策和人才培养目标，在一定的学生管理价值观指导下，运用相关专业知识和技能，配置合理的资源，提供促进学生发展所必需的学生事务的组织活动过程。"④ 冯培认为："学生管理工作是指高校通过指导、规范和服务于学生的成长过程，以促进其全面、均衡、可持续发展的非学术性管理活动。"⑤ 这些定义对学生管理工作的本质并没有很好的把握，较少从中国高校学生管理工作的实际出发进行描述和界定。

本书认为学生管理工作是指高校对学生事务的计划、组织和领导，是一系列与学生相关的非学术型事务——包括生活辅导、课外活动、身体保健、就业指导、心理咨询、勤工助学、校园秩序、奖励与处分等事宜。高校学生管理工

---

① 蔡国春.高校学生事务管理概念的界定：中美两国高校学生工作术语之比较[J].扬州大学学报（高教研究版），2000（2）：56-59.

② 云炜恒.我国大学生事务管理存在的问题及解决途径[J].内蒙古师范大学学报（教育科学版），2007（3）：70-72.

③ 张书明，朱新筱.试析新时期高校学生工作的困境及其创新[J].思想理论教育导刊，2007（10）：80-82.

④ 储祖旺，蒋洪池.高校学生事务管理概念的演变与本土化[J].高等教育研究，2009，3（2）：86-90.

⑤ 冯培.关于高校学生事务管理转型的若干思考[J].经济与管理研究，2007（9）：62-66.

作的最终目的是服务人才培养，帮助和促进学生个体全面发展。因此，与教学、科研、服务的有效整合，是当前高校学生管理工作发展的重要方向。高校学生管理的内涵应该包括教育、服务、管理三个方面。

1. 教育

学生管理工作的内涵首先是教育，学生管理是高等教育的一部分，也是促进学生身心发展的社会化活动，所有形式的学生管理工作都必须带有一定的教育性，学生管理工作的教育需要对学生进行正面的思想政治教育，帮助学生树立正确的世界观、人生观、价值观，促进其具备健康的心理素质，引导其获得职业生涯规划与就业能力，塑造其优秀的人格品质和个性特征。

2. 服务

学生管理工作可能涉及的一切方面，诸如学籍注册、资助活动、住宿管理、社区服务、职业规划、心理咨询、娱乐休闲、社团活动等许多方面既是管理工作，也更能体现出服务性。学生管理工作的服务就是如何为学生的成长、成才和发展提供必要的服务条件。

3. 管理

学生管理工作有自己特定的目标，需要专业的技能和经验，要求科学地组织各种资源。因此，它是一种特殊的管理行为。学生管理工作关注的是学生的成才和发展，主要指对学生正常校园行为的管理，包括校园秩序维护、学生的学习环境管理与课外学习组织、学习效果评价与奖惩，学生班级、社团的领导与组织，学生活动的组织与协调等。

## 二、高校学生管理工作的特点

### （一）专业性

新时期，高校学生管理工作成为一门非常值得研究的学科，其有着独立的模式和科学体系，和社会其他领域相比较，更为科学化与规范化。高校学生管理以管理、服务、教育三位一体来完成学生管理工作，并以此来阐释教学、管理、学生之间的关系，以专业性的管理方式来维系校园秩序。因此，高校学生管理工作的专业性显而易见。高校学生管理的专业性必须体现在实际工作当中，才能掌握时代脉搏、把握学生动态、紧握管理环节，以全新的视角和模式开展高校学生管理工作，针对问题及时解决，跟踪调查。当然，高校要想使学生管理工作成为学生教育管理的主渠道，只在思想上重视还不够，一定要打破传统、更新理念，全面适应学生群体及环境特征。让高校学生管理工作汲取更多的科学管理手段及方法，推进高校学生管理工作全面走向专业化，成为教育传播的主体阵营。

### （二）关联性

高校学生管理工作不是高等教育范畴中的独立个体，而是与高校各项工作紧密相连的重要组成部分，是高校教育成果的有力保障，在高校教育的各个环节中起着支撑作用。各高校都不可能实现单独的教育、教学。同样，高校也不能实现单纯的管理。因此，高校要使学生管理工作成为教育、教学的推动者和维护者，使学生在接受管理的同时得到较好的教育，获得良好的教学指导。

### （三）政策性

国家对高校学生管理工作颁发了一系列的基本方针和政策，例如学生管理、学籍管理、学生行为规范、毕业分配工作管理等。国家制定的这些方针、政策是搞好学生管理的行动准则，必须认真学习贯彻，维护方针、政策的严肃性。

## 第二节 高校学生管理工作的科学要求与原则

### 一、高校学生管理工作的科学要求

#### （一）工作主体"两"加强

1. 学生管理工作主体职业化

职业是职场中的专门行业，是社会劳动中的分类。职业作为社会劳动的具体形式，是由特定的工作职责、职业能力和工作岗位构成的。职业的不同，实际上就是工作职责履行、职业能力发展和工作岗位任务完成的不同。从这个意义来看，学生管理工作是一种专门的职业。学生管理工作者的职责就是在全面贯彻党的教育方针，坚持社会主义办学方向，坚持育人为本、德育为先的原则基础上，对学生成长成才和全面发展，尤其是对学生思想、政治、道德素质的提高，负有教育、引导、管理、服务的责任。它体现了学生管理工作队伍特定的工作目的。职业化指的是从业人员从事某种职业之后所具备的职业状态。事实上，我国高校学生管理工作在20世纪50年代就已经出现了，经过这么多年的发展，这一职业不但没有因为时代的发展而弱化，反而日渐加强，这本身就是这一职业生命力的最好体现。学生管理工作主体的职业化问题逐渐摆上人们的议事日程，正是这一职业发展的必然结果。学生管理工作主体的职业化，就是要让学生管理工作者以学生管理工作为本职，在工作职责履行、职业能力发展、岗位任务完成等方面有职业归属感，能够真正安下心来做工作，宁心静气搞研究，可以使学生管理工作队伍在职业范围内保持稳定。为了培养社会主义合格的建设者和可靠的接班人，我们不仅要在学生管理工作队伍职业化问题上进行理论探讨，更要在实践中促使学生管理工作队伍职业化的早日到来。

2.学生管理工作主体专家化

一般认为，专家是对某一事物或领域精通，或者说有独到见解的人。学生管理工作专家化是指在其职业化的基础上，通过不断的学习提升和自身的实践探索，加强总结、反思和批判，持续提高自身业务理论水平和实践能力，成长为敢于创新、善于创造性地解决工作中遇到的各种问题、对工作中的各种问题有深刻的认知和独到见解的复合型人才，能够在学生管理工作岗位上成长为思想政治教育专家、教育管理专家、心理健康咨询专家、职业生涯指导专家、法制教育专家、社团活动指导专家等。当然，学生管理工作者的专家化非一日之功，要想成为专家，就要放下身来、静下心来进行系统全面的学习，接受扎实有效的培训，经历真实反复的实践，开展批判反思研究。在我国现有的学生管理工作队伍中，尤其是辅导员队伍中，专家化的程度不太高。当前针对学生管理工作者的部分政策，如同职称晋升、学位攻读等相关的政策，在一定程度上鼓励学生管理工作队伍向专家化发展，但是由于诸多因素的影响，很多学生管理工作者仅是将其作为跳板。学生管理工作队伍专家化的前提是专业化，因而学生管理工作队伍专家化建设，关键是学生工作管理队伍专业资格的认定和综合业务能力测评体系的构建。所谓专业资格认定，就是要确定学生管理工作人员专业化发展的逻辑起点，进而制定学生管理工作队伍走上专家化的方向与举措，如攻读学位、晋升职称、学术研究、学习培训等，在此基础上，还要形成行之有效的约束机制，使学生管理工作队伍的专家化落到实处。

**（二）工作对象实现"三自"**

1.学生的自我教育

自我教育是在教育系统中，受教育者根据社会标准道德规范及其相关要求,自觉地进行自我认识、自我评价、自我监督、自我控制,有目的地调整自己行动的活动,从而主动达到或接近教育目的的过程。苏联教育家瓦·阿·苏霍姆林斯基(Василий Александрович Сухомлинский)说:"在对个人教育中,自我教育是起主导作用的方法之一。"[①] 自我教育是衡量教育实效性的一个标志,又是学生工作的归宿。学生管理工作最终要落脚到作为成长主体的学生实现自我成长、自我发展。可以说,在新时期,自我教育是高校学生管理工作贯彻科学发展理念的内在要求,也是学生管理工作的长效标准和最终归宿,更是学生管理工作深化科学发展理念、克服传统模式的弊端和应对新形势的必然选择。因而高校在学生管理工作开展过程中,不要一味地强调教育主体一方,而要站在系统思维的视野,关注教育的对象——学生,如要正面引导,弘扬正气,建立自我教育的引导机制;加强学生会、学生社团等学生组织的建设,保障自我教育的实施条件;将自我教育贯穿到学生日常学习生活和社会实践活动之中,使成长主体的主体性价值得以充分实现;加强校园文化建设,形成自我教育的良好氛围;将思想政治教育与新生教育、专业教育、心理健康教育和实践就业教育等有机结合,进行全方位、全过程的自我教育;提高教育工作者的自我教育意识,发挥受教育者的积极性;以人为本、贴近学生,发现新情况,解决新问题。

2.学生的自我管理

学生的自我管理是为了适应社会发展对个人综合素质的要求,调动自身主观能动性,自觉地利用和整合各方面资源,运用各种有效管理办法,开展自我认识、自我分析、自我设计、自我组织、自我实施、自我控制、自我监督和自我评价的自我管理过程。自我管理是学生主体性价值实现的过程,是资深能力素质有效提升的过程。在高校学生管理工作中,学生自我管理的领域很多,如设立学生宿舍自律委员会,以宿舍为依托,对学生予以社区化管理;建立学生党员社区管理制度,即学生党员在党总支和党小组直接管理下,按宿舍楼层把学生党员编组,开展相关学习活动,接受学生监督,切实保障学生党员先进性的发挥;建立辅导员助理、见习班主任制度,通过在高年级中选拔管理组织能力强的优秀学生干部担任低年级的见习班主任,有效弥补管理力量不足的问题;建立学生班规民约制度,对班级日常事务进行自治,进行民主管理等。

---

[①] 瓦·阿·苏霍姆林斯基.少年的教育和自我教育[M].姜励群,吴福生,张渭城,等译.北京:北京出版社,1984:97-108.

3. 学生的自我服务

学生的自我服务是学生通过相关载体和平台为所在的学生群体包括自己在内所提供服务的过程。要实现自我服务，首先要充分认识自我服务的必要性和紧迫感。特别是对于未来即将进入职场的学生群体来说，他们更要认识到这一点，应当具有自我服务的意识，应当具备自我服务的能力，应该在进行自我服务过程中全面提升自身的能力素质。其次要充分利用好各级各类服务平台。各级学生社团组织、班集体、生活社区、学生会等学生群体性组织是学生实施自我服务的坚实载体，在这些组织中，学生可以互相学习，共同进步，同时，这些组织在学校各部门的领导下对于活跃校园文化、稳定校园秩序、沟通民情民意起到了很好的作用。

### （三）工作内容具备"三性"

1. 学生管理工作内容的具体性

教育部或地方教育行政部门对高校学生管理工作做了宏观的规定，这些规定成为高校学生管理工作一定时期的主要内容，成为高校学生管理工作的主要依据和指南。但是从内容上来看，这些规定显得过于宏观、抽象。由于各种原因，诸多高校在解读规定时不太深入，使高校学生管理工作的内容不太具体，操作起来也不太好把握。学生管理工作要符合一所高校的具体实际，必须要使其内容具体化。根据科学发展理念的要求，在具体化的过程中，运用现有科学理论认真研究工作对象、工作环境等因素，能够使学生管理工作内容符合自身实际，而不是过于抽象从而难以驾驭。不同的高校、不同的学生、不同的级别、不同的类型、不同的时期，学生工作的内容也有不同。

2. 学生管理工作内容的系统性

系统性是整体思维和结构优化在组织运行中的充分体现。系统是由多种相关因素组合而成的一个具有特定目标功能的组织。就高校学生管理工作的内容而言，其系统的构成要素有很多，如思想道德、就业指导、安全法制、心理健康、能力素质、形势政策等。强调学生管理工作内容的系统性，主要在于要将学生管理工作视为一个有机整体，以避免将学生管理工作的各个方面孤立看待，目的是要开阔学生管理工作者的工作思路，运用运动、发展、变化的观点审视学生管理工作，提高学生管理工作的时代性与系统性。从系统的角度认识学生管理工作，我们可以清楚地看到学生群体是一个系统，而且学生管理工作本身就是一个具有突出系统特点的整体。

3.学生管理工作内容的层次性

层次性是自然界当中普遍存在的现象。高校学生管理工作内容作为一个特殊的系统，其内部的层次性是不以人的意志为转移的客观存在。高校学生管理工作不仅拥有自己的详细内容，而且其内容也必然具有相应的层次性。由此可见，高校学生管理工作内容"不是单一的，而是集合的，是一个目标系统"。高校学生管理工作内容的层次性就是对学生管理工作内容予以纵向结构剖析。从不同层次院校的学生来讲，人才培养的目标具有差异性。从不同年级的学生来讲，学生管理工作应该具有不同的针对性、指向性和工作内容的侧重性。从学生个体来讲，不同基础、不同水平、不同成长目标的学生应该接受不同的教育方式和教育内容，也就是真正意义上的因材施教。

**（四）工作方法做到"四化"**

1.科学化

科学，就是符合客观规律，符合自身实际，体现客观现实，适应环境变化。多年来，我国高校学生管理工作偏重维护稳定和维持秩序的目标追求，"求稳"重于"开拓"，"守成"多于"创新"，越来越不适应"科教兴国""人才强国"战略下对人的全面发展的关照。融入时代特征，强调以人为本，明确学生管理工作要充分认清自身的育人功能，充分重视学生在管理工作过程中的重要地位，充分理解学生管理工作的价值追求在于以学生为本，服从服务于学生的全面发展，并以培养社会主义合格建设者和可靠接班人为使命。高等教育事业科学化的发展，对学生管理工作提出整体上从事务主义层面向全面协调、可持续发展层面转变的新要求。

2.人性化

在传统的视域中，高校学生管理工作的主要内容就是事务管理，忽视教育、服务、指导、咨询、资助等职能，滞后于当代学生群体成长、成才、成功的现实诉求。高校在管理工作中往往忽视人的全面发展的需要，没有真正做到以人为本。以人为本，在高校学生管理工作中就是要以学生为本，以学生的全面发展为本，把学生当作有思想、有独立人格的社会公民来看待，就是要坚持以学生的根本利益和成长成才为出发点。高校学生管理工作要做到以人为本，首先是管理工作要以学生为中心，从学生的立场出发满足其合理的需求，要尊重学生、依靠学生，注重老师管理和学生自我管理相结合；其次，要不断满足学生的精神发展诉求，善于从学生自我发展与合理需求的视角完善管理规章制度，看待问题要善于转换角度，善于结合社会，善于调动各方面的积极性，体现学生激情与活力的特点，促进学生的自我实现与超越。同时，对学生管理可以依靠引导、激发、鼓励、奖励和惩罚等方法进行人性化管理，加以规章制度约束、监督、处罚、处分等手段进行法制化管理辅助。

3.信息化

在信息化时代，高校在工作方法上需进行信息化建设来实现本身新的价值。在校园中以通信工具、信息网络为要素的现代信息媒体，正逐渐改变学生的思维逻辑、行为模式和价值取向，而这些都使得现在高校学生管理工作的方法发生根本性的改变。利用现代信息技术服务于高校学生管理工作，是学生管理工作适应时代发展的必然选择，也是学生管理工作内在规律的必然要求。高校将信息化应用到学生管理工作中，不仅摆脱了传统的复杂烦琐、低效率的管理模式，大大提高了管理的效率，节省了精力，也是对自身在新形势下参与高校综合实力竞争的新要求。学生管理工作信息化后，学生管理工作者可以充分利用网络的及时性、灵活性、虚拟性和动态交互性等特点，更加贴近学生的学习生活，更好地为学生服务。

4.个性化

因材施教是中华传统文化中的精髓，是教育的真谛。高等教育要实现科学发展，增强育人工作的针对性、实效性和个性化是必然趋势和必由之路。学生管理工作是育人工作的重要组成部分，学生管理工作从理念到方法上增强针对性、实效性和个性化，是高校育人工作个性化教育的重要内容。可以说，高校在学生管理工作过程中，方法的个性化源于对象的个性化，对于不同的教育对象，需采取不同的教育措施，从而促进学生不同的发展。强调因材施教，明确学生管理工作要充分把握新时代学生成长成才的身心规律、接受影响的思维习惯和全面发展的实际需求，善于利用信息化手段，充分尊重学生的个性，区分学生类型以进行分类指导，并最终实现个性化引导。

## 二、高校学生管理工作的原则

### （一）全面发展原则

高校学生管理工作要全面贯彻党的教育方针，以提高学生素质为根本宗旨，造就有理想、有道德、有文化、有纪律的德、智、体、美等全面发展的社会主义事业的建设者和接班人。高校对于学生的管理，不能违背这一要求和规律。学生管理工作要全面提高学生的素质。实践证明，以考试为手段，以分数为标准，把少数人从多数人中选拔出来的应试教育忽视了对学生的理想信念的教育、良好人格的培养，引导学生片面地追求升学，其危害已日益引起人们的关注，以应试为唯一目的的学生管理模式，必须纠正。

## （二）方向性原则

管理是一种有目的的活动，管理工作必然具有方向性。以坚持社会主义方向为准绳，这是我国高校学生管理工作的一个本质特点。我国是社会主义国家，自然要使高等学校成为社会主义性质的育人场所。社会的性质制约着学校的性质，进而决定学校一切管理工作的性质，因此高校学生管理工作，作为一种有目的、有意识的自觉活动，必须坚持党的领导，坚持社会主义方向和重要思想，为社会主义现代化建设培养造就大批合格人才，这是高校学生管理工作必须遵循的一条最基本、最重要的原则。

## （三）集体性原则

强调高校学生管理工作的集体性，并不是要取消或者压制学生的个性。但是个性的形成和培养又不是孤立的，而是在集体的环境中进行的，二者是辩证统一的关系。学生管理工作是在学生集体——主要是班集体中进行的，班级既是学生管理工作的主要场所，也是德、智、体、美教育的主要组织形式。学生集体既是对学生管理的组织手段，又是对学生进行教育的强大力量。因此，加强班级的建设，是符合学生管理的集体性原则的。

## （四）平等与尊重原则

尽管学生管理工作者与学生是管理和被管理的关系，但学生管理工作者应以平等的态度对待每一个学生。这里的平等有两方面的含义：一方面，双方在人格上是平等的，不存在高低贵贱之分；另一方面，学生管理工作者应一视同仁地以平等态度对待每一位学生。平等就要尊重和信任学生，维护每一个学生都具有的自尊心和自信心。实践证明，差生之所以成为差生，往往是由于失去了自尊和自信；成功的教育之所以成功，也往往是从启迪自尊启动自信开始。

## （五）理论与实践结合原则

理论与实践相结合，坚持实践是检验真理的标准，这是马克思主义的基本原理，也是高校学生管理工作的基本原则。准确领会和掌握马克思主义的相关科学及各种管理原理，从而把握它们的精神实质，这是搞好学生管理工作的前提。但是，管理原理的应用价值和范围，是受不同学校、不同管理对象和管理者水平等因素制约的。党和国家在社会主义现代化建设阶段有着基本的教育方针和政策，在各个不同发展时期，针对不同特点，又提出一系列具体的方针、政策和要求。这些方针、政策和要求，应当体现在各高校学生管理的具体措施、方法之中。但是科学的学生管理工作必须从本地区、本校、本专业、本年级学生的具体情况出发，从学生的素质、兴趣、爱好，以及青年的生理、心理特点等出发，制定出相应的方法和措施。

## 第三节　高校学生管理工作的综合价值与职能

### 一、高校学生管理工作的综合价值

（一）社会价值

1. 培养合格人才的重要手段

中国特色社会主义事业的发展需要数以亿计的高素质的劳动者、数以千万计的专门人才和一大批拔尖创新人才。高校是人才培养的重要基地，其中心任务就是要为中国特色社会主义建设培养合格的专门人才。而学生管理则是高校人才培养工作的重要手段，在培养合格人才中发挥着不可或缺的重要作用。

（1）维护正常的教育教学秩序。高校的教育教学活动是按照一定的规章制度有目的、有计划、有组织地进行的，建立和维护正常的教育教学秩序是高校教育教学工作的内在要求和基本条件。这就需要有严格的、科学的管理，包括学生管理。学生管理工作在维持高校教育教学秩序中具有特殊的重要作用。在高校学生管理工作中，实行严格的学籍管理，按照一定的制度和规定，有序地做好有关学生入学与注册、课程和各种教育环节的考核与成绩记载、转专业与转学、休学与复学、退学、毕业与结业等各项工作，是建立正常的教育教学秩序的基础。实施系统的学习管理，引导学生明确学习目的，提高学习的主动性和自觉性，规范学生的学习行为，督促学生自觉遵守学习纪律和考试纪律，形成良好的学风，是建立正常的教育教学秩序的关键。加强对学生班级、学生社团等学生群体的管理，引导学生紧紧围绕高校的教育教学目标，有序地开展班级活动、社团活动和其他课余活动，是建立正常的教育教学秩序的重要条件。

总之，高校学生管理工作是建立和维护正常的教育教学秩序的重要保证。没有有效的学生管理，维持正常的教育教学秩序谈何容易。

（2）培养学生的思想品德。中国特色社会主义建设所需要的合格人才不仅要具备良好的专业知识和能力素养，还要具备良好的思想品德。所谓思想品德是指人在一定的思想体系指导下，按照社会的言行规范行动时，表现在个人身上的相对稳定的特征。它是以心理因素为基础的思想与行为的统一体。培养学生良好的思想品德，不仅需要深入细致的思想政治教育，还需要有效的管理。这是因为人们良好思想品德和行为习惯的形成，是一个由他律到自律的过程。学生各方面还未成熟，发展尚未稳定，加之各个学生的思想基础不同，接受教育的主动性、积极性和自觉性各不相同，因此，学生自我管理、自我约束的能力存在差异。要帮助学生提高自理、自律的水平，使他们能够自觉地遵循社会的思想规范、政治规范、道德规范和法纪规范，并形成良好的行为习惯，就必须在加强思想政治教育的同时，加强对学生各方面的管理，注重学生日常行为规范的训练。通过学生管理，科学制定并严格执行各项规章制度，强化行为管理和纪律约束，使学生的学习、交往等各方面的行为都能够按照一定的规范有序地进行，不仅有助于培养学生良好的行为习惯，也可以为思想政治教育创造良好的环境条件，从而增强思想政治教育的效果。

（3）激励、指导和保障学生的学习行为。高校教育教学的过程是教师与学生双向互动、"教"与"学"辩证统一的过程。其中，"教"是主导，"学"是关键。学习是学生的主要任务，是学生能否成为合格人才的关键。而学生管理工作则对学生的学习行为起着重要的激励、指导和保障作用。

①高校学生管理工作对学生学习行为的激励作用主要表现在：引导学生充分认识大学学习的社会意义和个体价值，明确学习目的，以激发学生的学习动机；运用颁发奖学金和授予荣誉称号等方式，表彰学业优秀的学生，以鼓励学生勤奋学习；把竞争机制引入学生的学习活动之中，围绕学生的专业学习，组织各种竞赛活动，以激发学生的学习热情。

②高校学生管理工作对学生学习行为的指导作用主要表现在：指导新生了解大学阶段学习的特点和要求，促进他们尽快实现学习方式从被动性学习到自

主性学习的转变；指导学生根据社会需求和自身实际制订职业生涯规划，确定自己的职业生涯发展方向，从而明确学习的目标；指导学生掌握科学的学习方法，养成良好的学习习惯，不断提高自主学习的能力和学习效率；指导学生积极开展社会实践活动，注重在实践中加深对专业理论知识的理解，在实践中提高自己的专业技能。

③高校学生管理工作对学生学习行为的保障作用主要表现在：加强资助管理，切实做好助学贷款和助学金的发放工作，组织和指导学生的勤工助学活动，为家庭经济困难学生安心学习、顺利完成学业提供必要的经济条件；开展学生学习心理的辅导，帮助学生克服学业焦虑等各种消极心理，以积极健康的心态对待学习等。

2.构建和谐社会的内在要求

（1）高校学生管理是促进学生集体和谐发展的重要手段。包括学生党团组织、班级、学生会、社团等在内的学生集体是学生政治、学习和日常生活的基本组织形式，直接影响着学生的思想和行为，是学生思想政治教育和管理的重要载体。学生集体的和谐发展，不仅直接关系着学生个体的健康成长和全面发展，也直接关系着高校的和谐稳定和科学发展。学生管理包含着对学生集体的管理，因此其在促进学生集体和谐发展中具有十分重要的作用。通过学生管理，引导学生集体自觉遵循学校的有关制度和规定，紧紧围绕学校的人才培养目标和学生成长成才的需要，积极开展丰富多彩的集体活动，充分发挥自身在学生自我教育、自我管理中的作用，可以促进学生集体的发展与学校发展的和谐与统一。通过学生管理，切实加强学生集体的思想建设、组织建设、制度建设和作风建设，引导学生增强集体意识，主动关心集体发展，积极参与集体活动，弘扬团结互助精神，不断增进同学友谊，注重相互沟通与交流，及时化解各类矛盾，可以促进各个学生集体自身的和谐发展。通过学生管理，引导学生党团组织、班级、学生会、社团等各类学生集体正确处理相互之间的关系，加强相互之间的沟通和协调，做到相互配合、相互支持，形成学生自我教育、自我管理的合力，可以促进各类学生集体的相互和谐与共同发展。

（2）高校学生管理工作是构建和谐校园的重要手段。高校是现代社会中不可或缺的重要社会组织，担负着培养人才、推进科技进步、传播先进文化的重要任务。构建和谐校园，是构建社会主义和谐社会主题中应有之义，也是推进高校科学发展的内在要求。加强学生管理，引导和组织学生积极发挥在和谐校园建设中的主体作用,是构建和谐校园的重要保证。加强学生管理,建立和完善学生参与民主管理的组织形式,引导、支持和组织学生依法参与学校的民主管理和实行自主管理,切实维护和保障学生在校期间享有的权利,引导和督促学生全面履行法律规定的义务,自觉遵守国家法律和学校管理制度,能够有力地推进高等学校的民主法制建设。加强学生管理,妥善地协调学生与学校、学生与教师之间的关系,维护学生的正当利益,实事求是地评价学生的思想品德和学业成绩,公正地实施奖励和处分,正确地处理学生中的各种矛盾和问题,可以使公平正义在校园中得到弘扬。加强学生管理,督促学生在学习考试、科学研究、人际交往和日常生活中坚持诚实守信,做到不作弊、不剽窃,引导学生尊敬师长,友爱同学,团结互助,才能在校园中形成诚信友爱的良好风尚。通过学生管理,充分调动学生的积极性和创造性,围绕专业学习,开展丰富多彩的社团活动和社会实践活动,鼓励、组织和支持学生开展科学研究、进行创造发明、尝试创业活动,才能使校园真正充满活力。通过学生管理,建立和维护学校正常的教育教学秩序和生活秩序,加强学生的安全教育和管理,保障学生的身心健康,有效地预防和妥善地处理学生中的突发事件,努力建设平安校园,才能使校园实现安定有序。通过学生管理,引导和督促学生自觉维护校园环境,节约使用水、电等各种资源,才能使校园成为人与自然和谐共处的生态校园。

(3)高校学生管理工作是维护社会稳定、实现社会安定有序的重要保证。我们所要建设的社会主义和谐社会应该是民主法治、公平正义、诚实友爱、充满活力、安定有序、人与自然和谐共处的社会。安定有序是社会主义和谐社会的内在要求和重要特征,也是实现社会和谐的基本条件。社会稳定则是安定有序的基本内容和重要表现,也是改革、发展的前提。而高校稳定是社会稳定的重要条件,高校稳定的关键则又在学生。这是因为,学生的思想尚未成熟,思想和行为上存在着矛盾性。他们关心国家发展,关注时事政治,追求民主自由,并具有较强的政治参与意识,但尚缺乏政治经验和社会生活经验,政治辨别能力不强,因此容易受到社会上错误思潮和不良倾向的影响。同时,学生正处于青年期,情感具有强烈性。这既使学生热情奔放,勇往直前,也使学生易于冲动。成千上万的学生集中在高等学校的校园内,如果缺乏正确的引导和有效的管理,一些不良的倾向和问题,很容易在学生中扩散开来,并造成不良的社会影响。因此,切实加强学生管理,正确引导学生的社会活动和政治行为,妥善解决学生在学习、生活、交往和就业中碰到的各种矛盾和问题，及时处理学生中发生的各种突发事件，以保持高等学校的稳定，对于维护社会稳定，实现社会安定有序具有特殊的重要意义。

**（二）个体价值**

高校学生管理工作的个体价值主要表现在激发动力、开发潜能、完善人格等几个方面。

1. 激发动力

高校的系统教育为学生的成长和发展提供了良好的条件，而学生能否健康成长和全面发展，关键在于学生自身的主观努力即主观能动性的发挥。因此，要促进学生的成长和发展，就必须注重激发学生的内在动力，充分调动他们的主动性和积极性。高校学生管理工作具有显著的激励功能，在激发学生内在动力方面具有突出的作用。高校学生管理工作对学生的激励作用，主要是通过以下三种路径实现的。

（1）目标激励。人的行为总是指向一定目标的，目标是人们期望达到的成果和成就，能够激发人的内在积极性，鼓励人们奋发努力。人们对目标的达成满足自身需要的价值看得愈大，估计目标能够实现的可能性愈大，目标的激发力量也就愈大。高校学生管理工作遵循社会发展要求与学生自身发展需要相统一的原则，科学地制定管理的目标，着力引导学生根据社会需要和自己的兴趣爱好、主观条件合理地确定自己的学习目标和发展目标，从而对学生发挥着重要的激励作用。

（2）需要激励。需要是人的行为动力的源泉，是行为动机产生和形成的基础。人的积极性的发挥及其发挥的程度，归根结底取决于其需要能否得到满足以及满足的程度。高校学生管理工作坚持以人为本的管理理念和服务学生的管理原则，关心学生的实际需要，维护学生的正当利益，扎扎实实地为学生的成长和发展提供各方面的指导和全方位的服务，因此，也就必然会对学生发挥重要的激励作用。

（3）奖惩激励。奖励和惩罚是高校学生管理工作的重要方法，其目的就是要通过运用正、负强化手段，控制学生行为结果的反馈调节作用，以维持和增强学生努力学习和践行学生行为准则的主动性和积极性。奖励是通过奖赏、赞扬、信任等褒奖形式来满足学生的需要，使其感到满足和喜悦，从而更加奋发努力的正强化手段；惩罚是通过造成被惩罚者某种需要的不满足而使其感到痛苦和警醒，从而变消极行为为积极行为的负强化手段。高校学生管理工作通过恰当地运用奖励和惩罚，鼓励先进，鞭策后进，从而激励全体学生奋发努力。

2. 开发潜能

人的潜能是指人所具有的有待开发、发掘的处于潜伏状态的能力。它包括人的生理潜能、智力潜能和心理潜能。人的潜能是人的现实活动力量的潜伏状态和内在源泉，人的能力的发展，在一定的意义上，也就是开发潜能，使之转化为现实活动力量即显能的过程。大学生正处于成长和发展的关键时期，着力开发他们身上所蕴藏的丰富潜能，将他们内在的潜能转化为从事社会建设的实际能力和现实力量，是大学生培养工作的重要任务。高校学生管理工作作为学生培养工作的重要组成部分，在开发学生内在潜能方面发挥着不可或缺的作用。大学生管理在开发大学生潜能方面的作用，主要是通过以下三种途径实现的。

（1）指导学习训练。学习和训练是开发潜能的基础。只有通过系统地学习和训练，掌握必要的知识和方法，才能使潜能得到正确的、有效的发挥。高校学生管理工作者通过对学生的学习活动的管理和指导，引导学生确立正确的学习目的，掌握科学的学习方法，不仅可以充分发掘学生在学习方面的潜能，以提高他们的学习能力，而且可以促进学生系统地掌握专业理论知识和方法，从而使他们在专业方面的潜能得到开发和发展。

（2）运用激励机制。激励是开发潜力的重要手段。通过激励，可以充分调动人的主观能动性，打破安于现状的消极心态，振奋人的精神，转变人的态度，激发人的兴趣，调整人的行为模式，从而达到开发潜能的目的。而激励则是大学生管理的重要手段。高校学生管理工作运用激励机制，通过引导学生明确努力方向和成才目标，奖励成绩优异、表现突出的学生，可以调动学生的主动性和积极性，激发他们奋发向上的进取精神，从而促进他们不断地开发自身内在的潜能。

（3）组织实践活动。实践是潜能转化为显能的中介和桥梁。人的潜能，只有在实践中，才能逐步显现出来，得到实际发挥，从而转化为显能。高校学生管理工作者通过支持和指导学生的社团活动和社会实践活动，鼓励和引导学生的科技服务和科技创新活动等，可以为学生提供丰富多样的参与实践活动的机会，使他们的潜能在实践中得到开发和发展。

3.完善人格

人格是一个人所具有的稳定而统一的心理特征的总和。通俗地讲，人格就是指一个人的品格、思想境界、情感格调、行为风格、道德品质、精神面貌等。人格既是个人发展状况的集中表现，也是个人发展的内在主观条件。从内在方面来看，人的全面发展包含着人格的健全和完善。高校学生管理工作以促进学生的全面发展为根本目的，因此必然要注重培育学生健全的人格，以促进他们形成崇高丰富的精神境界、高尚优秀的道德品质、积极健康的心理品格。高校学生管理在完善学生人格方面的作用，主要表现在以下两个方面。

（1）优化环境影响。环境是影响学生人格形成和发展的重要因素，对学生的人格具有陶冶和感染的重要作用。"近朱者赤，近墨者黑"，说的就是这个道理。高校学生管理工作在营造良好的校园环境、优化校园环境影响方面具有重要作用。高校学生管理工作通过制定和执行合理的规章制度，建立和维护正常的校园秩序；通过有效的学习管理和班级管理，促进良好学风和班风的形成；通过对学生交往活动的管理和引导，优化校园的人际环境；通过对学生网络活动的管理和指导，净化校园的网络环境；通过对学生社团和学生课余活动的管理和指导，形成积极向上、丰富多彩的校园文化生活环境；通过对学生生活园区的管理和学生日常行为的指导，为学生营造安定有序、文明健康的日常生活环境；等等。

（2）指导行为实践。实践是学生人格形成和发展的基本途径。学生所接受的各种教育影响，只有在实践中通过他们亲身的体验，才能真正为他们所理解、消化和吸收。学生行为习惯的养成、实践能力的提高等，更是自身长期实践活动的结果。因此，高校学生管理工作通过对学生行为和实践活动的管理和指导，也就必然会对学生人格的完善发挥重要作用。

## 二、高校学生管理工作的职能

### （一）早期高校学生管理工作职能

我国最早出现的学生管理都是指教学管理，以学籍管理为例，其中包含入学与注册，考试成绩的记录，升级、留级、降级、休学、复学、退学，考勤与纪律，奖励与处分，毕业学位和学历证书的发放，等等。1900年首次颁布的《普通高等学校学生管理规定》（以下简称《规定》）中，明确指出学生管理是学生在校期间的学习、生活、行为的管理和规范。《规定》中包含学生的学籍管理、考试违纪、违规管理、学生处分管理、学生入学注册管理、升级降级、休学、复学、退学、毕业、转系及转专业的管理。根据这一政策，我国高校教育工作者开始严管学生，真正地体现了管理学生。随着我国各方面的快速发展和蓬勃壮大，高校学生管理工作也面临着更高的台阶、更大的挑战。高校学生管理的范畴进一步加大，如网络教育、心理健康教育、助学、就业指导、生涯教育等一系列崭新的课题出现在各高校。学生管理工作由过去的严管学生开始往素质教育、欣赏教育、服务型管理、全方位指导的方向转变，并且配备专业的教育人员进入学生管理第一线。高校会对这些教育人员进行专职的、系统的、科学的岗前指导，从而不断提升学生管理工作者的个人素质和工作能力。

（二）当今高校学生管理工作职能

2015年，教育部启动了《规定》的修订工作，并向各省市教育行政部门、高校和社会公开征求意见。新版《规定》于2017年正式发布实施，《规定》中，除了原有负责管理的内容外，还包括的职能有思想政治教育、道德规范教育和管理、学生社团管理、组织和指导勤工俭学和社会实践、计算机网络管理、宿舍管理、学生奖励和处分。因此，一般高校的学生管理机构——学生处（部），下设有思想教育科、学生档案室、勤工俭学管理办公室、网络工作室、学生宿舍管理办公室等。

## 第四节 高校学生管理工作的基本环节与方法

### 一、高校学生管理工作的基本环节

（一）高校学生管理工作的基本环节——决策

高校大学生管理决策是指学生管理工作者为了达到一定的目标，在掌握充分信息和对有关情况进行深刻分析的基础上，运用科学的方法，从两个以上的可行性方案中选择一个合理方案的分析判断过程。高校学生管理决策过程包括：研究现状、明确问题和目标，制定、比较和选择方案等阶段性工作内容。

1. 研究现状

有待解决的问题才需要决策，也就是说，决策是为了解决一定的问题而制定的。因此，制定决策，首先要分析问题是否已经存在，是何种性质的问题，这种问题是否已经对社会、对学校、对学生自身以及未来的发展产生了不利影响。高校需要分析学生的学习、生活、各种能力的培养、实践活动、未来的就业和创业等可能遇到的种种问题以及面临的挑战，确定问题的性质，把问题作为决策的起点。当然研究这些问题的主要人员应该是高校的高层管理人员，这不仅是因为他们要对学校的发展负责、对学生的未来发展负责，而且由于他们在学校中所处的地位使他们能够通观全局，高屋建瓴，易于找出问题的关键所在。

2.确立目标

在分析了学生学习、生活、各种能力培养、实践活动、未来就业和创业可能遇到的种种问题以及面临的挑战或者说不协调的因素之后，高层管理人员还要进一步研究针对问题将要采取的各种措施应符合哪些要求，必须达到何种效果，也就是说，要明确决策的目标。明确决策目标，需做好以下三个方面的工作。

（1）提出目标。这一目标应该包括上限目标（理想目标）和下限目标（必须实现的目标）。

（2）明确多元目标之间的相互关系。高校学生管理工作的目标具有多重性，但是对于不同年级、不同专业的学生来说，其目标的重要性是不同的。在特定时期，决策只能选择其中一项作为主要目标。然而，多元目标之间的关系是既相互联系，又可能相互排斥的，如对于毕业班的学生来说，考研究生和公务员以及求职之间就是这种既相互联系又相互排斥的关系。

因此，高层管理人员在选择了主要目标后，还要明确它与非主要目标之间的关系，以避免在决策的实施过程中将主要精力和时间投放到非主要目标活动中去，避免因小失大。

（3）限定目标。目标的执行有可能给学校和学生带来有利的结果，也可能带来不利的结果。限定目标就是要把目标执行的有利结果和不利结果加以权衡，规定不利结果在何种程度上是允许的，一旦超越这一程度则必须停止原计划，终止目标活动。一般说来，不论是何种目标，它都必须符合三个基本特征：能够计量、能够规定期限、能够确定责任人。

3.拟定决策方案

决策的关键在于选择，而要做出正确选择，就必须提供多种可供选择的方案。从实践来看，任何目标都可以通过多种不同的活动来实现，而不拟出几个实现它的抉择方案的情况是很少的。因为对于高层管理人员而言，如果看来只有一种行事方法，那么这种方法很可能就是错误的。在此情况下，高层管理人员可能就不再努力去考虑另一些能够使决策做得更好的方法。

决策方案描述了学校为实现目标拟采取的各种对策的具体措施和主要步骤，但是，由于目标的实现可以采取多种不同的活动，所以应该拟定出不同的行动方案。

（1）要确保有足够多的方案可供选择。为了使方案的选择有意义，不同的方案必须相互区别而不能相互包容。假如某个方案的活动能够包含在另一个方案之中，那么这个方案就失去了存在的意义和价值。

（2）形成初步方案。一般说来，任何一个方案的产生都应该建立在对环境的具体分析和发现问题的基础之上，然后，根据问题的具体性质以及解决问题所要达到的目标，提出各种改进设想，并对诸设想进行分析、整理和归类，进而形成各种不同的初步方案。

（3）形成一系列可行方案。高层管理人员在对各种初步方案进行遴选、补充的基础上，对遴选出来的方案进行进一步完善，并预期其实施结果，这样便会形成一系列不同的可行方案。

4. 比较与选择

选择方案，首先要了解各种方案的优劣。为此，高层管理人员需要对不同的方案加以评价和比较。这种评价和比较主要包括如下几个方面。一是实施方案所需要的条件能否具备，具备这些条件需要付出何种成本；二是方案实施能够给学校和学生各自带来什么利益（包括长期利益和短期利益）；三是方案实施中可能遇到哪些问题，其导致活动失败的可能性有多大。

根据上述评价和比较，高层管理人员便可以寻找出各种方案的差异，分析出各种方案的优劣。在此基础上进行的选择，不仅要确定能够产生综合优势的实施方案，而且要准备好环境发生变化时可以启用的备用方案。确定备用方案的目的是对可预测到的未来变化准备充分的必要措施和应急对策，避免在情况发生变化后因疲于应付而忙中添忙，乱中增乱，或束手无策而蒙受这样或那样的损失。

### （二）高校学生管理工作的基本环节——计划

高校学生管理计划就是在决策既定目标的前提下，进一步根据实际情况，科学地、及时地预计和制定为达到一定目标的未来行动方案。具体来说,学生管理计划就是通过将学校在一定时间内的活动任务分解给学生管理的每个部门、环节和个人,从而不仅为这些部门、环节和个人的工作以及活动的检查与控制提供依据,而且为决策目标的实现提供组织保证。

高校学生管理计划是一种协调过程,它给学生管理部门、学生管理工作者以及学生指明了方向。当有关人员了解了组织的目标和未达到的目标后,他们必须做出贡献时,便开始活动,互相合作,形成团队。而缺乏计划则会走许多弯路,从而使实现目标的过程无效率可言。高校学生管理计划还可以促使学生管理部门和学生管理工作者展望未来,预见变化以及制定适当的对策,同时减少不确定性、重叠性和浪费性活动。高校学生管理计划还能通过设立目标和标准以便于进行控制。在计划中必须要设立目标,而在控制职能中,高层管理人员又会将实际的绩效与目标进行比较,发现可能发生的重大偏差,采取必要的校正行动。可以说,没有计划,就没有控制。

1. 高校学生管理计划的制订

一般来说,制订学生管理计划可遵循以下程序。

(1) 收集资料,为计划的制订提供依据。计划是为决策的组织落实而制订的,了解决策者的选择,理解有关决策的特点和要求,分析决策制定的大环境和决策执行的条件要求,是制订行动计划的前提。由于计划安排的任务需要不同专业、不同年级的学生利用一定的资源去完成,因此,计划的制订者还应该收集反映不同专业和不同年级学生的活动能力以及外部有关资源供应情况的资料,从而为计划制订提供依据。

(2) 目标或任务分解。目标或任务分解是将决策确定的学校总体目标分解落实到各个部门、各个活动环节,将长期目标分解成各个阶段的分目标。通过分解,高层管理人员便可以确定学校的各个部门在未来各个时期的具体任务以及完成这些任务应达到的具体要求。分解的结果是形成学校的目标结构(包括目标的时间结构和空间结构)。目标结构描述了学校中较高层次的目标(总体目标和长期目标)与较低层次目标(部门、环节、个人目标与各阶段目标)相互间的指导(如总体目标对部门目标、长期目标对阶段目标)与保证(部门目标对总体目标或阶段目标对长期目标)关系。

(3) 目标结构分析。目标结构分析是研究较低层次目标对较高层次目标的保证能否落实,亦即分析学校在各个时期的具体目标是否能够实现,能否保证长期目标的达成。学校的各个部门的具体目标是否能够实现,能否保证整体目标的达成。如果处于较低层次的某个具体目标尚不能实现,那么就应该考虑能否采取一些补救措施,倘若做不到这一点,就应该考虑调整较高层次的目标要求,有时甚至要对整个决策进行重新修订。

(4)综合平衡。一般而言,综合平衡工作应着眼于:①分析由目标结构决定的或与目标结构对应的学校各部门在各时期的任务是否相互衔接和协调。具体来说,综合平衡工作就是分析任务的时间平衡和空间平衡。时间平衡是要分析学校在各阶段的任务是否相互衔接,从而能否保证学校活动顺利进行;空间平衡则要研究学校的各个部门的任务是否保持相应的比例关系,从而能否保证学校的整体活动协调进行。②研究学校活动的进行与资源供应的关系,分析学校能否在适当的时间筹集到适当品种和数量的资源,从而能否保证学校活动的连续性。③分析不同环节在不同时间的任务与能力之间是否平衡,即研究学校的各个部门是否能够保证在任何时间都有足够的能力去完成规定的任务。由于学校的外部环境和活动条件会发生这样那样的变化,这样就可能导致任务的调整,因此,在任务与能力平衡的同时,学校还应该留有一定的余地,以保证这种可能产生的调整在必要时能够顺利进行。

(5)制订并下达执行计划。在综合平衡的基础上,学校便可以为各个部门制订各个时段的行动计划(如长期行动计划、年度行动计划、季度行动计划),并下达执行。

2.高校学生管理计划的执行

制订计划的目的在于执行计划,而计划的执行需依靠学生管理工作者和学生的共同努力。因此,能否保质保量完成计划,在很大程度上取决于在计划执行过程中能否充分调动广大的学生管理工作者和学生的积极性。

3.高校学生管理计划的调整

在计划执行过程中,计划有时需要根据实际情况的变化进行调整。这不仅是因为计划活动所处的客观环境可能发生变化,而且可能因为人们对客观环境的主观认识有了这样或那样的改变。

为了使学生的各种组织活动更加符合环境特点的要求,高层管理人员必须对计划进行适时的调整。而滚动计划就是为了保证计划在执行过程中能够根据情况变化适时修正和调整的一种现代计划方法。这种方法根据计划的执行情况和环境变化情况定期修订未来的计划,并逐期向前移动,使短期计划、中期计划有机结合起来。

由于计划工作中很难准确地预测将来影响发展的各种变化因素，而随着计划的延长，这种不确定性就越来越大，如果一定要按几年以前的计划实施，可能会带来一些不必要的损失。采用滚动计划能够避免这种不确定性所带来的不良后果。滚动计划的基本做法是，制订好学校在一个时期的行动计划后，在执行过程中根据学校内外条件的变化定期地加以修改，使计划不断延伸，滚动向前。滚动计划的方法主要应用于长期计划的制订和调整。这是因为，一般来说，长期计划面对的环境比较复杂，采用滚动计划可以根据环境变化和学校内部活动的实际进展情况适时进行调整，以便于使学校始终有一个为各部门、各阶段活动导向的长期计划。当然，这种计划方式也可以应用于短期计划工作，如年度和季度计划的制订和修订。

### （三）高校学生管理工作的基本环节——组织

学生管理组织就是高校学生管理机构和学生管理工作者为了有效地实施既定的计划，通过建立管理机构，确定职位、职责和职权，协调相互联系，从而将组织内部各个要素联结成一个有机整体，使人、财、物、信息、时间、技术等资源得以最佳配置和利用。

学生管理机构设置是否科学合理，组织工作是否有效，直接关系到学生的成长和未来发展，关系着学生管理目标的实现。要有效地实施学生管理，一定要使高校学生管理组织机构科学化、合理化，为此，就需要构建一套科学的学生管理机构并使之有效发挥其职能。

1. 有效发挥高校学生管理机构及其职能

目前，各高校的学生管理工作模式已形成了比较一致的组织结构形式，具体表现为：学校党委和学校行政→校党委副书记和副校长→学生工作处（部）和团委→院系党总支副书记→年级辅导员→学生会。以下是几个部门的职能介绍。

（1）学生工作处（部）。学生工作处（部）同时具有行政管理职能和思想政治教育职能，既负责学生的招生、就业、奖惩、生活指导、日常行为管理等行政管理工作，又负责新生入学教育、日常思想教育和毕业生就业思想教育，如此安排为管理和教育的有机结合提供了组织保障，有益于全校学生工作在学校党委宏观指导下有步骤有计划地进行，克服管理和教育脱节的两张皮现象。

（2）团委。团委在大学生管理方面的主要职能是：在学校党委的领导下，全面负责大学生团组织的建设和管理；负责对学生会和学生社团的管理和指导；组织和指导学生的社会实践活动和志愿者活动等。

（3）学生会。学生会具有比较完整的组织系统，包括校学生会、院（系）学生会以及各班级的班委会。学生会具有比较严密的管理系统，各部门、各成员之间既有分工也有合作，既是相对独立的，又是一个整体。要使高校学生管理工作有效实施，必须完善、巩固和依靠学生会组织。对学生会组织，学校上级管理部门除了给予必要的指导外，在财力上也要给予一定的支持，同时还应该给予他们一定的权力和地位，充分发挥他们的积极性和主观能动性。因为学生会组织的结构设置涉及广大学生的方方面面，代表的是广大学生的利益，所以如何使学生会组织真正起到学生与学校之间的桥梁作用，对有效实施大学生管理非常重要。

（4）学生自我管理委员会。目前，有一些高校开始尝试设置大学生自我管理委员会，它一般挂靠在校学生处（部）或团委，下面设立生活保障部、宿舍管理部和风纪监察部等机构。生活保障部的主要任务是参与创建文明食堂的宣传和教育，其目的在于美化就餐环境，维护就餐秩序，对不文明行为进行纠正和制止，创建文明的生活环境。宿舍管理部主要是与学校宿舍管理办公室或物业管理部门共同对宿舍进行管理，以求为广大学生营造一个清洁、安静、舒适的学习和生活环境。风纪监察部的主要职责在于整治校园环境，可定时、定点或随时随地对学生中发生的违纪行为进行监察，同时还承担着维护食堂秩序、学校巡视以及检查学生上课迟到、早退等方面的工作。

2. 不断提升高校学生管理工作者的专业能力

高校学生管理工作是集理论性、知识性、实践性、时代性和时效性于一体的工作，它致力于学生的成长和发展，应该成为一种专门的职业。学生管理工作者既应该是学生教育管理服务工作的多面手，又应该是学生就业指导、生活学习指导、成才指导、心理咨询、形势与政策教育等方面的专业人才，唯有如此才能满足学生管理工作的需要，提高管理成效。在实际工作中，学生管理工作者不仅能应付日常事务，还要认真研究学生工作中出现的新问题，要像专家和学者那样，把学生管理工作当作一种事业去经营、去追求，掌握学生管理工作的规律和艺术，成为学生管理工作方面的专家学者。

3. 合理配备高校学生管理队伍人员

为了进一步提高高校学生管理的水平和成效，各高校应该根据教育部的要求和实际工作需要,科学合理地配备足够数量的学生管理工作队伍,在保证数量的基础上,专兼职相结合,不断优化结构。目前,各高校的学生管理工作基本上采取院系主要负责制,由院党委副书记、专职辅导员及兼职辅导员协同工作。此外,基于目前大学生就业形势的日益严峻,不少高校在学生管理队伍中尝试配备职业指导人员,旨在为学生成功就业提供指导和必要的帮助。

### (四)高校学生管理工作的基本环节——控制

高校学生管理控制是对学生管理的计划、组织等管理活动及其效果进行测量和校正,以确保组织目标以及为此而拟定的计划得以实现的有效手段。高校学生管理控制是学生管理机构和每一位学生管理工作者的重要职责,正确和因地制宜地运用控制手段和方法是使控制工作更加有效的重要保证。

著名管理学家亨利·法约尔(Henri Fayol)认为:"在一个组织中,控制就是核实所发生的每一件事是否符合所规定的计划,所发布的指示以及所确定的原则。其目的就是要指出计划实施过程中的缺点和错误,以便加以纠正和防止重犯。"[1] 控制在每件事、每个人、每个行动上都起作用。因为,在现代管理系统中,各组织要素的组合关系是多种多样的,时空变化和环境影响很大,内部运行和结构有时变化也很大,加上组织关系的复杂,处在这样一个复杂多变的系统中,如果组织缺少有效地控制,就很容易产生错乱,甚至偏离正确的轨道。

著名管理学家亨利·西斯克(Henry L.Sisk)指出:"如果计划从来不需要修改,而且是在一个全能的领导人的指导之下,由一个完全安全均衡的组织完美无缺地来执行的,那就没有控制的必要了。"[2] 然而,现实情况往往与理想状态相去甚远,计划总是赶不上变化,在执行计划的过程中总是或多或少地出现与计划不一致的现象,于是,控制便成为一种必需。控制是大学生管理过程一个不可分割的部分,是管理的一项工作内容。

但是,控制不同于强制,一般情况下,最有效并持续不断的控制不是强制,而是触发个人内在的自发控制。

---

[1] 亨利·法约尔. 工业管理与一般管理[M]. 曹永先,译. 北京:团结出版社,1999:149-153.

[2] 亨利·西斯克. 工业管理与组织[M]. 段文燕,译. 北京:中国社会科学出版社,1985:195-225.

1.控制的类型

根据时机、对象和目的的不同,可以将控制分为以下三种类型。

(1)预先控制。预先控制是在活动开始之前进行的控制。控制的内容包括检查资源的筹备情况和预测其利用效果。

(2)现场控制。现场控制也被称为过程控制,是指活动开始之后对活动中的人和事进行指导和监督。对学生的学习和活动进行现场监督的作用在于:首先,使学生以正确的方法进行学习,参加各种活动。通过现场监督,高校学生管理工作者可以直接向学生传授学习、参加各种活动的要领和技巧,纠正其错误的做法,从而提高学生的学习能力和实践能力。其次,可以保证计划的执行和计划目标的实现。通过现场检查,学生管理工作者可以随时发现学生在活动中与计划要求相偏离的现象,从而将问题消灭在萌芽状态。

(3)成果控制。成果控制即事后控制,是指在一项活动告一段落之后,对该活动的资源利用情况及其结果进行总结。由于成果控制发生在事后,因而对活动已经于事无补,其目的是总结经验教训,为未来计划的制订和活动的下一步推进提供借鉴。

2.有效控制的要求

(1)适时控制。古往今来,人们都非常注意对管理的控制,朱柏庐在《治家格言》中云:"毋临渴而掘井,宜未雨而绸缪",西汉戴圣在《礼记·中庸》中写道:"凡事预则立,不预则废",今人则强调预防胜于救治。因此,有效地控制不在于偏差或问题出现以后的处理和补救,而在于事先通过适时控制消除可能导致偏差或问题的各种可能性,从源头上防治偏差或问题的形成。这也就是说,纠正偏差和解决问题的最理想方法应该是在偏差或问题产生之前,就注意到其产生的可能性,预先采取必要的防范措施,防止偏差或问题的产生。有效地控制落实到操作上,就是建立预警系统,形成应急机制。

该机制的目的是通过建立预警系统,对可能发生偏差或问题的对象的信息进行分析和研究,及时发现和识别潜在的或现实的偏差或问题,进行客观评估,采取防范措施,防止和减少偏差和问题发生的可能。各高校可以根据自己的实际情况,建立一支由班级、院系有关师生组成的突发事件预警队伍,该队伍的每位成员都要接受专门的培训,并且明确职责和分工,定期对本班、本系、本院的学生进行了解、评估和帮助,将有关的信息汇总到学校的突发事件干预机构,再由突发事件干预机构根据实际情况统一部署,采取相应的措施。

与事后的亡羊补牢之举相比，事先的适时控制才是最重要的，与其在偏差或问题发生之后进行补救，莫若事先适时控制。

（2）适度控制。适度控制是指控制的范围、程度和频度要恰如其分，恰到好处。那么，如何才能做到这一点呢？一般来说，要注意以下三个方面的问题。

一是要避免控制过多又要防止控制不足。没有人喜欢被控制，事实上，控制多半会招致被控制者的不快，学生亦是如此，但不进行控制又是不现实的，因为失去控制极有可能造成组织活动混乱、低效乃至无效。行之有效地控制应该是既能满足对活动监督和检查的需要，又能防止与学生产生激烈冲突。

为此，要求高校学生管理工作者须做到：注意避免控制过多，控制过多不仅会招致学生方案实施的"流产"，而且会磨灭学生学习和参加各种活动的积极性、主动性和首创精神，影响他们才能的发挥和能力的提高。防止控制不足，控制不足不仅会影响组织活动的有序进行，而且难以保证各层次的活动进度和比例的协调，造成资源的浪费。此外，控制不足还可能导致学生无视学校的正当合理要求，自由散漫、我行我素，破坏学校的校风校纪。

二是全面控制与重点控制相结合。高校管理机构和学生管理工作者不可能而且也没有必要不分轻重缓急、事无巨细地对学生的所有活动进行控制。适度控制要求高校在建立控制系统时利用 ABC 分析法和例外原则等工具，找出影响学生活动效果的关键环节和关键因素，并据此在相关环节上建立预警系统或控制点，进行重点控制。

三是控制的产出大于投入。一般来说进行控制是要有投入的，衡量工作成绩和活动成效，分析偏差或失误产生的原因，以及为了纠正偏差和补救失误而采取的措施，都需要一定的花费。与此同时，任何控制，由于纠正或补救了工作或活动中的偏差或失误，又会带来一定的成效。因此，一项控制，只有当它的产出超过其投入时，才是值得的。

（3）客观控制。控制工作必须针对学生学习和活动的实际情况，采取必要的纠偏措施和补救手段，促使其工作或活动继续有效推进。基于此，有效地控制应当是客观的，符合高校学生实际情况的。客观的控制源于对学生学习和活动的实际情况以及变化的客观了解和评价。为此，控制过程中采用的检查、衡量方法必须能够正确反映学生活动在时空上的变化程度，准确地判断和评价各部门、各环节的工作与计划要求相符或背离的程度。

（4）弹性控制。俗话说："天有不测风云，人有旦夕祸福。"① 学生在学校学习以及参加各种活动时，难免遇到各种意想不到的突发问题或无力抗拒的变化，这些问题和变化可能会与原有的计划严重背离。而有效地控制即使在这样的情况下也应该能够继续发挥作用，维持正常运行。这也就是说，真正有效地控制应该是具有灵活性和弹性的。

## 二、高校学生管理工作的方法

### （一）目标管理法

目标管理是由管理学之父彼得·德鲁克（Peter F. Drucker）于1954年提出，他认为："为了充分发挥不同组织成员在计划执行中的作用，协调他们的努力，必须把组织任务转化成总目标，并根据目标活动及组织结构的特点分解为各个部门和层次的分目标，组织的各级管理人员根据分目标的要求对下级的工作进行指导和控制。"② 目标管理要求组织内的每一个人、每一个部门全力配合实现组织的目标，对于分内的工作自行设定目标、决定方针、编订制度，以最有效的方法达成目标，并经由检查、绩效考核、评估目标达成状况及尚需改善之处，作为后续目标设定的参考依据。

1. 目标管理法的开展程序

（1）设定目标。设定目标包括确定学校的总目标和各部门的分目标。总目标是学校在未来从事活动要达到的状况和水平，其实现有赖于全体成员的共同努力。为了协调在不同时间地点努力的学生，各个部门的各个成员都要建立和学校目标相结合的分目标。这样就形成了一个以学校目标为中心的一管到底的目标体系。在设定每个部门和每个成员的目标时，高校学生管理部门和学生管理工作者要向学生提出自己的方针和目标，学生也要根据学生管理部门和学生管理工作者的方针和目标制定自己的目标方案，在此基础上进行协调，最后由学生管理部门和学生管理工作者综合考虑后做出决定。具体来说，设定目标就是要做到每个院系、每个班级在不同阶段都要设定不同的目标，如学习目标、实践能力目标、纪律目标、道德修养和人生理想目标，并以此作为努力的方

---

① 卞允斗.仁者之爱[M].合肥：合肥工业大学出版社，2019：253.
② 彼得·德鲁克.管理实践[M].帅鹏，刘幼兰，丁敬泽，译.北京：工人出版社，1989：342-357.

向。同时，目标的设定还一定要注意明确清晰，能够量化。要求要适度，既要具有挑战性，又是通过努力可以达成的。最后设定目标还要为目标的实现确定一定的过程，即目标实现要有一定的时间限定，不能无休止。

（2）执行目标。各层次、各院系的学生为了达成分目标，必须从事一定的活动，同时在活动中必须利用一定的资源。为了保证他们有条件组织目标活动，就必须赋予他们相应的权利，使之能够调动和利用必要的资源。有了目标，学生们便会明确努力的方向，而有了权利，就会产生强烈的与权利使用相应的责任心，从而充分发挥自己的判断能力和创造能力，使目标执行活动有效地进行。

（3）评价结果。成果评价既是实行奖惩的依据，也是上下左右沟通的机会，同时还是自我控制和自我激励的手段。成果评价包括学生管理机构和学生管理工作者对学生的评价，学生对学生管理部门和学生管理工作者的评价，同级关系部门相互之间的评价以及各层次自我的评价。这种上、下级之间的相互评价有利于信息和意见的沟通，也有益于组织活动的控制。而横向的关系部门相互之间的评价，也有利于保证不同环节的活动能协调进行。而各层次中学生的自我评价，则有利于促进他们的自我激励、自我控制以及自我完善。

（4）实行奖惩。学生管理部门和学生管理工作者对不同成员的奖惩，是以上述各种评价的综合结果为依据的。奖惩可以是物质的，也可以是精神的。公平合理的奖惩有利于维持和调动学生们饱满的工作热情和积极性，奖惩有失公正，则会影响学生行为的改善。

（5）确定新目标。成果评价与成员行为奖赏，既是对某一阶段组织活动的效果以及成员贡献的总结，同时也为下一阶段的工作提供了参考和借鉴。在此基础上，学生管理部门和学生管理工作者为各组织及其各层次、部门的活动制定新的目标并组织实施，从而展开目标管理的新一轮循环。

2. 目标管理法的实施原则

（1）授权原则。即在学生实施目标的过程中，学生管理工作者要能够给予学生适度的授权。

（2）协助原则。即学生管理工作者要给学生提供有关资讯及协助，并且要帮助他们排除实际执行中的一些困难，解决一些问题。

（3）训练原则。作为高校学生管理工作者，一方面要进行自我训练，以不断提高自己目标管理的水平，另一方面还要训练学生，帮助他们掌握相关的方法。

（4）控制原则。目标的实现是有期限的，为了确保目标的顺利实现，学生管理部门和学生管理工作者在每一阶段中都要对学生的活动加以监督、检查，并对出现的问题及时进行协助矫正。

（5）成果评价原则。成果评价原则由一系列原则构成，这些原则包括公开、公平、公正和成果共享原则。坚持公开原则就是要求公开评估，如学生进行自我评估，学生管理工作者进行客观评估。坚持公正和公平原则就是本着对事不对人的原则对目标达成情况进行客观比较。坚持成果共享原则就是要求充分肯定学生的成绩，将成绩归于学生。

（二）档案管理法

本研究所说的档案管理法，并非指对档案进行管理的方法，而是指运用档案对学生进行科学管理的方法。当然，这也要以档案的建立为前提。

# 第二章 高校学生管理工作的理念发展

## 第一节 "政治教育+管理"理念
## （1949—1965年）

### 一、高等教育阶段特征

（一）改造旧教育

中华人民共和国成立以来，大刀阔斧地改造旧教育是此阶段的首要特征。教育部对关于全国性的教育问题进行讨论，对老区教育决定采用以巩固、提高为主的策略；在原有学校的基础上逐步改善新区教育。中华人民共和国新教育的总方针在会议中得到确定。我们要建设的是新民主主义教育，对于旧教育要取其精华、去其糟粕。在这个总方针的指导下，我国在新中国成立初期对高等教育进行改革的成果较为显著。

（二）注重政治教育

中华人民共和国成立以后，我国特别注重对学生的政治教育。1949年11月，教育部成立。教育部自成立后指出加强政治课的学习是当前课程改革的中心环节。教育部于1951年发出重要指示：要求各大行政区的教育部门应及时召开高等学校政治课讨论会，互相交流课堂教学经验，共同研讨教学内容与方法，以便更好地贯彻政治课的方针任务；强调首要关键问题是加强学生的爱国教育，培养学生全心全意为人民服务的人生价值观，对于民族资产阶级和小资产阶级的思想要用民主的方法进行适当改造；提出应将政治课渗透于学生业务课之中，并尽可能安排专门的政治教师担任教学，采用集体教学或在教师指导下的课堂讨论方法来集中解决学生的主要思想问题。①

关于担任学生政治教育的教师人员安排，党中央指出：为顺应当前高等学校的需要，在1956年3月之前，各省、市委要为所属各高等学校安排好党委、支部书记及人事处长等政治工作的领导干部，将高校各部门联合起来，使政治工作得以顺利开展。② 该阶段我国对高校学生的管理注重政治教育，以"政治教育+管理"的理念指导学生管理工作的开展。

### （三）保障工农劳动人民和工农干部受教育的机会

中华人民共和国成立后，教育的根本宗旨转向为占人口绝大多数的劳动人民服务。学分制充分体现了这一根本宗旨。政务院在制定学制中指出："确定原有和新创的各类学校的适当地位，改革各种不合理的年限与制度，并使不同程度的学校互相衔接，以利于广大劳动人民文化水平的提高、功能干部的深造和国家建设事业的促进。要明确和充分地保障全国人民，尤其是工农劳动人民和工农干部受教育的机会。"③ 如何进一步向工农开门，让工农劳动人民和工农干部接受高等教育等问题引起国家和学校的重视。各地高等学校纷纷讨论，提出可通过优先录取，免试入学或者直接向农业社招生来扩大工农学生所占的比例。根据劳动人民的知识水平可开设补习班、短期训练班、改进教学方法和加强辅导等办法帮助他们提高文化水平。

## 二、"政治教育+管理"的学生管理理念理论基础

理性主义强调人和知识的本质，认为理性特征是人的本质，因此只关心智力，高等教育的主要目的是促进学生的智力发展，学校要创设一定的教育环境为学生的智力发展提供间接支持，通过严格要求学生的行为来保证学生智力的发展，而对学生个性和个人成长则不关心。所以"政治教育+管理"的学生管理理念主要受理性主义的影响。

---

① 中央教育科学研究所.中华人民共和国教育大事记1949-1982[M].北京：教育科学出版社，1984：41.
② 中央教育科学研究所.中华人民共和国教育大事记1949-1982[M].北京：教育科学出版社，1984：149.
③ 中华人民共和国教育部办公厅.教育文献法令汇编1949-1952[M].北京：中华人民共和国教育部办公厅，1958.

## 三、"政治教育+管理"的学生管理理念分析

中华人民共和国成立初期,从我国实施的有关教育方针、政策来看,对高校学生的管理是以"政治教育+管理"为理念,注重对学生的政治教育,管理方面强调在校学生严格按照教学计划,认真学好功课,遵守校规校纪。

政治思想教育、教学工作、科学研究和普及传播科学文化知识是新中国成立初期高等学校的四大任务,但是一般专科学校不提科学研究方面的任务。高等教育部于1952年11月成立,设立的初衷就是管理高等教育。它从1952年开始按专业培养人才,改变以往原高校只设院、系不设专业的结构。同年,我国实行统一招生和分配毕业生工作的政策,规定除教育部特殊要求的一些高校之外,全国高等学校的考生可以在各考区的规定期间内报考,同时已录取的新生不得要求转学,实行严厉的管理。

在高校学生管理工作中,必须进行马克思主义的思想政治教育,在校(院)长统一领导之下,根据国家培养高级建设人才的计划和人力、财力、物力的有限条件,高等学校要力行精简节约精神,管好财务和财产物资,管好全校师生员工生活,做好学校环境、卫生、疾病预防和一般医疗工作等基本建设工作,从而更好地为教学工作服务。[1]

教育的本质是有目的地培养人的活动。在校学生必须按照教学计划的要求,认真学好功课,尊重教师指导,遵守学校纪律,这是对学生的基本要求。教育部曾发出一份通报,关于清华大学处理一个学生在实验课中不遵守学习纪律和侮辱教师的问题,对这个学生给予处分(按:记过一次)。[2]这一情况说明"政治教育+管理"的学生管理理念在高校实践过程中,不仅强调政治教育,而且强调管理,具体体现为高等学校通过设立政治辅导处来掌握学生的思想政治情况,管理学生的政治材料和社会背景,协助教务处指导马列主义理论课程的教学,同时还担负毕业生鉴定以及工作分配等工作。

通过以上分析可以看出,我国高校学生管理以"政治教育+管理"为理念,而理性主义为该理念提供了理论基础,强调在学生管理的过程中,重视对学生

---

[1] 中央教育科学研究所.中华人民共和国教育大事记1949—1982[M].北京:教育科学出版社,1984:104.

[2] 中央教育科学研究所.中华人民共和国教育大事记1949—1982[M].北京:教育科学出版社,1984:294.

的政治教育和管理。

## 第二节 "思想政治教育＋管理"理念（1979—1998年）

### 一、高等教育阶段特征

#### （一）回顾历史，改革教育

中共十一届三中全会的胜利召开在历史上是一个伟大的转折点，从此党重新确立了正确的路线、方针和政策。接下来，国家实行一系列的改革开放政策，使国民经济得到迅速恢复和发展，将教育同农业、能源、交通和科学一起列为国民经济发展的重点，逐年增加教育投资，大力改革高等教育，从而使教育事业有了长足的进步动力。

1983年，邓小平为新时期教育工作的发展和改革指明了方向，即教育要面向现代化，面向世界，面向未来，教育事业呈现欣欣向荣的气象。我国教育改革和发展的纲领性文件《中共中央关于教育体制改革的决定》于1985年颁布，从此，我国教育事业进入深化改革和发展的新阶段。

我国不断地从国情出发，加大教育改革力度，不断地深化教育投资体制、办学体制，管理体制，学校内部管理制度，招生、考试、收费和毕业生就业制度等方面的改革，以有利于坚持社会主义办学方向，促进教育事业的发展，提高办学效益，不断地满足经济、社会发展和人民群众对教育的需求。

#### （二）全面学习邓小平教育理论

1. 培养"四有"新人

根据时代发展的特点，邓小平同志高屋建瓴地确立了教育的根本目标，即培养"四有"新人。因为理想是我们成长的动力，道德是我们做人的原则，文化是我们探索世界的工具，纪律是我们做人的要求。

2. 从实际行动上重视教育，为教育多办实事

理论联系实际是邓小平同志根据教育规律与时代发展趋势，特别是现代的经济和技术飞速发展而提出来的。面对现代化建设投资需求众多，而国家财政

有限的矛盾问题时,邓小平同志坚决地指出,我们要坚持这样一个战略方针:一定要千方百计地把教育问题解决好,哪怕牺牲点其他方面和速度。重视教育,关键重在落实,重在投资。①

3.高等学校是科学研究的重要方面军

教学、科研、社会服务、文化传承是高等学校的四大职能。在这四大职能中,邓小平特别重视高校的科研职能。高等学校特别是重点高等学校,应当明确其科研中心的地位,为国家提供科技成果,从而推动科学研究和科技开发工作在我国高等学校的开展,这是当今时代高等教育的发展趋势,是符合中国国情并且是与世界科学技术发展趋势相一致的。

在跨世纪的新时期里,特别是教育要适应知识经济需要的时代使命以及面对自身现代化的重大历史课题时,我们必须深入学习邓小平教育理论,大力发展教育,培养高素质人才,冲破僵化的体制和陈旧的观念,把邓小平的教育战略思想在实践中认真落实,充分调动教育工作者的积极性,解放教育生产力,提高办学水平,从而为21世纪的教育创造辉煌。

### (三)确立教育的战略地位

经过教育实践以及借鉴国外发达国家的成功经验,人们开始意识到教育在推进经济和社会发展方面的重要作用。我国充分认识到必须把经济建设摆在社会发展的首位,并在思想和实践上确立教育的战略地位,"要从科学和教育着手"。邓小平非常重视教育的作用并将它提升到了前所未有的高度。1982年9月,中国共产党第十二次全国代表大会确立了教育在现代化建设事业中的战略地位,把教育提高到全党战略重点之一的地位,在党的历史上这还是第一次。

## 二、"思想政治教育+管理"的学生管理理念理论基础

"上层建筑说"认为,教育的本质是通过培养人为政治经济服务,属于意识形态范畴的一种活动。② "生产力说"认为,教育是有目的、有计划地培养人。③ 在教育过程中不仅进行着精神生产,还进行着劳动力再生产。"双重属性说"与"多重属性说"是在"生产力说"与"上层建筑说"两者论争的基础

---

① 邓小平.邓小平文选:第3卷[M].北京:人民出版社,1993:120-122.
② 教育学考研命题研究组.333教育综合学霸笔记大纲解析[M].北京:北京理工大学出版社,2017:17.
③ 姚本先.高等教育心理学[M].合肥:合肥工业大学出版社,2005:94.

上产生。"双重属性说"认为，教育具有上层建筑和生产力的双重性质，既受生产力和生产关系制约，传授一定生产关系所要求的社会思想意识，又传授与生产力发展水平相适应的劳动经验和生产知识。① "多重属性说"认为，教育的本质是多重属性的统一，而不能把教育分成两截来反映教育的本质。② "社会实践活动说"反对教育是一种社会意识形态的上层建筑说，认为教育的本质属性是培养人的社会实践活动，而不是观念形态。"特殊范畴说"认为，把教育的本质定位为培养人的社会实践活动，很难与文学、艺术、道德等区别开来，因为这些也是培养人的社会实践活动。③

人作为生产要素之一，通过发明各种事物和工具，将其已具备的知识转换为生产力，从而推动社会向前迈进。因此教育也就具备生产属性，只是这一属性是间接而已。人们摒弃"教育是阶级斗争的工具"的错误观点，开始用人是生产要素这种观点武装自己的头脑，并确立其地位，这是划时代的进步。

1978年至1983年期间，经济功能是教育功能研究的主旋律，大量的研究者讨论教育与劳动力再生产的关系，剖析了教育在经济发展中所起的促进作用，之后，邓小平多次强调经济要发展教育要先行的思想，并将教育的经济作用浓缩为十个字，即"振兴经济，必先发展教育"。④ 这样的口号深得人心。

教育要先行的原因主要包括以下两点：第一，通过对国外教育经济效益理论以及欧美的人力资本理论进行分析，我们知道在收益方面，教育投资的收益要远远大于物资投资的收益，而且这种收益要远远大于其消耗；第二，从经济发展来说，经济发展靠科技，科技靠创新，创新靠人才，人才靠教育。因此我们在实现现代化的道路上应积极借鉴他国的成功经验，优先发展教育事业。

对教育本质问题的重新剖析以及认识到教育在经济发展中的重要作用，使得原高校逐渐恢复并筹建了一些高校，为学生管理理念的转变提供强大的理论基础。

---

① 任杰.中国图论：教育学[M].北京：现代教育出版社，2014：18.
② 唐莹.元教育学[M].北京：人民教育出版社，2014：111.
③ 王守恒，郑建林.教育学基础[M].北京：现代教育出版社，2011：11.
④ 邓小平.邓小平文选：第3卷[M].北京：人民出版社，1993：204-206.

## 三、"思想政治教育+管理"的学生管理理念分析

1976年以后,在教育部发布的相关文件中充分体现了以"思想政治教育+管理"的学生管理理念。在教育方面,改革开放初期教育部强调对学生的思想政治教育,端正学生的政治立场,坚定中国必须走社会主义道路的信念。在管理方面,教育部强调建设良好的校风和学风,注重对学生的管理。

1978年12月13日教育部发出通知:试行《高等学校学生学籍管理的暂行规定》。《暂行规定》对新生入学,休学、复学、退学、转学、转专业,成绩考核,升级、留级、纪律、考勤、奖励、处分、鉴定、毕业等问题做了规定。1979年8月14日,教育部对《暂行规定》做了修改和补充,规定在校学生一般不准结婚,擅自结婚者,应予退学;学生原则上不得转专业。1981年2月28日教育部发出《关于高等学校在校学生结婚规定的通知》。《通知》规定:高等学校在校学生,一般应是未婚者,如果有的学生要求在学习期间结婚,则应先办理退学手续。但年龄在三十岁以上结婚和已经结婚的,可继续留校学习。从教育部发出的这两则通知,我们可以看出,在1976年后,我国对高等学校在校学生实行较严的管理。

在教育方面,改革开放初期我国并没有放松对高校学生的思想政治教育。通过开设哲学、政治经济学、中共党史和国际共产主义运动史这四门政治理论课,向青年进行系统的马列主义、毛泽东思想教育。1980年4月29日教育部、共青团中央联合发出《关于加强高等学校学生思想政治工作的意见》。《意见》提出,高等学校的培养目标是又红又专的人才。高等学校的思想政治工作必须紧密结合,为实现四个现代化培养人才这个中心来进行,帮助学生树立正确的世界观,具备崇高的道德品质;进行思想政治工作,要发扬民主,贯彻百花齐放、百家争鸣的方针,允许各种不同意见的争论,但要注意引导,帮助学生明辨是非;要加强和改善学校党委对学生思想政治工作的领导;要建立一支坚强的、精干的、有战斗力的政治工作队伍;根据具体条件建立政治辅导员或班主任制度。同年,教育部发出《改进和加强高等学校马列主义课的试行办法》,规定马列主义课在高等学校各类专业中都是必修课程,不能选修或免修。高等学校本科的理、工、农、医各专业开设哲学、政治经济学、中共党史,文科专业加开国际共产主义运动史或科学社会主义,每门课程各为一学年。高校要注重对学生的思想政治教育。在改革深化、开放扩大的社会环境里,高校以培养

具有坚定的政治方向,树立马克思主义的世界观、人生观、价值观、良好的道德品质的高校学生为主流。

# 第三节 "思想政治教育+管理+服务"理念（1999年至今）

## 一、高等教育阶段特征

### （一）高等教育进入大众化发展时期

1999年教育部的《面向21世纪教育振兴行动计划》被国务院批转,提出高等教育毛入学率到2010年要达到适龄青年的15%目标。2001年初,《全国教育事业发展第十个五年计划》将原定2010年实现高等教育规模和入学率的目标进一步要求到2005年实现。随着连续几年的扩招,2007年中国高等教育毛入学率达到23%。2010年,中国高等教育毛入学率达到26.5%。2012年,中国高等教育毛入学率达到30%。中国提出的目标是到2015年达到36%,2020年达到40%。2016年,中国高等教育毛入学率已经达到42.7%。2019年,全国高等教育毛入学率达到51.6%。2020年,全国高等教育毛入学率达到54.4%。2021年,全国高等教育毛入学率达到57.8%。

高等教育进入大众化阶段对我国教育事业有着深远的影响,表现为不断地满足广大学生与家长对教育的需求,使学生有更多的机会接受高等教育,提高我国国民素质。然而,任何国家在高等教育的发展过程中,都会不同程度地面临着数量发展与质量提高两者之间的矛盾,尤其是我国作为发展中国家,这一问题更为突出。如何在推进高等教育大众化、普及化的过程中处理好这一矛盾,是我们面临且需要解决的问题。

### （二）高等教育进入国际化发展时期

联合国教科文组织于20世纪40年代积极倡导各国应广泛开展国际教育交流合作并将国际的跨文化的全球观念引入高校。[①] 我国从1978年实施改革开

---

① 刘慧玲. 国际化背景下高等教育开放性研究[D]. 长沙：中南大学, 2006：64.

放以后开始积极推进高等教育国际化，90年代以来我国高校与国外高校的跨国交流与合作办学的范围迅速扩大，内容也越来越多样化。进入21世纪，我国高校更加注重理念更新和制度借鉴，不断加强文化交流，引进海外高层次人才，加强国际之间学术互动，将国内教育市场纷纷向各国开放，拓宽更多的联合办学渠道，加强多边合作，使我国教师有更多的机会到国外进行学术交流，同时也让我国学生有更多的机会走出去，更多的外国学生走进来。中国的高等教育走向世界，世界的高等教育走进中国必将成为不可阻挡的现实。

人才培养和科学研究是高校的两大使命，而追求真理，探索新知识是没有国界的，是全人类的共同事业。我们对于外来文化要善于取其精华，去其糟粕，在保持本民族的优秀文化传统前提下，努力推进国际化。

## 二、"思想政治教育 + 管理 + 服务"的学生管理理念理论基础

### （一）新人道主义哲学理论

新人道主义认为人总是在造就之中，因而不能把人视为最后的目的，人是经常在超越自己。因此，教育不只是开发智力，还应该有意识地开发人类个性等方面的需要，例如设立学校教育的第二课堂即课外活动，关注学生个体之间的差异性以及情感、非理性需要；由教师担任对学生的学术培养，由学生工作部门安排、开展与学术有关的课外活动，服务学生，发展学生。

### （二）人本管理理论

人本管理，是以人为本的管理的简称。人本管理往往把人作为考虑一切问题的根本，因此也可以称为以人为根本的管理。早在20世纪30年代，西方很多企业已经把员工作为企业最重要的资源，他们根据员工的兴趣、特长、能力、心理状况等情况来科学合理地为其安排最合适的工作，他们参考了早期马斯洛的需求理论，在工作中兼顾员工的成长和价值，通过使用科学的管理方法，使用完善的企业文化建设和人力资源开发计划，在工作中充分地调动和发挥企业员工工作的积极性、主动性和创造性，进而提高工作效率、增加工作业绩，以求让员工能够在实现企业目标的过程中发挥最大的作用。

而人本管理对于高校学生管理而言，主要是要求高校学生管理做到区别于传统以物为中心的物本管理，要求高校开展学生管理工作既要依靠原则规定、制度约束、规范管理等硬性手段来开展，更要通过培养、调动和锻炼学生的情感、意志、思想等方法来加以完善，这就从人本的角度对目前高校学生管理工

作提出了新的要求。同样，在高校开展学生管理信息化的过程中，高校更要注重以人为本的管理理念，学校各级管理者首先应该树立"以人为本"和"管理育人"的理念，积极创造民主、自由、平等、有效的育人环境，制定和实施正确的管理政策、措施。高校要把学生当作学校管理之本，强调以学生为中心，特别要重视学生作为青年人的特征，充分尊重他们的爱好和兴趣，最大限度地满足他们的种种合理需要，维护学生的权益和利益，充分调动学生发展的个性，切实服务学生。

（三）管理学理论

学生管理从一开始就有着管理的属性，就是为了满足高校的管理需要，这也是最初的目的。因此，管理学理论是学生管理理念的理论基础，也是人性理论管理学理论的重要部分。关于人性存在着这几种假设：工具人假设，社会人假设，经济人假设，复杂人假设和决策人假设，而复杂人假设和决策人假设为学生和学生管理工作者所普遍接受。他们认为，因为学生是一个有权利、义务的成人公民，复杂人和决策人在学生管理工作中要尊重学生的主体性和各种需求，同时充分发挥学生的主观能动性，在此种情况下，学生管理工作得以顺利开展并将管理者和教育者的双重身份充分地融合起来。

## 三、"思想政治教育+管理+服务"的学生管理理念分析

这一时期学生管理不仅强调教育和管理的职能，而且强调服务的职能。我国各高校逐步确定以人为本的服务型学生管理理念，提出"为了一切学生，一切为了学生，为了学生一切"的服务口号，并且广义的学生管理概念在高校中已广为流传，学生管理工作已不再仅仅是学生思想政治教育，在学校各项工作中，学生思想政治教育和学生管理已开始有独立的地位。高校学生管理的服务职能不断强化，心理咨询中心、勤工助学机构、就业指导中心、大学生活动中心等机构纷纷在各高校设立，并设立学生工作处（部）以便更好地管理、服务于学生。① 设立完备的学生管理机构系统服务于学生，是"思想政治教育+管理+服务"的学生管理理念在实践中的一大特点。

"思想政治教育+管理+服务"的学生管理理念在实践中的第二大特点是：要求管理人员专业化和职业化。高校在学生管理过程中不断重视对学生成长的

---

① 张蓓蓓.高校"发展性"学生工作理念研究[D].淮北：淮北师范大学，2010：56.

研究，关注学生个人正当权益和心理发展的历程与需求，对学生管理工作者提出了更高的专业素养和个人素养的标准。重视我国高等学校学生管理工作者的培训和发展仍是我国高校要关注的问题。

高校学生管理过程中强调服务职能已被世人所接受并不断地将它在实践中践行。然而，我们应该一分为二地看问题。首先，高校服务教学，服务学生的各种生活需求，为学生的学习、生活提供便利，尊重学生的权利、人格。学生所遇到的问题和需求都应该有相应的工作人员来服务、负责。高校在服务学生的同时有利于学生管理工作的深化以及专业化。其次，学生需求越多，需要越多的工作人员参与进来，参与进来的工作人员的数量以及自身的素质即质量，就需要我们特别关注。最后，在学校里面，学生的首要任务是学习知识，发展各种能力，提升个人素质和道德，因为学生的认知、情感、意志和行为都有待进一步发展，每个学生是有差异性的，需求也不尽相同，如果学生的需求是合理的，学校给予满足，这是合理的做法，而如果学生一直要求个人需求，学校一味地迎合，而不是站在更高的层面促进学生发展，那么学生管理工作的育人作用就没能发挥出来。

## 第四节 高校学生管理工作理念的发展趋势

### 一、高等教育的发展趋势

#### （一）社会化发展

1.高等教育普及化

2020年，全国共有普通高校2738所。其中，本科院校1270所（含本科层次职业学校21所）；高职（专科）院校1468所。各种形式的高等教育在学总规模4183万人，高等教育毛入学率54.4%。2021年，中国高等教育毛入学率达57.8%、在学总规模达4430万人，居世界第一。

我国将推进高等教育普及化发展，使高等教育成为人人所需要的、人人能享受的教育。高等教育的普及化是高等教育社会化的主要内涵之一。

### 2.高等教育成为社会与经济发展的主要推动力量

传统观点认为，高等教育对社会发展的作用主要是潜在的和长远的。如果说农业经济时代的高等学校远离社会现实，工业经济时代的高等学校踏上了社会的边沿并逐步向社会中心移动，那么，在科学技术、信息化时代里，高等学校将会成为社会核心机构。高等学校不断顺应我国发展战略的要求，跟上产业升级的步伐，突破经济发展方式转变的瓶颈，根据新兴产业的需要积极主动地调整、设置学科专业。随着高等教育直接为社会服务的功能不断加强，其直接推动社会发展的作用也将越来越显著。以知识创新和人才培养为中心目标的高等教育将逐渐成为未来社会发展的主要推动力量。

### （二）多样化发展

多样化发展是今后我国高等教育的发展趋势之一。随着市场经济的发展，我国社会活力得以不断释放，劳动力市场的多样化需求不断地凸显出来，对高层次人才也提出了多样化的需求。高校的对口专业培养模式已不能满足劳动力市场的多样化需求。学生是具有不同个性的人，高校应该因材施教，向学生提供多样化的选择。

高等教育应该是具有多元的结构、多样化的系统，具体表现为以下六个方面。

#### 1.高等教育需求多样化

学生接受高等教育的出发点各式各样，有的是实现个人发展，有的是满足兴趣、提高品位和学历，有的是转岗转行的业务培训。因此，高校在未来的办学过程中可以通过创设相应的专业来满足学生多样化的需求。

#### 2.高等教育办学主体多样化

国家应宏观调控，赋予大学更多的权利，让社会组织和机构、企业集团、民间组织和公民个人参与进来，举办各类的高等教育机构，以满足人民的需要。

#### 3.高等教育目标多样化

由于劳动力市场的各种需求，高等教育的教育目标也应该呈现多样化，除了培养人才之外，还应注重技术开发、职业培训、技能训练、技艺传授等目标。

### 4. 高等教育办学方式多样化

高校应赋予学生更多的自主权和选择权，采用学生可接受的培养方式，让学生主动选择课程并安排课程，将面授、半工半读模式、学习与工作交替模式、夜校以及现代化、信息化教学形式等多样化办学形式并存，这样一来，学生学习的时间与空间将会更加灵活。

### 5. 高等教育办学机构多样化

高等学校是为社会培养专门知识和技能的人才。高等教育包括学历和非学历，全日制和非全日制，以及各种远程方式的教育，因此可以相应地允许举办与其相适应的不同类型的高等教育机构。既有综合性、多科类大学，又有单一科类大学和应用性、职业性院校，还有大量非学历教育的各种学校、短期学校，从而使学历和非学历、全日制和非全日制、普通的和职业性的、面授和远程方式的各类教育机构呈现生动活泼的局面。

### 6. 高校学生管理多样化

教育行政部门按照不同类型、性质、层次的高校进行宏观管理，公立学校的日常事务由党委领导下的校长负责，其他高校的校长在董事会、理事会或相应组织的领导或委托下进行管理，使社会和市场间接参与教育管理。而学校内部管理可以针对不同学科、专业对培养规格、课程设置、学生管理等方面实行多样化管理。

## （三）内涵式发展

从高校扩招以来，我国高等教育呈现以规模扩张为特征的外延式发展，拼规模、拼数量，现如今在国际上已经是在学规模世界第一的高等教育大国。然而，我国高校要清楚地认识到，中国现在是教育大国，但还不是教育强国，更不是高等教育强国。人才和质量是未来高等教育的两大主题，需要不断构建高等教育新的发展方式和道路，确立以质图强，走内涵式发展道路，推动我国高等教育实现更高水平的发展。

### 1. 注重质量提升，突出办学特色

关于推动高等教育内涵式发展，曾任教育部副部长的杜玉波认为："要注重高校的内涵与特色建设，提高高校对社会经济的贡献，而不是强调高校的规

模、大楼等硬件设施。"① 高等学校需要不断地解放思想、凝聚共识，更加注重内涵式发展，把质量提升作为高校发展的核心任务与生命力的体现，而不是一味地扩大规模、设置专业、更改校名、提出新规格；要不断地立足实际，立足本校、本地区的实际情况，突出办学特色，增强核心竞争能力，形成以质量求生存、以贡献求支持，自主发展、内涵式发展的良性循环，而不是一味地盲目升格求大或者在专业设置上求全；应该不断地立足实际，找准服务方向，不断强化办学特色，寻找到适合自身的发展道路。高校要勇于改革创新，激发体制机制活力，不为原有的利益格局和固定模式套路所束缚，从而提高高校办学质量，实现内涵式发展。

2.坚持以人为本，提高人才培养水平

高等教育要坚持以人为本，提高人才培养水平，开辟并坚持走内涵式发展道路。人才培养是高等教育的根本使命，培养水平的高低是衡量高等教育质量的根本标准。而在人才培养过程中，高校应始终坚持以学生为本，全心全意为学生服务，促进学生成长成才，充分体现学生的主体地位，使学生全面发展的同时个性也得到发展，成为社会有用之人。

## 二、未来高等教育学生的特征

### （一）个人自主意识彰显

随着改革开放的不断深入，市场经济体制的确立，社会经济利益分配沿着竞争规律流动。市场经济的一个突出特点是按照市场法则平等竞争。社会政策对个人利益表示承认和肯定。因此，市场经济不仅从经济上要求独立个人的形成，而且在观念上要求强化人的主体意识。

当前以及未来的高校学生处于市场经济这一大环境，首先要具有较强的自主意识。这种自主意识一方面表现为对自身价值、自我尊严的追求；另一方面表现为自我意识、民主意识、平等意识等新观念的勃兴。就业市场的竞争，关心个人的发展机遇，自立、竞争、公平、效率等时代意识强烈，这使得高校学生更加注重自我完善，对市场经济亟须的新知识以及新技能具有强烈的求知欲。高校学生应积极思考并明确自身价值，及时确定人生坐标，最大限度地实

---

① 中国高等教育学会. 高等教育现代化的国际视野与中国经验："2019高等教育国际论坛年会"论文集[M].郑州：郑州大学出版社，2020：134-187.

现自我价值。面对自主意识不断强烈的高校学生群体，高校需要更新高校学生管理理念以符合学生特点，树立"思想政治教育+服务+学生自主发展"的学生管理理念，促进学生发展。

### （二）注重个人创新意识培养

未来的高校学生首先具有较强的自主意识，其次注重个人创新意识的培养。创新是一个民族进步的灵魂，是一个国家兴旺发达的不竭动力。培养学生首创精神和学会创业，应引起高校的重要关注，目的是使毕业生更容易立业。高等学校的毕业生不再被称为求职者，相反，他们将成为创业者。21世纪是知识经济的时代，知识质与量的不断更新与增加，技术革命成果的不断涌现，要求高等教育必须把重视创新精神、注重实践能力、突出个性特色的人才培养作为我们未来工作的重要目标。

我国不断推进经济发展方式的转型，致力于建设成为创新型国家，而这需要创新人才的大量涌现。作为21世纪的高校人才，应该具备创新精神。未来高校对优秀学生的界定不单单只看学习成绩，创新意识应逐渐成为评定学生优秀与否的参考依据。学生对事物所持有的兴趣与好奇心是培养学生创新意识与创新精神的前提条件，因此要激发学生的学习兴趣和好奇心。高校在学生管理过程中应做到以下四点：第一，营造利于学生独立思考、自由探索、勇于创新的良好校园氛围，尊重学生的个人选择，善于挖掘学生个人的潜力，鼓励学生的个性发展，自主发展；第二，建立有利于选拔创新人才的制度；第三，制定评价创新人才标准；第四，制定灵活多样的课程选修制度，给予高校学生条件支持，开展国际合作等方式，从而培养具有创新精神和创造能力的人才。

## 三、未来学生管理理念："思想政治教育+服务+学生自主发展"

### （一）"思想政治教育+服务+学生自主发展"的学生管理理念理论基础

#### 1.存在主义哲学理论

存在主义强调人的存在先于思维、行动，重视个体独立性的存在。人不仅存在理性的一面，也有非理性的一面，追求的是多样的发展，而不只是掌握更多的理性，尽管个人发展方向不同，但自我提升的权利是平等的，因此应相信每个人自身都具备独立性、责任性和社会性。存在主义认为学生管理者应激发学生的主观能动性，培养学生的独立性、责任感和社会性行为，为学生的学习提供便利，促进学生自主学习。① 学生管理工作者应为学生自我合理需要提供服务，与教学工作者一起为促进学生的自主发展而共同努力。

2.心理学理论

时至今日，美国心理学理论已相当成熟，我国也在不断向其学习、吸收、借鉴。学生发展理论对高校学生管理工作有着重要的指导作用，其中主要是关于人的发展，认知和道德的发展。

关于人的发展，爱利克·埃里克森（Erik H. Erikson）提出心理社会发展阶段理论。该理论主张人的一生可分为连续而又各不相同的八个阶段，每个阶段有其特定的发展任务，并且带有普遍性的心理社会危机。② 大学生处于成年早期，这一成长时期的主要发展任务是获得亲密感，避免孤独感。良好的人格特征是爱的品格。尽管埃里克森并没有非常详细地研究大学生这个群体，而是更多地从出生到衰亡整个人生历程来划分和研究，但他认为社会环境决定着心理危机能否得到有效的解决。

高校学生管理工作要根据学生相应的发展任务，提供学生需要的辅导，把握学生心理发展规律，帮助学生解决心理困境，传授有关心理知识与技能，增强学生的抗压能力，获得良好的心理特质，促进学生自主发展。

关于认知和道德的发展理论。让·皮亚杰（Jean Piaget）提出认知发展的本质是适应，而适应的实质是主体与环境的平衡。平衡是主体发展的心理动力，人一生下来就是环境的主动探索者，不断地去追求符合环境要求的动态平衡状态。③

关于道德发展理论，劳伦斯·科尔伯格（Lawrence Kohlberg）通过著名的海因兹偷药事件，根据被试者提供的判断理由，分析其中所隐含的认识结构特点，划分出道德发展的三个水平和六个阶段。科尔伯格认为道德发展具有固定不变的顺序，环境和社会文化因素可以决定道德发展的内容和速度，但不能影

---

① 徐姗姗.存在主义教育思潮下我国新型师生关系思考及管理应用[J].中学课程辅导（教学研究），2012（17）：82-83.

② 爱利克·埃里克森.身份认同与人格发展[M].王东东，胡蘋，译.北京：世界图书出版公司，2021：50-112.

③ 让·皮亚杰.教育科学与儿童心理学[M].杜一雄，钱心婷，译.北京：教育科学出版社，2018：29-47.

响道德发展顺序。[①]

皮亚杰的认知发展理论和科尔伯格的道德发展理论都说明了环境对人的认知和道德的影响，对于学生来说，学校这个环境有着举足轻重的地位。因此高校的学生管理工作应借鉴学生发展理论，为树立"思想政治教育+服务+学生自主发展"的学生管理理念提供参考依据。

### （二）"思想政治教育+服务+学生自主发展"的学生管理理念分析

"思想政治教育+服务+学生自主发展"理念主要基于哲学和心理学理论提出来的。在学生管理实践中，高校要加强对学生的思想政治与思想品德教育，采用服务型行政事务的管理方法，促进学生的自主发展。

#### 1. 加强高校学生思想政治与思想品德教育

提出"思想政治教育+服务+学生自主发展"的学生管理理念后，高校首先应加强对高校学生的思想政治与思想品德教育。从古至今，我国就一直重视学生的品德、道德。左丘明的《左传》记载：太上有立德，其次有立功，其次有立言，虽久不废，此之谓不朽。意思表示为，道德修养是人生的最高境界，其次是建功立业，再次是著书立说。树立道德是人生的第一位。学生的品德教育是陶行知教育家身体力行的教育，道德自律的办法是他在教育学生时一贯的要求。当人们对自己的罪行或过失负有责任时，就会产生强烈的不安、羞愧和负罪的情绪体验，即内疚。内疚者往往有良心上和道德上的自我谴责，并试图做出努力来弥补过失。适度的内疚感有益于改善人际关系，更好地适应社会生活，而过多的或者过少的内疚感不利于身心健康发展。因此，个人的道德是社会公德的基础，只有个人的道德建立起来，才有资格谈及社会公德。"光有品行没有知识是脆弱的，但没有品行光有知识是危险的，是对社会的潜在威胁。"[②] 教人做人是高等教育的重要目标，高校学生要做有道德的人，只有在道德的基础上，高校学生才能做人中人，即做追求真理的真人。在追求真理的道路上，敢于做有创造的人，敢于做为真理而献身的人，将真善美的人格集于一身，是高等教育未来应追求的宏伟蓝图。

立德树人是教育的根本任务的提出，为我国高等教育的未来发展指明了方

---

① 劳伦斯·科尔伯格. 道德发展心理学：道德阶段的本质与确证[M]. 郭本禹，何谨，黄小丹，等译. 上海：华东师范大学出版社，2004：11-195.

② 李旭初. 成人教育发展研究[M]. 武汉：武汉大学出版社，2018：28.

向，并为指导学生管理工作提供了有力的政策支持。对丰富高校学生管理理念而言，落实立德树人要坚持一切从培养创新人才出发，将科学精神、思想品德、实践能力和人文素养的培养贯穿于人才培养的全过程，着力提高学生的社会责任感，培养学生的创新精神和实践能力，加强学生的思想政治与思想品德教育。

2. 采用服务型行政事务管理方法

高校要设立完备的学生管理机构服务于学生需求，更直接地为学生学习提供便利，将高校学生事务管理与学术管理结合起来，共同促进学生的学习和个人发展。学生与学校的关系是平等对话的关系，学校尊重学生的权利与人格，关心学生的学业进步、品格塑造与心理养成，为学生的学习、生活服务。高校通过各种服务型事务类的管理，为学生自主发展提供保障。

3. 深化学生管理体制改革，促进高校学生管理民主化

我国高校管理制度不断地深化改革，推进民主化。赋予教授在学术事务管理中更大的决策权利，是未来我国高校管理走向民主化的一大表现。而推进高校管理民主化的另一个重要表现是在高校学生管理方面，给予学生更多的自主管理权利。高校应从四个方面努力：第一，制定相关制度鼓励学生进行自主管理，在宏观上给予方向性的指导；第二，鼓励学生参与高校学生具体的事务管理；第三，鼓励学生成立各种社团，如学生会、青年志愿者协会管理日常学生事务；第四，学校设有主管学生工作的机构，在宏观层次上给予指导，负责审批学生社团，指导学生会的开展。① 学生管理是以学生发展为导向的教育活动，最终目的是服务于人才培养，学生得以成长成才。

通过学生自我管理从而促进学生自主发展是高校学生管理的最高目标。高校在学生管理过程中需营造宽松的氛围，让学生自主发展，尊重学生个体选择，充分发挥学生的个人兴趣与特长，挖掘每个学生的优势潜能，这是未来高校学生管理所追求的。而高校要达到学生自主发展，需要在教育价值取向上确立个体人的生命价值，而不是强调教育的社会工具价值。高校学生管理工作者应树立正确的学生观，在学生管理过程中重视学生的需要、兴趣、创造力和自由，充分尊重学生的尊严、潜能和价值，重视培养学生的主体性，使学生成为有进取意识和创造精神的社会主体。

---

① 梁芯箔.试论高校学生管理工作的创新与发展[J].大学：研究与管理，2021（5）：53-56.

因此，高校要将"思想政治教育+服务+学生自主发展"的理念贯彻到高校学生管理工作之中，不仅在观念上重视学生的思想政治教育，最重要的是将学生的思想品德教育落实到实际管理中去。学生管理工作者要采用服务型行政事务管理方法，满足学生各种服务型需求。学生管理工作者在学生管理过程中只是起着辅导的作用，要充分发挥学生的自我管理能力，营造宽松的氛围，促进学生的自主发展。

# 第三章　高校学生管理工作的典型体制

## 第一节　一级管理、集权式、有科室设置

在该体制下，机关设计学生处（部）、学生党总支、团委全面负责学生工作，各院系不设学生工作组织机构及学生工作人员。其组织结构如图 3-1 所示。

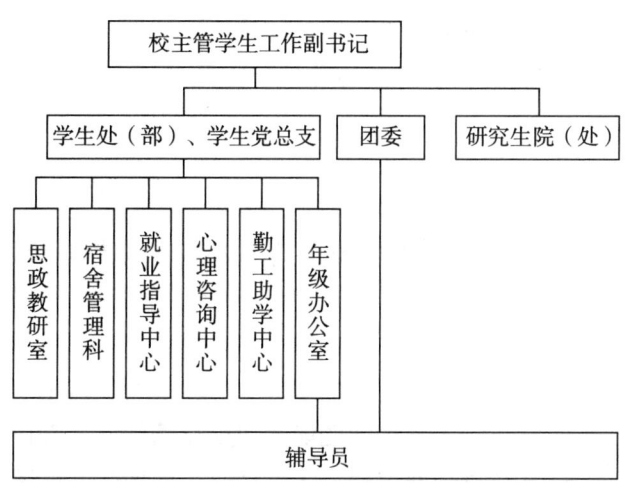

图 3-1　一级管理、集权式、有科室设置学生管理体制结构

### 一、体制内容

该体制改变原校、院（系）两级管理体制为一级管理体制，取消院（系）学生工作管理机构。在该体制下，主管学生工作的副书记直接领导学生工作处【学生处（部）和学生党总支实行两块牌子一套人马】、团委两个职能部门，职能部门直接负责全校本、专科生的学生工作。学生处（部）和学生党总支下设：

## （一）思政教研室

负责本科生思想品德课的教学。

## （二）宿舍管理科

负责学生宿舍的管理服务和教育活动。

## （三）就业指导中心

负责本科生的就业指导和服务工作。

## （四）心理咨询中心

负责本科生的心理健康教育工作。

## （五）勤工助学中心

负责本科生勤工助学活动的组织、协调、管理和指导。

## （六）各年级办公室

各年级办公室主任组织本年级辅导员具体实施日常的学生思想政治教育和管理工作。团委负责团员学生的思想建设、组织建设、社会实践和校园文化建设。

## 二、体制优点

一级管理、集权式、有科室设置学生管理体制的优点主要包括以下几方面。

第一，效率高，信息反馈快。辅导员直接隶属于学生处（部），对于学生处（部）或学生党总支布置的工作，由于减少了院（系）这个中间环节，因此可以很快付诸实施，同时对于各种问题能尽快地反馈给职能部门。第二，精简了机构，压缩了人员。高校采取院校二级管理时，即便是有的院（系）规模较小，仍需要配备一名总支副书记、一名辅导员和分团委书记，而采取此体制，可以根据师生比配备辅导员，同时使各辅导员的工作量基本均衡。第三，有利于学生党员发展工作。二级管理体制时，学生党总支专门负责学生的党建工作，因此可以对此项工作做到统筹规划，统一安排、部署，统一管理，统一检查、落实。

## 三、体制缺点

这种体制的缺点是，第一，各院（系）对学生工作的支持缺乏组织保障，因此容易造成各院（系）工作与学生工作衔接不紧密，专业课教师"教书育人"工作难以开展。第二，辅导员分流困难。这种体制下的辅导员大都是专职，学生工作干部非常集中，人数多。由于与院（系）脱离了组织上的联系，使辅导员向专业教师方向发展的可能性变小，因此造成分流渠道少，分流困难。第三，由于职能部门既是政策制定者，又是政策实施者，因此事务性工作量大，头绪多，容易造成整日忙于事务性工作而缺乏充足的时间来整体规划学生工作。

## 第二节 二级管理、分权式、两处型

在二级管理、分权式、两处型体制下的机关设立招分处（办）、学生处（部）、团委、研究生院（处）。组织结构如图3-2所示。

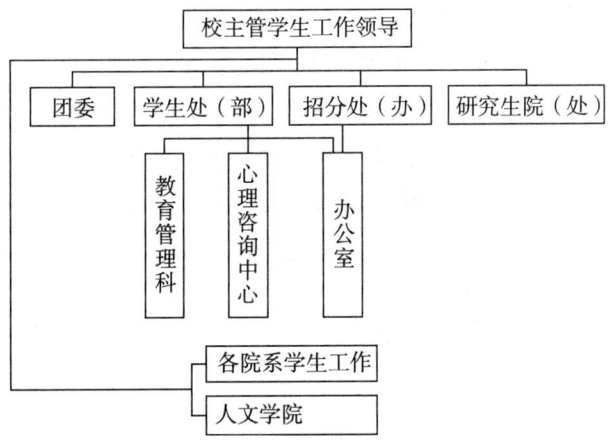

图3-2 二级管理、分权式、两处型学生管理体制结构

### 一、体制内容

有的高校在改革中将原学生处（负责招生、就业、教育、管理）分为招分处（办）（处级）和学生处（部）两个部门，招分处（办）负责本科生的招生和就业工作；有的高校学生处（部）下设教育管理科、办公室及"大学生心理健康教育与研究中心"；有的高校学生处（部）负责学生教育管理工作、德育、心理咨询等，只有职责分工而没有设科室；有的高校学生处（部）处长兼招分

处（办）主任，实行"1.2.3.4"的管理办法，即1人负责【学生处（部）处长兼招分处（办）主任】，2套人马【学生处（部）和招分处（办）各一套人马】，3块牌子【学生处（部）、学工部、招分处（办）】，4项职能（招生、就业、教育、管理）；思政教研室相对独立，挂靠在人文学院。

## 二、体制优点

该体制的优点是：第一，招生、就业成立招分处（办），便于招生、就业工作的对外交流；第二，学生处（部）职能单一后，可以从繁杂的行政事务中解脱出来，投入更多的时间做好学生的思想政治教育和管理工作；第三，思政教研室挂靠在人文学院，有利于思政课程的体系建设；第四，学生处（部）下不设科室，只有职责分工，因此组织机构精简，有利于减员增效。

## 三、体制缺点

这种体制的缺点是：第一，招分处（办）的成立增加了机构设置，不利于提高办学效益；第二，在招分处（办）成立的情况下，招分处（办）仍只负责本科生的招生、就业，研究生招生就业仍需配备人、财、物及增加机构，降低了机构的功能效益和效率；第三，降低了招生、就业，特别是就业与学生教育、管理的关联度；第四，学生处（部）处长兼任招分处（办）主任，虽可加强招生、就业与学生教育、管理之间的联系，但由于是两个处室，工作计划以及时间安排难免有冲突，会使负责人顾此失彼；第五，思政教研室挂靠在人文学院，虽有利于课程体系建设，但由于与学生处（部）缺乏组织机构上的联系，降低了思想教育的灵活性和针对性。

# 第三节　二级管理、分权式、单处型、有科室设置

在该管理体制下，机关设立学生工作部（处）、团委，负责全校（包括研究生）的招生、就业、教育和管理。其组织结构如图3-3所示：

第三章 高校学生管理工作的典型体制

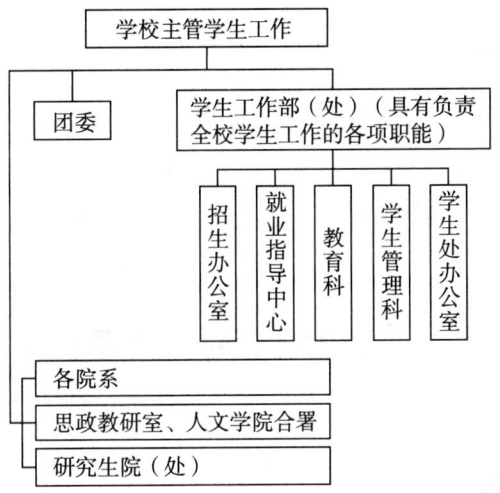

图 3-3 二级管理、分权式、单处型、有科室设置学生管理体制结构

## 一、体制内容

在该体制下，采取校、院（系）二级管理体制，院（系）一级在院（系）党总支领导下，设专职或兼职主管学生工作的总支副书记，并组织分团委书记（或团总支书记）、政治辅导员、班主任等具体实施研究生、本科生、专科学生的教育和管理工作，机关设立学生工作部（处）、团委。学生工作部（处）下设：

（一）招生办公室

负责全校学生（包括研究生，下同）的招生工作。

（二）就业指导中心

负责全校学生的就业工作。

（三）教育科

负责全校学生的思想政治教育工作和素质教育的实施。

（四）学生管理科

负责全校学生的管理工作。

（五）学生处办公室

负责科室协调等其他工作。

## 二、体制优点

这种体制最大的优点是功能集中、机构精简，提高了工作效率，增加了办学效益，实现了集约化管理；同时研究生院（处）可从事务性工作中解脱出来，从而集中精力抓好学校的学科建设及研究生培养工作。

# 第四节　二级管理、分权式、合署型、无科室设置

## 一、体制内容

在该体制下，机关设立学生处（部）、团委合署办公，负责本、专科学生的招生、教育、管理、就业及共青团的各项工作，学生处下不设科室，其组织结构如图 3-4 所示：

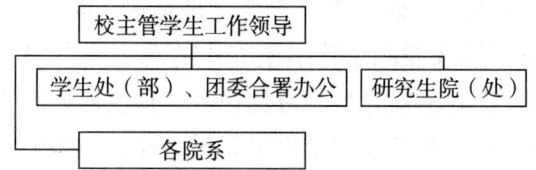

图 3-4　二级管理、分权式、合署型、无科室设置学生管理体制结构

## 二、体制优点

这种体制最大特点是职能处室下只有人员分工负责，而无科室设置。这种体制简化了机构，打破了原"官僚"机构的设置框架，具有机构创新性，有利于实现其"弱化行政管理、强化学术管理"的管理思想，有利于实现由集权到分权。

## 三、体制缺点

这种体制的缺点：第一，弱化了责任目标。学生处（部）下面不设科室，也会带来一些问题。若由几个人同时负责一块工作时（例如招生工作），就会缺乏组织领导和协调；若由一个人负责一块工作时，当该同志工作变动，需要他人接替时，会出现工作断层。第二，职位和晋升机会的减少，一定程度上影

响了管理人员的工作积极性。

# 第五节 二级管理、分权式、委员会型、合署型、有科室设置

## 一、体制内容

在该体制下，设立学生工作指导委员会，委员会由组织部、人事处、学生处（部）、团委、教务处等单位组成，委员会主任由主管学生工作的副书记担任，副主任由主管教学的副校长担任，秘书长由学生处（部）处长兼任。委员会主要负责学生工作重大问题的决策、协调和指导，秘书长负责学生工作的日常性工作。实行学指委、学生处（部）、研究生管理处、团委四部门合署办公，有六个常设机构。

### （一）学生管理中心

主要负责全体学生（包括研究生、本科生、专科生）的奖励、处分、贷款、补助、保险、帮困、"三助"及勤工助学工作；下设本科生科、研究生科、勤工助学办公室。

### （二）就业指导中心

主要负责全体毕业生（包括研究生、本科生、专科生）的就业咨询及指导工作；下设本科生就业办、研究生就业办、就业信息部。

### （三）素质教育中心

主要负责除"两课"以外的全校（包括研究生、本科生、专科生）思想政治素质、文化素质、心理素质的教育内容、教育方法的制定并组织实施；思政课题的组织及成果发表；辅导员的队伍建设；学生心理健康教育。下设思政教研室、心理咨询室、学生文化活动中心。

### （四）社区管理中心

主要负责学生宿舍的管理、服务和教育活动。下设学生宿舍管理办公室、学生宿舍文化办公室。

### (五)团委

主要负责全校团员学生的思想建设、组织建设、学生课外科技活动、社会实践活动和校园文化建设,并对学生会和研究生会进行指导。下设团委组织部、宣传部、学生科技实践部、社团管理中心和团委办公室。

### (六)学指委办公室

主要负责校际及院系活动协调;还有文档管理、财务管理、组织人事管理、学生档案管理等。院(系)一级在党总支领导下,设置主管学生工作副书记,并组织分团委书记、辅导员、班主任等具体负责院系学生管理和教育工作,接受学指委的领导和职能部门的指导。其组织结构如图3-5所示。

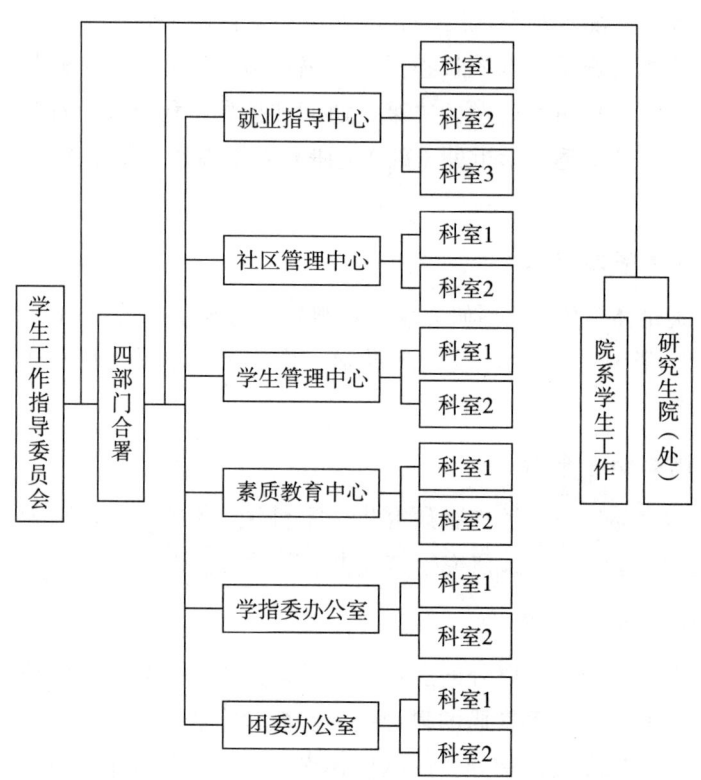

图3-5　二级管理、分权式、委员会行、合署型、有科室设置学生管理体制结构

## 二、体制优点

一是成立学生工作指导委员会,由教学副校长任副主任,各职能部门参

加，有较大的权威性，便于学生工作部门与其他部门之间的协调。二是由于是四个部门合署办公，相互之间容易协调、沟通，领导部门可以统筹安排部署学生工作，实现了学生工作"一盘棋"。同时该机制反应比较灵敏，便于处理各种紧急事件。三是这种体制中研究生就业和本专科生就业在一起，对外只有一个就业指导中心，方便了用人单位，提高了工作效率，同时避免了机构的重复设置（即一个学校两个就业指导中心）。四是研究生教育管理与本科生教育管理归口到同一机构，实现了机构精简、组织优化。五是该管理体制将高校实施"素质教育"从机构上落到实处。六是社区管理中心既符合学生宿舍"社区化"管理的方向，也是对宿舍教育管理职能的加强。七是便于学生工作部门抓学生骨干，增强职能部门与学生之间的联系。

### 三、体制缺点

这种体制最大的缺点是管理结构层次复杂。该体制中，最高机构是学指委，下面是四个合署的处室，再向下是各中心，各中心又下设科室，属多层管理机构，不便于提高管理效率，因此该体制仅适应于规模很大的高等学校。

# 第四章  高校学生管理工作的既有模式

## 第一节  人格化管理模式

### 一、人格化管理模式的定义

所谓人格化管理就是在管理过程中充分注意人性要素，以充分挖掘人的潜能为己任的管理模式。

人格化管理是一种"以人为本"的管理方法，就是从管理的指导思想到具体的管理原则和方法，都是从人出发，以人为核心的管理。它的实质在于充分尊重和理解被管理者的个性和创造才能，充分调动他们的积极性、主动性、创造性，并使其更好地投入工作中去，更有效地实现组织目的。至于其具体内容，包含很多要素，如对人的尊重，充分的激励，给人提供各种成长与发展机会等。

同一所大学的学生往往有着一定的共性。例如，清华大学的学生务实严谨、北京大学的学生浪漫民主。很多大学的学生因其大学的底蕴等方面的不同，形成了不同的"学校人格化"。同一班的学生也会有一定的共性，呈现出各个班级不同的风貌，形成不同的"班级人格化"。这种状况也出现在大学宿舍里，形成"宿舍人格化"。大学校园还存在其他很多方面的人格化，这些"人格"都是从心理学角度定义的，指的是这一类人的内涵。这一系列的人格化与大学生能否顺利步入社会，积极参与竞争，收获事业、生活有很大关系。

### 二、人格化管理模式的意义

综合各国对新时期人才的要求，我们可以发现，现代的人才需要更多的能力和素质，肩负了更多的使命。例如，要具有良好的社会责任感，要树立明确可行的生活目标，要具有学习能力和创新能力，要具有不断适应时代需求的能力等。上述一系列能力的培养都需要一种现代的、注重学生内涵培养的管理模式。人格化的管理模式注重对大学生内涵的培养，巩固、发扬已形成的良好的内涵，革除不好的甚至是劣质的品质，开创新的精神，这对于大学生的成长、对于大学文化的繁荣都有重要意义①。

## 三、"学校人格化"管理的实施

"学校人格化"的管理工作要从以下几个方面实施：一是强化规章制度的管理；二是确保良好的学习环境和学习氛围；三是形成良好的精神风貌。

"学校人格化"管理属于学生管理的高级层面，掌握着整体的动态，起着统筹、规划、指导的宏观作用。这类管理要从领导层面出发，在学校的基础设施、师资力量、学术建设等方面投入更多的人力、物力、财力，制订相关的工作计划，树立长远目标，要务实求真，不可急功近利只图表面功夫。

## 四、"班级、宿舍人格化"管理的实施

班级、宿舍作为学校管理的基层单位，起着非常重要的基础作用。基层人格化要从以下三个方面努力。

### （一）教师、辅导员等教育工作者发挥人格魅力

对学生尤其是新生而言，教师、辅导员等教育工作者代表了权威，他们在自己心中形成了一种特殊的地位。学生对他们崇拜的教师、辅导员会特别尊敬并存在模仿的现象。辅导员是"班级人格化"管理的组织者、策划者、调控者和实施者，教师则是管理最主要的辅助者，这两者在"班级人格化"管理中发挥着重要作用。因此辅导员要树立良好的工作态度、生活态度和办事作风，以便更好地感染学生；教师要有严谨的治学态度，感染学生树立良好的学习态度和工作态度。教师和辅导员要给学生树立榜样，促使"班级人格化"向良好的方向发展。

### （二）个别学生发挥人格力量

在一个班级中，总会有在领导方面有突出能力的学生，这些学生的人格力量影响着"班级人格化"。个别学生人格力量的发挥会引导、带动其他学生，对"班级人格化"起到调动作用。但个别学生的人格力量又有积极、消极之分，积极的人格力量会对班级和其他学生起到积极的作用；反之，会带来消极的影

---

① 张虹.高校学生管理模式的探讨[J].高等建筑教育，2004（3）：111-113.

响。因此，学生人格力量的发挥需要辅导员的控制，辅导员要把握好尺度，引导、鼓励积极人格力量的传播，化解消极人格带来的不良影响。

### （三）"宿舍人格化"管理要注重细节

辅导员要选那些热心、负责任、宽容大度、积极为同学办事的学生担任宿舍长，用他们的能力管理宿舍，用他们的行动感染宿舍的其他学生；还要指导大家建立良好的宿舍环境，搞好宿舍卫生，形成和谐的舍友关系，创建多彩的宿舍文化等。"宿舍人格化"的形成为其他方面的人格化奠定基础，为学生的生活创造良好的环境。

## 第二节　精细化管理模式

### 一、精细化管理的全面阐释

#### （一）精细化管理的概念

"精细化"（也有学者称为"精致化"）的概念来源于管理学领域，最早可以追溯到科学管理之父泰勒的科学管理理念，后经日本丰田公司应用于生产并发扬光大，形成了"丰田生产方式"（TPS），即精益生产的思想。关于精细化管理的内涵，国内学者给出了一些答案。汪中求认为精细化管理是管理者用来调整产品、服务和运营过程的技术方法。它以规范化为前提，系统化为保证，数据化为标准，信息化为手段，把服务者的焦点专注到满足被服务者的需求上。[①] 王铁军教授认为精致管理是科学精神与人文精神相互交融的管理，是追求卓越、精益求精、周到细致、精雕细刻的管理，是既注重细节、过程，又重视结果的管理，是质量与效益同步提高、教育投入与教育产出均衡的管理。[②] 北京大学教授张彦则认为"精致化"是一种管理理念，它倡导"科学管理"与"人本管理"的融合，科学精神与人文精神的统一，其核心思想是"以人

---

① 汪中求，吴宏彪，刘兴旺．精细化管理[M]．北京：北京理工大学出版社，2013：57-141．

② 王铁军．精致化：学校管理的新理念、新策略[J]．教书育人（校长参考），2010（6）：58-60．

为本",强调人的主体地位和内在价值。精细化管理是一种模式,其不仅强调"做什么",更强调"怎么做"和"如何做得好",即着眼于管理工作的微观操作和具体执行。①

### (二)精细化管理的特点

精细化管理是一种管理理念和管理文化,其核心是以人为本,在管理过程中必须将人放在第一位,尊重人的主体地位和主观能动性。精细化管理讲求品质管理和效率管理的统一,在管理当中强调完善的制度、明确的标准、规范的程序、高效的执行力和精细的考核评估这五个方面。精细化管理具有以下特征。

1. 强调以人为本

人是管理中的第一要素。精细化管理是一种强调以人为本,全员参与的管理理念。在学生管理上,精细化管理强调每位教职员工和全体学生既是学校管理的对象、载体和参与者,又是学校管理的主体和实施者。学生精细化管理的目标就是让学校的每位教职员工、全体学生参与到精细化管理中来,最大限度地发挥自身的潜力,成为学校竞争力的一个有机组成部分,因此,精细化不只是学校领导和学生管理工作者的事,而是学校全体成员的事情,它是一个全员参与的过程。

2. 强调责任落实

精细化管理重视过程和落实,即强调每个管理参与者要落实管理责任。明确管理参与者的职责,要求每一个教职员工尽心尽责,将自身责任落实到位。这就需要有完善的制度,用制度保障责任的落实;要有明确的标准,指导教职员工如何落实职责;要有规范的程序,约束和指导教职员工的管理行为;要求管理参与者具备较高的执行力,落实领导层的决策;也要有完善的考核体系,督促责任落实和问题的整改。

3. 强调科学化

科学化是精细化管理模式的根本前提。精细化管理模式坚持以科学规律为指导,充分借鉴了科学管理模式中注重定量分析、讲求工作效率、强调绩效评估的特点,在管理思维、工作安排、方法选择等方面均体现了科学性。

---

① 张彦.以"精致化"要求推进大学生思想政治教育新发展[J].思想教育研究,2010(4):24-27.

精细化管理模式的科学性具体体现在以下三个方面。一是现代教育技术和科学方法的应用。现代教育技术和科学方法的应用为学生管理工作者提供了新思路、新手段，使学生管理工作者能够及时、全面、深入地了解学生，把握学生的思想动态，这极大地提高了学生工作的科学性、针对性和时效性。现代教育技术和科学方法的应用是实现学生工作精细化的重要途径，它不但减轻了学生管理工作者的强度，而且还提高了其工作水平和质量。在手段上，它突出科技产品在学生工作中的应用，如：广播、电视、网络、手机、多媒体等，借助现代化手段，拓展学生工作的渠道和空间；在方法上，注重借鉴和吸收其他学科的优秀成果和先进的工作方法，对学生工作的育人过程实现定量与定性、人文与科学相结合的管理，并形成标准化、程序化、制度化的工作流程。二是组织机构的不断优化。精细化管理模式要求有良好的工作体系来实现。学生工作是一个系统工程，其实施需要多个组织机构共同进行操作。这些组织机构虽然担负的职能各不相同，但是相互间密切配合，既覆盖了对学生教育、管理、服务的全部要求，又不存在要求交叉、职能重叠的现象。伴随学生和学生工作事务的不断变化，构成学生工作体系的组织机构也必须做出相应的调整、优化，以适应学生工作中出现的新问题、新情况，并对此做出迅速反应。这些组织机构只有根据新形势的发展调整体制机制，才能胜任新时期的任务要求。三是工作模式的可持续性。精细化管理模式强调可持续性的科学发展，即一方面要求把学生工作中一些好的创新做法通过规章制度的建立将其固化，并促使其传承；另一方面要求采取文字、图片或视频的形式，把具有鲜明特色、工作成效显著的做法记录下来，以供他人学习和参考。

4. 强调绩效性

绩效性是精细化管理模式得以顺利实施的根本保障。精细化管理模式的绩效性具体体现在以下两个方面。一是对学生工作的绩效评估。一方面，学生工作的开展与执行情况需要有一定的标准作为评判，精细化管理本身是一种标准化、规范化的管理方式，而绩效评估是构建在常规、标准管理之上的一种评判；另一方面，学生工作不仅是做人的思想政治工作，它也涉及人力、物力、财力等物质资源的合理分配，学生工作精细化管理强调学生工作效益的最大化与最优化，而绩效评估是对一个组织或个人在一定时期内的投入产出情况的评估。投入指的是人力、物力、时间等物质资源，产出指的是工作任务在数量、质量及效率方面的完成情况。由此可见，绩效评估的目的是实现投入与产出的最大化与最优化,从这个意义上讲,二者具有一致性。所以,学生工作精细化管理模式必然得引入绩效评估。二是对学生管理工作者、学生的绩效考核。与利益、薪酬挂钩的绩效考核能够引起学校自上而下的重视,有利于促进学生管理工作者和学生朝着精细化的目标和要求迈进,有利于实现学生工作的精细化,有利于实现学生工作育人的终极目标。绩效考核是一个不断发现问题、改进问题的过程管理,而不是仅仅对结果的考核,它的最终目的是实现学校、教师和学生的共同成长,通过考核找到问题、找到差距进行提升,最后实现双赢。

### (三)精细化管理的内容

1. 精细化的操作

精细化的操作是指管理活动中的每一个行为都有一定的规范和要求。每一位员工都应遵守这种规范,从而让管理更加正规化、规范化和标准化。

2. 精细化的控制

精细化的控制是精细化管理的一个重要方面。它要求管理的运作要有一个流程,要有计划、审核、执行和回顾的过程。管理者控制好了这个过程,就可以大大减少工作运作过程中的失误,杜绝部分管理漏洞,增强流程参与人员的责任感。

3. 精细化的核算

精细化的核算是管理者清楚认识自己经营情况的必要条件和最主要的手段。这就要求凡与财务有关的行为都要记账、核算。管理者还要通过核算去发现经营管理中的漏洞和污点,减少利润的流失。

4. 精细化的分析

精细化的分析是管理者取得核心竞争力的有力手段,是进行精细化规划的依据和前提。精细化分析主要是通过现代化的手段,将经营中的问题从多个角度去展现和从多个层次去跟踪。同时,管理者还要通过精细化的分析,去研究提高生产力和利润的方法。

5. 精细化的规划

精细化的规划是容易被管理者忽视的一个问题,但精细化的规划是推动发展的一个至关重要的关键点。管理工作的规划包含两个方面:一方面是根据市场预测和经营情况而制定的中远期目标,这个目标包括了规模、业态、文化、管理模式和利润、权益，等等；另一方面是经营者根据目标而制订的实现计划。所谓精细化的规划则是指所制定的目标和计划都是有依据的、可操作的、合理的和可检查的。

## 二、高校精细化管理模式可行性分析

### （一）精细化管理与高校人才培养目标之间存在高度契合

黄刚认为，精细化管理模式注重"以人为本"，而高校学生工作的创新管理理念核心是坚持"以学生为本"。[①] 因此，精细化管理与高校学生工作创新的管理理念和目标相一致，两者可以实现较好的融合。此外，精细化管理与高校人才培养目标都注重"精品"意识，精细化管理强调精益求精，追求质量和可持续发展。同样的，现阶段高校人才培养质量的要求日益提升，人才培养质量的稳定发展和提升正成为衡量高校人才培养的重要指标，同时也是高校制定人才培养目标的重要基石，两者之间不谋而合，融合基础良好。

### （二）精细化管理与高校学生工作的制度建设较好吻合

制度建设不仅是精细化管理的核心，也是高校学生工作的关键环节。制度建设是精细化管理和高校学生工作的共同基石，也是实现两者融合的重要基础。精细化管理是企业生产经营成功和实践经验积累的精华所在，其实践应用主要是通过制度建设，构建科学合理且规范有效的管理制度体系，以此应对和处理企业生产经营中纷繁复杂的各类经营管理活动，进而提高劳动生产率和企业生产经营效益。与此相同的，高校学生工作也是千头万绪、纷繁芜杂的，精细化管理制度建设的构建思想、制度制定和实施，为高校学生工作绩效提升提供了重要的思路。借助精细化管理制度建设规范和模式，高校可以制定系统规范、覆盖面广且切实可行的学生工作制度和学生管理制度，以此来规范和提升学生管理工作，加强学生行为规范和提升学习动力等都有良好的可行性。

### （三）精细化管理与高校学生工作的管理过程可完全融合

精细化管理强调管理过程的细节，尤其是目标设定、管理流程和管理实施等方面的规范化和标准化，这一点与高校学生管理工作亦是不谋而合。高校学生工作是由学生教育、日常事务管理和学生生活等多方面组成的复杂系统。高校欲提升学生工作成效，需要注重目标设定、制度建设和管理流程等方面的每

---

① 黄刚.精细化管理理念在高校学生工作中的应用研究[J].教育教学论坛,2016(10):8-10.

一个细节，尤其是在学生管理实践工作中每一个细节的追踪和控制。运用精细化管理理念，有助于高校实现精确目标设定、精确制度构建、精确管理决策和精确工作考核，将繁杂的学生工作融合为一个结构完整、管理规范的统一整体。

## 三、高校精细化管理模式的实施步骤

### （一）确定管理目标

始终本着"以人为本、因材施教、全面发展"的基本教育管理思想，将重点放在对教学质量的提升方面，通过科学的管理理念与方法，以创新作为突破口，强化教学的精细化管理，从而实现教学质量的全面提升。在学生面前，要形成新形象，负担起把学生培养成有用人才的社会职责，并且在学校教育的过程中导入精细化管理的理念，主要采用全面化的管理方法管理流程，确保精细化管理能够达到最佳水平，突出实效，促进学生在学习的过程中发挥主动性，让学生的个性化发展得到全面提升，让教师工作更加主动。

### （二）细化分解并梳理管理工作各流程间的关系

1. 实施流程

精细化管理模式的流程图如图 4-1 所示。

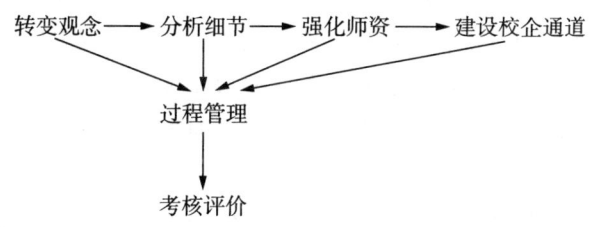

图 4-1 精细化管理模式实施流程图

（1）分析细节。高校对于学生的管理工作要做好细化，以目标为起点，不断地对目标进行细化，实现层层分解，构建团结协作目标一致的团队。在学校管理当中，组织建设是作为基础性的工作，所以高校要从组织开始着手，构建党政合力、责任分层管理重心下移的基本管理模式。通过制度来抓紧构建相对全面的管理体制，逐步细化工作责任制度，对各个职责进行明确分工，从质量抓起，树立起产品质量意识，并将其在精细化管理当中贯穿始终。

（2）强化师资。师资力量是教育管理的基本保障。高校要注重加强教师培训，创新培训形式，注重培训"走出去"与"请进来"，可以采取如下几种措施：通过寒暑假的时间组织各种教师进行外出学习、调研观摩，深入开展教学实践，切实提升理论联系实际的教学水平；邀请经验丰富的教师、教育专家对在校教师进行有针对性、有层次、有规划地在岗培训，通过试听教师讲课、查阅备课资料等方式，提出教学改进措施；有条件的时候要建立教育鼓励资金，支持教师自学深造，在继续教育中提高综合素质。

（3）过程管理。过程的开展应当始终本着以结果为基本导向，不断提高管理效率，其中所有的过程都应当讲究精细化，比如学习生活课堂等各个方面应当在学生管理当中进行详细规定；在教学层面以及不同环节要制定比较规范的规则，教育的目标要不断地进行分解，而且把教学管理从之前的传统管理把关转化成过程中的不同环节质量的控制；服务管理层面构建全天候的隐患排查机制以及应急响应机制，对学生的安全隐患要做到事先预防；饮食卫生应当采取定期与不定期的检查和抽查制度，构建详细的检查工作档案。

（4）考核评价。管理的重点在于有效落实，充分地对指挥棒的基本效能进行发挥。对评价结果的呈现方式进行谨慎选择，在考核过程中，本着激励为主，始终立足于教职员工的全面发展，对于过去和未来的发展进行分析；而校级的督导部门则承担对学校的全面检查和监督权，其他各级领导应当在权、责、利方面进行详细明确，实现人人管理、处处管理的基本原则；对于之前教师评价的考核方法，从以升学率为主转向学生综合素质提升的层面；促进家长和学校之间的交流，把家长的评价当作是教师评优评先的一项重要依据；确保每月实现奖惩兑现，期末进行总结表彰，对管理责任进行充分落实，有效地形成精细化管理的模式。

（5）建设校企通道。校企通道要贯穿学生管理的全过程。校企通道关系到学生的就业前景，是学生进入企业并且满足岗位需要的主要基础。管理工作应将校企通道建设贯穿全过程，为学生建立实践的机会，支持企业在学校建立教育科研机构，鼓励教师深入企业了解运营流程，深入开展实践调研，了解行业动态和社会需求。通过校企通道的建设，高校最终实现教育管理的目标，帮助学生成长成才，顺利进入工作岗位，培养为社会做贡献的专业技能人才。

2.各步骤的实施关系

精细化管理要积极地转变观念，这是实施的第一个步骤；继而转向细节分析，通过完善制度、细化责任、明确分工、加强家校合作，对学生的管理从常规化走向精细化；师资力量是精细化管理取得实效的重要保障，应注重管理教师队伍自身素质的提升；校企通道建设能够帮助学生顺利走向工作岗位。以上步骤都应注重过程管理，把质量观贯穿于精细化管理的始终。考核评价是对管理成效最为关键的一个监督点，将考核"指挥棒"的主要作用发挥到实处，才能够更好地落实管理工作。

### （三）细化分解并归类管理资源

学校资源是学校持续发展的基础，根据学校的教学、管理、服务三大功能，其又可以分为教育教学资源、学生管理资源、后勤服务资源。以上三类资源服务于精细化管理的各个流程，在资源分配上各有侧重，统筹安排，确保资源利用率的最大化，最大限度凸显管理合力。因此要做到以下几点。

#### 1.加大师资队伍建设投入

人力资源是支撑学校教学任务完成、学生成长成才的重要资源。资源分配过程中，师资队伍建设投入应占较大比例，尽可能多地将资源投入与教学、科研相关的活动中去，制定教师发展的激励政策，充分调动教师的主动性、积极性和创造性。一方面可以进行薪酬分配制度改革，将教师学术成果、教学贡献与教学实际相挂钩，激励教师队伍自我提升、自我革新，有关现金投入要较大程度地向骨干教师、教学能手倾斜；另一方面要增加教师的培训投入，分批次、有针对性地组织开展企业研学、专业培训等，全面提升教师综合素质。

#### 2.保障学生管理资源充足

学生管理工作主要是指日常管理和连续性管理。日常管理主要包括学生的纪律要求、课堂考勤、请销假以及个人的德、智、体、美发展等方面，日常管理关乎学生的个人发展成效，高质量的学生管理可以建立很好的秩序，对学校的正常运转起到基础性作用。连续性管理则需要在较长一段时间内，通过建立学生个体的身心发展档案，把足以证明学生发展过程和结果的资料填充进去，绘制个人的成长发展曲线，坚持问题导向，因势利导，促进学生实现个性化发展。不论是日常管理还是连续性管理，都需要投入一定的资源予以支持，以维护学校的正常运转及学生个人的长远发展。

#### 3.确保后勤服务全面到位

高校重视后勤服务人、财、物的投入。高校要建立全方位、细化的公共设施管理机制，消除公共资源的浪费现象；做好现代化电子设备的管理工作，才能够改善使用效率并且延长使用寿命；要强化学校的经费管理和支出管理，加强监督考核力度，构建食堂监督检查机制，尤其在饮食卫生管理方面更需要严格把关，对食品的进货入口进行严格控制，充分落实校领导的全天候带班制度，完善学校保卫人员的夜间巡查制度，让校园安全在全方位、全天候无安全死角；定期执行安全隐患报告制度并做好相关的安全检查记录，才能够很好地解决各方面的问题。

### （四）厘清管理细分流程与资源之间的关系

管理细分流程与资源关系如图4-2所示。

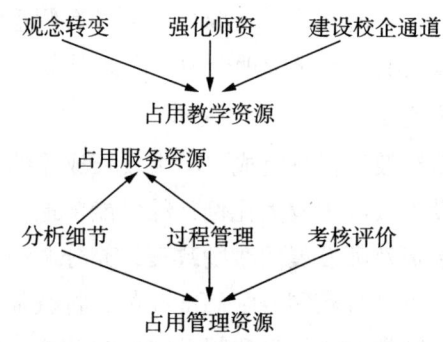

图4-2　管理细分流程与资源关系图

### （五）精细化管理模式的实施方式

1.细化常规管理，完善各项制度

高校要把常规管理充分地在教学、安全、后勤、师德等多个方面进行细化，有效落实考核督查等各项监督制度，形成完备的督查机制，在督查考察当中应当有不同的侧重点，有明确的责任。学校层面领导班子成员应当加大对于校园的管理力度，充分做好统筹调度的各项工作，在学校内部应当基于一岗多责的要求，充分抓好安全工作，强化教职工师德与工作纪律的考核力度，实现管理的科学化、规范化以及制度化。

2.细化教学管理，注重过程管理

教学精细化是高校实施精细化管理的主要内容。它将教学常规细化为：集体备课、高效课堂、学科辅导、集体班会。各年级教育组按照细分目标，促进备课计划以及班级活动积极地落实下来，将学校计划、个人教学计划落实周到，工作中注重团结协作。各类会议、辅导都要有记录，学校通过督导、专项检查、月检、优质课评选等措施逐项加以检查、评估、考核，结果与绩效挂钩。高校要落实以"教学常规"为主体的教研制度，及时推广教育科研成果。

3. 细化学生管理，提高德育实效

把学生常规细化作为教书育人、服务育人、管理育人的三条管理准则，积极地对待学生，呵护学生的心态，开展多种形式的主题教育，通过实践和研讨的办法对学生进行培养，加强学生社团工作的开展，为学生形成一种新的发展方向。对于优秀学生在学生管理当中的辅助作用充分发挥，逐步形成走廊文化、宿舍文化以及教室文化。

4. 细化后勤服务，创建节约校园

高校可以从以下四个方面着手：第一，建立全方位、细化的公共设施管理机制，消除水、电、物的浪费现象；维护和管理好现代教学设备，提升利用率，延长使用周期；第二，加强学校管理经费和支出管理，加大监管力度；第三，建立食堂评价机制，组织学生、教师座谈会，对食堂服务进行评价；第四，组织学生、教师调查问卷，对于师生的意见建立新的整改办法。

## 第三节　网格化管理模式

### 一、网格化管理模式的基本概述

#### （一）网格化管理模式的定义

近年来，随着网络信息技术的发展，网格化管理已经成为我国社会管理创新的一种新型管理模式。所谓网格化管理模式是指按照一定评定标准将管理对象划分为规模抑制的若干网格小单元，建立起各小单元间的信息协调机制，同时利用先进的现代信息技术使各小单元高效地沟通交流，进行组织内资源全面共享，从而达到整合资源、高效管理的现代化管理理念。

网格化管理是利用网格小单元进行处理，有利于预测并及时发现问题；网格化管理通过对组织资源的统一调配，协同管理，实现对资源利用的最大化；网格化管理呈开放状，可充分调动管理对象的参与性，使管理者与管理对象深入进行问题处理，从而弥补一对多管理模式的不足；划分为各网格小单元使得信息在不同阶层和不同区域之间都可以进行无障碍传输，避免在常规管理模式中常有的盲区，有效确保了管理过程中的无缝衔接。

社会管理的组成部分就包含了高校学生管理，而高校学生管理工作的实施效果，不但能影响到高校的人才培养计划、科学研究成果、社会名誉，甚至能对实现中华传统文化的传承与科研创新功能进行保驾护航，还对于从中国实际出发，探索打造出具有中国特色的社会管理体系也具有深度影响的学理研究价值与现实意义。

高校学生网格化管理模式就是指建立在数字技术基础之上的，以单元网格管理为特征的一整套大学生管理思路、手段、组织、流程的总称。学生网格化管理模式可在不对学校传统管理体系进行剧烈变动的前提下，对高校学生管理运行体系、管理结构进行重新设计，形成管理区域内的网格小单元；通过建立及实施组织保障体系，对学生管理工作的流程和组织予以明示；运用现代信息化技术及配置先进科学器材，形成科学的管理系统。总而言之，高校学生网格化管理就是以种种信息时代的技术手段，实现对学生管理的"块""条""点"的工作管理模式，最终实现学生管理工作的立体化。

### （二）网格化管理模式的内容

网格化管理的内容主要包含五个方面：一是按照科学的方法对辖区划分网格；二是基础信息的收集录入，实现信息资源的共享；三是信息平台的建设，方便管理者与群众之间的交流；四是建立民情日志，主要是负责人对网格成员的走访、巡查，将走访情况录入信息库；五是考核激励机制的完善，这是网格化管理有效运行的保障。具体见表4-1。

表4-1 网格化管理模式的主要内容

| 事项 | 做法 |
| --- | --- |
| 网格的划分 | 根据一定的标准原则，将管辖地域的人员划分成若干个网格单元，再根据划分好的网格结构，整合公共服务资源，添加服务团队，对网格内的居民进行多元化、精细化、个性化的各种服务 |
| 信息数据库的建设 | 通过网格管理员对辖区范围内人、地、事、物、组织等进行全面的信息采集管理，构建"网格化管理"基础数据库 |
| 服务平台的建立 | 建立各种网络平台和办事窗口，方便网格群众提交各类建议、诉求；网格服务队员通过各种平台、群众来访等方式，收集群众反映的问题和诉求，进入系统受理；对每件事件的受理、处理、办结以及反馈评价等情况能在平台上全面反映，并可按事件的类型、责任人、办理时间等要素进行分类查询，各级领导根据授权，可以通过平台了解办理进度、进行督办 |

续 表

| 事项 | 做法 |
|---|---|
| 民情日志的收录 | 网格负责人定期去走访群众，并记录编成日志；网格负责人对走访记录的事情进行具体的处理，如果自己无法解决，按流程进行上报处理；上级可以通过日志来督查网格服务团队的服务频率和服务质量，考核服务团队 |
| 考核系统的完善 | 考核主要针对办事时限、基础数据的完善、老百姓的满意率等；考核是长效机制的重要手段，要形成事事有考核，人人有考核以及责任追究机制 |

### （三）网格化管理模式的优点

1. 办理方便快捷

通过对网格化管理，群众只需要通过信息平台反映问题或者诉求，网格管理员统一受理，及时反馈服务结果；各种主管机构能在后台把握方向，及时把控每个环节；每个任务的处理情况快速上传平台，报告给网格管理员，以方便和群众进行互动，这样简化了流程，从而提高工作效率。

2. 快速响应

在网格化管理中，有一个独立的监督模块，实时地对整个管理流程进行相应的监察。如果出现异常情况，监察模块能迅速地做出调整，给相关机构一些调整建议。这些机构根据监察模块的建议，结合当时的实际情况，推动各部门快些响应，联动协作。

3. 资源的交叉共享

网格化管理的目的是资源共享，整合优化各类不集中的资源。例如政府在处置突发事件的应急资源调度过程中，就要对很多甚至所有部门的资料进行调用，实现不同部门的资源实时共享，使得资源利用率大大提高，对事件的处理效率也大大提升。

4. 跨部门的高效联动

网格化管理中的资源共享是在各个信息结点之间流动，呈现透明高效特征。由于业务的状态和目前的处理状况都能实时获取，使监控实施起来更有效。在这种情况下，各部门弄虚作假、互相推诿、权责不分的现象无处可逃。

## 二、网格化管理模式的学理意蕴

高校学生网格化管理模式是对社会网格化管理模式的有机嫁接，是结合高校自身特点进行适量改造和创新的成果，这一模式的提出与运用是综合多学科研究的结晶，是充分萃取相关学科既有研究成果之精华，更是跨界研究的理论硕果，因而具有丰富的学理意蕴。

### （一）哲学系统视角

系统论认为，人类社会是由诸多要素构成的有机整体，每个要素都在系统中发挥着不可或缺的作用，要素与要素之间以及要素与整个系统之间时刻发生着直接抑或间接的联系。将该理论寓之高校学生管理视域中考量，我们不难发现，高校学生管理亦是一个有机系统，其中包含着角色不同、职能各异等要素，且多种要素自身及其内部之间存在着千丝万缕、错综复杂的联系。例如，高校学生管理涉及学工管理系统、教务管理系统、团学管理系统、党务管理系统乃至后勤管理系统，这些系统定位不同，职责不同，在要素中的关系亦不同。学工系统涉及学生的日常管理，教务系统涉及学生的学业管理，团学管理系统涉及学生的社团管理，党务系统涉及学生的政治发展管理，后勤系统则涉及学生的衣食住行管理等。需要指出的是，这些系统在分工不同的前提下，并不是一个彼此隔离、相互封闭的存在，而是你中有我、我中有你的关联。学生能否入党，不仅在于考察其思想觉悟的高低，政治素质的良莠，而且要综合考查其学习成绩、日常表现、兴趣爱好乃至家庭政治背景等。基于此，学生的管理必须纳入不同的网格中，且网格间应彼此联络通畅，无缝对接，以实现对学生的整体管理、动态管理和精细管理。

### （二）生态伦理学视域

生态伦理学认为，整个自然界是一个有机的整体，其中存在着多种多样的生态个体、生态种类以及生态群落，并在整个生态体系中占据一定的"生态位"，如果某个"生态位"出现缺位、错位抑或紊乱，势必造成生态伦理的破坏、生态环境的恶化，乃至整个生态系统的崩溃。同言之，高校学生管理亦是一个复杂综合的生态体系，校内各单位及学生等在整个体系内发挥着不同的作用，占据一定的"生态位"，并且该生态位职能具有确定性和不可替代性，一旦某个生态位出现缺失或错位，就会影响整体功能的发挥，给整个学生管理工作带来诸多不便。例如，毕业生毕业手续的办理，必须经过学生所在院系的审核、图书馆图书资料的归还、教务处学生成绩的审核、宿管单位学生退住情况的办理、财务处学生学费的清缴等多个部门、多个环节。这些环节之间是一个有机的流程，其中任何两个部门之间不能相互代替，否则就会出现功能越位、生态缺失的弊端，最终导致整个工作的被动。因此，只有将学生的管理纳入一定的网格之中，合理确定各级网格以及相应网格管理人员的职责，才能确保学生管理工作的有效开展、无缝对接和高效运转。

### （三）经济产业链维度

产业链是产业经济学的核心概念，是各个产业部门之间基于一定的技术经济关联，并依据特定的逻辑关系和时空布局关系而形成的链条式关联形态。对于一个新产品而言，生产者必须考虑该产品与上游、中游以及下游产品的关联，以及这些链条之间的横向和纵向关联，特别是其对该产品价位选定、营销策略、市场投放等的影响。基于经济产业链视域考查学生管理，我们不难发现，高校学生管理亦有其相应的上中下游问题。例如，学工部负责全体学生的整体管理，院系负责学生日常和业务管理，班主任负责某个班级的管理，任课教师则具体负责所任相关课程的管理。可见，高校学生的管理是一个层层推进、环环相扣而又紧密关系的体系。因此，只有将宏观、中观和微观的管理分别纳入不同的网格体系之中，高校才能够游刃有余，最终发挥管理的最大价值。

## 三、网格化管理模式的现实基础

### （一）现实支撑：网格化管理的概念逐渐被学界认可

自20世纪90年代以来，国外相对先进的社会管理、城市与社区管理理论相继传入国内，如分权式模式、授权式模式、市场式模式、效率驱动模式、小型化与分权模式以及公共服务取向模式等，这些管理模式给国内城市管理理论带来了诸多启发。近年来，基于网格化管理的社会管理逐渐被国内学界接受。有学者指出，网格化管理是城市管理的科学，是城市管理的艺术，也是对传统社会管理理论的突破；也有学者认为，网格化管理融会贯通了西方的系统论、信息论、控制论和协同论等理论精华，对我国社会管理理论不失为一种有益的启迪；另有学者认为，对于正在经历由传统农业社会向工业社会、信息社会变迁的当下社会而言，这一宏观背景更加迫切需要社会管理的创新与实践，网格化管理模式的出现为有效解决该问题提供了一种较为务实的方案。高校是现实社会的缩影，"象牙塔"是外部社会的生动体现，基于此，笔者认为，将社会管理领域有着广阔前景的网格化管理模式应用于高校学生管理实践是创新社会管理方式方法的题中应有之义，加之学界专家的诠释、论证和不断地支持，为网格化管理模式在高校学生管理中的运用和推广提供了现实支撑。

### （二）技术保障：现代信息技术在管理中的广泛应用

诚如恩格斯所言："一切宗教制度和法律制度，一切理论观点，只有理解了每一个与之相应的时代的物质生活条件，并且从这些物质条件中被引申出来的时候，才能理解。"① 因此，一种管理模式不能只是停留在理论的论证上，不能始终是坐而论道、纸上谈兵，而必须有其推广的技术支撑和平台保障。目前，高校管理的数字化已初见端倪，数字化校园建设已列入大多数高校常规建设的议事日程，高校校园网的数字化平台、学籍管理的云平台、教务数据管理的网络化、学生党务系统的现代化等技术不断完善并投入使用，学生管理中的信息资源共享平台不断成熟。需要指出的是，基于以上成熟经验的实践运行平台业已完备，如基础数据平台、考核评比平台、系统管理平台、手机终端平台、三维立体地图信息平台等，这些便利条件为网格化管理模式在高校的系统推广和应用提供了天然土壤和可供借鉴的实践基础。基于此，笔者认为，社会管理网格化模式在高校推广已经具备了前期的物质和技术保障，高校需要做的工作是如何将分割的部门管理系统进行有效的整合、科学的融入，以期实现网格管理的共有、共享、共治，切实服务于高校学生管理、常规教学和科学研究工作。

### （三）实践基础：相对成熟的城市、社区网格化管理经验

网格化管理模式引入我国社会管理领域以来，在城市和社区管理领域得到了广泛应用并积累了许多成熟的经验。例如：北京东城区万米单元网格模式、河南漯河"一格四员"运作模式、宁夏石嘴山大武口区"4+6"运作模式以及山西长治"三位一体"管理模式等。另外，我国在这些相对成熟的城市网格化管理实践中也积累了较为丰富的经验。例如：JAVAEE平台、SSH框技术、GIS数据展现、Web Service数据共享、业务流程的动态设置、后台数据库ORACLE系统的运用、移动终端的访问等，实现了PC终端和手机移动终端的数据交互，解决了GIS、MIS、OA技术融合的问题。在核心功能板块上，也已形成了网格地图、业务流转、公文流转、统计报表、统计分析、短信平台、专题网站、即时通信、互动直通、督促检查、手机终端、预警机制、信息共享、绩效考核等层面的技术和实践的建设，这些成熟经验和现实条件为高校学生管

---

① 中共中央马克思恩格斯列宁斯大林著作编译局. 马克思恩格斯选集：第2卷[M]. 北京：人民出版社，2012：8.

理中物理网格与逻辑网格的划分,"人、地、事、物、组织"等要素信息的精细化管理、全程化管理奠定了现实基础。

## 四、网格化管理模式的实践值域

### (一)在高校学生党建管理中的应用

各级党政组织、各级党小组、各级网格服务团队、学生个体等是网格化管理模式的见证者与参与者,应力争构建"学生+网格单元+网格小组+各级网格长"的管理模式。详言之,以学生宿舍为网格单元,一个单元一般为6~8人,设立一个网格小组并指派一名学生党员或入党积极分子担任网格小组长,形成三级网格小组;若干个该小组形成二级网格组,并指派教工党员担任二级网格组长;以二级教学单位为依托设立一级网格,由党总支书记担任网格组长。这种网格化管理模式打破了原有的班级建制,依据活动形式、学习形式和管理方式的不同而开展工作,例如党章学习宣传网格、红色教育实践网格、英雄事迹探寻网格等,从而实现党建工作齐抓共管、齐头并进的新格局,切实发挥党建工作凝聚人心和宣传、引导的作用。

### (二)在高校学生团建管理中的应用

高等学校是团建工作的天然港湾,将网格化管理模式寓之于团建管理,具体而言就是建立以高校团委为网络中心,以班级团支部、社团团支部、公寓或宿舍楼栋团支部及网络团支部组合起来的四大联网体系。这四大网格涵盖学生的日常学习、第二课堂活动、居住场所等领域,实现了团建工作的生活化、日常化和常态化,从而有利于发挥各个体系的功能和团建工作的开展实效。如楼栋团支部可以有效克服宿管单位重管理轻教育、重理性轻人文的倾向,从而实现学生团建管理的全天候、无空隙;网络团支部可以有效发挥网络资源共享、超越时空、实时交互等优势,从而克服应届毕业生因实习、找工作不常在学校,管理不便的矛盾,切实实现对学生的动态管理、立体管理,最大限度地保障正常的教学、科研秩序,为人才培养提供良好的环境。

### (三)在高校消防安全管理中的应用

火灾猛于虎,高校消防安全不仅关乎师生生命财产安全,而且是教学和科研工作顺利开展的必要前提。笔者认为,将网格化管理模式引入高校消防管理工作不失为一种可行的路径。以各宿舍、各班级、各实验室为基础成立消防安全三级网格，具体负责本网格的安全法规学习宣传、设备检查、线路排查等常规工作；以各院系为基础成立消防安全二级网格，具体通过阅报栏、校园广播、闭路电视、校园网络等媒介进行消防安全宣传；成立专门的消防安全管理工作小组作为一级网格，负责消防安全工作的整体部署和协调，从而实现消防安全管理"横向到边、纵向到底、管理到位"。

### （四）在高校学生突发事件管理中的应用

突发事件或突发公共事件涉及领域广、涵盖部门多，因此形成统一协同的应急体制机制是当下管理领域面临的突出难题。突发事件具有不确定性、破坏性、综合性、社会性、突发性和紧急性等特性。在突发事件的爆发前、爆发后、消亡后的整个过程中，高校应用科学的方法对其加以干预和控制，最大限度地发挥管理的作用，尽量使损失降到最低。就高校学生突发事件的管理而言，笔者认为，网格化管理模式在事件报告、事件分析、处置对策、辅助组织制订指挥方案、预测和预警、事件的后期处理等方面具有独特的优势。在事件报告上，高校依托一线学生网格管理员，可以在第一时间，以最快速度，通过手机拍照、现场录像等方式将事件及时报送给信息中心，通过网格化管理的网格编码可以迅速获得事件位置、事件性质，同时通过数据的属性、位置，可以在现有的数据库中查找到所有相关的信息，为事件分析提供充足的信息。在处置对策与辅助指挥上，高校可以通过设立在各个楼宇的三级网格员，制定科学有效的应急方案，如分析现有的消防分布，查找最近的救援部门，分析最佳的救援路径，对道路信息进行分析，及时对道路进行疏导，等等。在此基础上，高校为指挥调度部门提供专业队伍、救援装备、医疗救护、储备物资等信息服务，从而最大限度减少损害，确保学生人身、生命及财产安全。

总之，高校学生网格化管理是一项复杂的系统工程，涉及面广，涵盖领域宽，这就要求我们厘清高校学生管理的特点、特质与特征，遵循管理育人的理念与原则，科学设计符合大学生成长成才要求的制度与办法，不断与时俱进，不断推进制度创新，不断研究新现象，建立新制度，解决新问题，为推动社会主义教育事业发展做出应有的贡献。

## 第四节 书院制管理模式

### 一、书院制学生管理模式的概念

书院制作为高校学生教育教学管理模式,其出发点和归宿是提高教育质量,培养优秀的人才,其本质追求是学生自由而全面地发展。教育管理的改革要以学生为本,从学生发展的角度思考问题,书院制的核心就在于坚持"以学生为中心"的教育理念。在对书院制理论研究和实践经验的梳理中,笔者发现书院制与"学生的全面发展"的需要相联系,无论是书院提倡的通识教育,还是欧美大学住宿学院倡导的博雅教育,都以"全人(total person)"教育为愿景,学生在拥有专业知识的同时,还应当接受通识教育的熏陶,以更好地与社会连接。这仅依靠专业学院是很难实现的,因此将学生的专业学习与素质培养、通识教育、学生事务从管理机制上分开,前者由专业学院承担,后者由书院承担,这是学生培养的一种结构性变革。① 书院提供完善的生活和学习设施,创设良好的学习和生活空间,实行混合住宿,为各学科专业的学生相互交流学习提供机会和条件,并开展丰富的学生活动。这些特征都与宿舍紧密联系在一起,因而,李翠芳认为,书院制是以学生宿舍为管理的空间和平台,以学生公寓为生活社区,对学生实施通识教育、思想品德教育和行为养成教育等方面教育的一种学生社区生活管理模式。② 书院的另外一个重要特点是实行导师制,为学生安排辅导员(supervisor)、导师(tutor)和学习指导员(director of studies),以更好地指导学生的学习和生活。

对于书院制学生管理模式的概念,目前还没有很权威的说法,不同学者从不同的研究角度对书院制概念进行了解释和定义。如:"书院制是实现通识教育(素质教育)和专才教育相结合,力图达到均衡教育目标的一种学生教育管理制度。"③;"书院制就是指高等学校为实现学生全面发展和提高文化素质的目

---

① 熊思东.通识教育与大学:中国的探索[M].北京:科学出版社,2010:127.
② 李翠芳.书院制:学生管理体制的新探索[D].大连:大连理工大学,2009:50.
③ 陈晓斌.新型书院制:高校学生社区管理模式探索[J].教育探索,2013(8):96-99.

标，充分借鉴西方及港台大学书院制度，通过改革学生住宿与学生管理制度而建立的一套书院制学生管理体系。"[①] 这些定义比较集中地体现了书院制的内涵和特征，具有一定科学性和合理性，但是也存在着局限，如将书院制定义为实现通识教育（素质教育）和专才教育相结合，力图达到均衡教育目标的一种学生教育管理制度，显得比较笼统，未能很好地概括出书院制的特征。有的观点把书院制简单地视为国内高校对欧美大学住宿学院制的借鉴，视角比较片面。书院制是在传承中国传统书院精神，借鉴住宿学院的形式的基础上产生，在文化传承和学生培养目标等方面，两者存在着差异，不应把两者等同起来。

在借鉴诸多观点的基础上，本文将书院制教育管理定义为：书院制教育管理是坚持以学生为中心的理念，在传承中华传统书院精神，借鉴欧美大学住宿学院形式的基础上形成的，以住宿社区为平台，统筹学生事务管理，实行导师制和混合住宿，开展通识教育和多元教育活动，为学生创造良好的学习和生活空间，促进学生全面发展的新型学生教育管理体制。

## 二、书院制学生管理模式的特征

### （一）实行导师制度，指导学生学习生活

书院实行导师制是为了更好地指导学生的学习和生活，在中国传统的书院中，和谐融洽的师生关系被广泛关注和传承。各所大学书院的导师制度可能存在差异，但一般来说，导师可以基本分为三类，一类是常任导师，主要由专职辅导员担任；一类是学业导师，一般由学校专业学院教师担任；还有一类是兼职导师，他一般由具有管理经验的高年级学长或研究生担任。常任导师主要负责日常的学生事务工作，包括思想政治教育、心理咨询、生活指导等；学业导师通过学术讲座、学术沙龙、咨询导航、对话交流等方式，帮助解决学生在学习中遇到的问题，指导学生的课程作业和学术研究等；而兼职导师主要帮助学生解决学习和生活中遇到的比较细节的问题，以作为学长的角度给予帮助和建议。为了让导师对学生指导有针对性和个性化，通常一位导师带3至5名学生，实行导师和学生的双向选择。书院的部分导师与学生同住书院社区，经常性地接触，师生间的感情变得熟络和融洽，老师对学生了解深入，让因材施教成为现实，老师可以根据学生的个性和特质进行更加贴合的指导。在长时间的共处

---

① 卢萍.高校学生社区书院制管理模式路径探析[J].人才资源开发，2016（14）：64-65.

中，导师的一言一行也影响着学生，导师的人格魅力也在潜移默化中传递给学生，导师的学术追求也会感染着学生潜心学习。

### （二）实行混合住宿，促进学生交流学习

国内高校长期是按照同学院、同专业、同班级的方式安排住宿的，这种住宿方式便于宿舍的集中管理，宿舍的结构比较稳定。为了弥补传统住宿方式存在的不足，很多书院实行了学生混合住宿。当前各大学书院实施混合住宿的具体方式不尽相同，但大部分书院实行的是同一学科门类不同专业的学生随机混合住宿。混合住宿为不同专业的学生创造了相互学习交流的环境，有利于开阔学生的学习视野，促进跨专业、跨领域的交叉学习，激发学生的创新思维和创造能力。互诘式的对话交流是学习的一种有效形式，混合住宿无疑有利于学生之间展开互诘式的对话交流。有观点认为，互诘式的使用理性可以让学生摆脱专业的假设和束缚，促进学生思维的发散与创新，使其获得广阔自由的发展。同一宿舍的同学作为一个紧密的群体，群体成员之间会产生相互影响，心理学家将这种相互影响称为同伴影响（peer influence）。学生混合住宿让这种同伴影响变得更加丰富多元，当学生在本专业学习中遇到困惑时，其他专业的同学带来的建议可能会帮助自己打开思路。混合住宿有利于扩大学生的交往半径，扩展人际关系网络，帮助学生学会友善地与他人相处，学会沟通时的理解和包容，更重要的是学会从不同角度去审视和思考问题。

### （三）完善住宿功能，优化学生生活社区

书院制学生管理模式是以学生宿舍为载体展开的，书院一般具有完善的生活基础设施。书院制生活社区一般设有宽敞明亮的餐厅，提供营养均衡、干净卫生、口味丰富的餐饮，布置优雅的用餐环境，方便书院师生用餐。宿舍设有独立卫生间、洗漱间，有简单实用的家具，有的安装了空调和暖气，可以连接互联网，24小时供应热水和饮用水。很多书院的宿舍楼内设有自助打印机、自动洗衣机、烘干机、生活药箱等公共设施和用品。在提升书院社区教育功能方面，书院设有图书馆或图书室，为学生提供阅览和借阅服务，藏书根据书院特色不同，在专业领域方面会有所侧重，如我国香港中文大学新亚书院以弘扬中华优秀传统文化为特色，关于中华文化方面的藏书就比较丰富。书院为了拓展学习空间，开设学习室，用于学生自习，开设讨论室，方便学生交流讨论。为了丰富学生的生活，书院还设有运动健身室、文化活动室、音乐房和咖啡厅

等，方便同学间的日常交往，同时学生还可以利用这些设施锻炼自己的个性和提升才华。有的书院配置导师的休息室和生活区，以便于师生间的日常交流。有的书院还建有花园或小公园，创造休闲、怡情的优美环境，也可用来举办户外活动。书院的标志建筑也成了隐性教育的素材。

### （四）开展文化活动，丰富学生课余生活

丰富多彩的文化活动是书院的重要特征之一，它起到了增长学生的知识，展现学生的才艺，发挥学生的个性等作用，让学生的课余生活变得丰富和充实。梳理书院的学生文化活动，可以主要划分为三类：一类是学术文化类活动，包括学术讲座、学术沙龙、读书会、科技竞赛、校外交流等，如香港中文大学新亚书院钱宾四先生的学术文化讲座、汕头大学至诚书院的至诚·和君讲坛等；一类是文体活动，书院经常举办诸如音乐会、文艺晚会、舞蹈表演、体育运动会、诗词朗诵会等活动，学生在活动中可以充分展现自我的天赋和才华，如西安交通大学彭康书院为了增强学生的体质，还开展了集体早操等文体活动；一类是社会实践活动，书院为了增强学生的社会实践能力，开展暑期社会实践、社会调查、环境保护、户外拓展训练、公益志愿服务等活动，锻炼了学生的实践能力，同时也增强了学生的社会意识。此外，有的书院还举行师生午餐会、创意分享会等活动。为了推动学生活动的开展，书院还会制订活动计划，成立社团组织，为活动开展提供支持，不断提升活动的质量和内涵。

## 三、书院制学生管理模式的现实依据

### （一）社会发展对教育提出新要求

教育发展与社会的经济发展、政治文化有着密切的关联，社会发展水平制约着教育的发展进程，教育发展同时也发挥着推动社会变迁的功能。随着社会经济增长对知识的生产、扩散和应用的依赖程度进一步提高，社会进入了知识经济时代，经济发展需要优质的教育提供智力支持。国民经济和社会发展规划中将"创新"作为五大发展理念的首条理念提出来，而创新需要依托高素质人才，高素质人才的培养需要依靠优质教育来实现。当前，我国经济发展方式正从依靠要素驱动向依靠创新驱动转变，处于经济发展方式转型时期，需要培养一大批符合新型经济发展需要的创新型、复合型高素质人才，这是教育需要面对的新课题。不仅如此，随着经济全球化的进一步发展，世界各国的联系更加频繁，为了适应全球经济发展的潮流，教育应当在培养学生国际素养方面给予

关注。更重要的是,我们正处于21世纪"知识时代",在知识社会里,教育应该培养学生具有什么样的素养,以适应这个社会发展的需要,这是教育管理最应关注的课题之一。

高校在培养人才的过程中,要回应当前社会经济新常态对人才培养提出的新要求,要为围绕21世纪知识社会人才应当具备的核心素养展开教育教学改革,书院制学生管理模式就是在此情景下的一种回应。在社会发展对人才培养提出的新要求下,书院坚持专业教育与通识教育均衡发展、培养全面发展人才的教育理念。书院制通识教育的开展,让学生在学习专业知识和技能的同时,也能够获得一般的文化素养,培养学生对于社会事物的普遍性感知能力。为了让学生拥有良好的团队协作能力,能够与他人建立起良性关系,学会以恰当的方式处理解决与他人的冲突,书院在实行学生混合住宿的同时,营造良好的生活氛围,建立起一个有利于培养学生社会交往能力的环境。在教育内容方面,书院朝着多元化的方向发展,不断充实教育内容,科学的主题、生活的主题、情感的主题等都会包含其中。书院在教育方法方面,发挥生活化教育的优势,将教育内容融汇在生活中,让学生在自然而然中获得某种素养。而在教育环境方面,书院营造丰富的教育环境,发挥环境育人的作用,让学生能面对各种情景,触发内心的体悟。

### (二)学生主体发展提出新的要求

在教育活动中坚持学生的主体地位,充分发挥学生的主观能动性,促进学生主体自由全面的发展,业已成为教育工作者的共识。他们围绕如何培养学生的主体性、基于学生主体性的教育教学创新等问题展开了不少研究。主体的哲学意思是指对客体有认识和实践能力的人,而主体性是指人在实践过程中表现出来的能力、作用、地位,即人的自主、主动、能动、自由、有目的地活动的地位和特性。虽然在教育教学活动中应当坚持学生的主体地位,然而在教育实践中,我们会发现学生的主体地位不同程度的被忽视,存在着应然与实然之间的较大差距。长期以来,高校培养学生的目标性比较强,在教学活动中往往设置了预设性目标,将学生简单地作为知识的接受者,在教学中倾向于将静态的知识经验传授给学生,而没有很好地鼓励学生去观察和思考知识的意义和发展逻辑,忽视了学生构建知识的主体性;在学生管理方面,高校一般通过科层式学生管理组织对学生进行集体化管理,强调整齐统一的管理方式,在管理过程中多以禁止性规定约束学生,这种方格化的管理使学生的个性得不到施展,学生的主体性诉求得不到表达；在学校的文化氛围中，有些学生对知识的学习附带着"利欲"色彩，学习的内容以通常意义上的"有用"为主，学生的主体价值追求受制于专业技能学习带来的"利益"。

面对教育现实中学生主体发展的失落，如何让学生的主体性得以自由发展，书院制学生教育管理模式给予了回应。从书院的教育理念到具体运行，该模式都充分考虑到了学生的主体发展需要。书院制"以学生为中心"的教育管理理念，就是把学生的主体发展作为书院教育的出发点，将书院建设成有利于学生主体性生成的生态环境。学生的主体性不能依靠单纯的知识传授来获得，而是需要在各种实践活动中培育，在学生与各种事物的交互与交往中生成。正如叶澜教授所说："人类的教育活动起源于交往，在一定意义上，教育是人类一种特殊的交往活动。"[1] 书院也基于学生主体的发展实践和交往需要，通过学生混合住宿增加学生的交流，在导师制度的安排下营造学生与教师融洽的交往氛围，教师不再将学生当作知识接受的客体，而是当作构建知识的主体，进行面对面的对话。

在书院的学生管理工作中，奉行的是一种引导性的"理顺"，而不是强制约束性的"管制"，在宽松的管理环境中学生的主体诉求也能得到自由的表达，学生管理工作者也能给予积极的回应。在学生管理中，学生不是单纯的被管理客体，同时作为管理主体充分发挥主观能动的作用，书院通过让学生积极参与学生事务管理，在这个过程中学会自我管理、自我服务和自我教育，从而促进其主体性的发展。由于社会外界环境对学生影响越来越深刻，学生主体性的发展也呈现出多元化，特别是信息技术的发展推动了学生的学习从线性向非线性转变。非线性学习具有学习时间的碎片性、学习空间的多样性、学习内容的离散性、信息传递的拖拉性以及知识建构的主动性等特征。而书院制能够更好地适应这种非线性学习的转变，由于学生除了上课时间，很大部分时间都在住宿社区，书院就可以利用零散时间开展一些教育活动。适应学习空间的多样性，书院可以通过圆桌讨论、小组学习、线上信息共享等方式来实现。总之，书院制学生教育管理模式面对多变的外界影响，能够更加灵活地适应发展的需要，更好地促进学生主体的发展，通过提升学生的主体性，作用于学生的内心世界，让学生能够以自己的方式构建自身的知识体系和完整的自我。

---

[1] 叶澜. 二十世纪中国社会科学：教育学卷[M]. 上海：上海人民出版社，2005：296-297.

## 四、我国高校书院制学生管理实践案例

### (一) 西安交通大学的书院制

西安交通大学（Xi'an Jiaotong University）中文简称"西安交大"，英文简称"XJTU"，其前身是肇始于 1896 年的上海南洋公学，1959 年迁入西安后更名为西安交通大学。西安交大是教育部直属的全国重点高校，入选国家"211""985"工程高校，"111 计划""2011 计划"成员高校，并作为"珠峰计划"首批 11 所名校之一，培养了一大批杰出人才，在国内外广享盛誉。为建设具有影响的世界一流知名高校，学校积极进行教育探索，广泛借鉴国际先进的教育经验，开创新的教育范式，全方位改革办学模式。2005 年西安交大以"文治苑"作为试点，进行书院制学生教育管理模式探索，2006 年开始，学校在内地高校中率先实行书院制，本科生入住的不再是传统的宿舍，而是新型书院。西安交大的书院制改革，在国内高校中产生了积极而广泛的影响。

#### 1. 书院的教育管理理念

西安交大为了在人才培养、科学研究以及社会服务等方面保持领先地位，在反思传统教育模式存在不足的基础上，积极进行教育改革创新。早在 2003 年，学校就提出了基于通识教育、科研能力和创新能力培养的"2+4+X"研究型大学人才培养新模式。其中"2"代表的意思是在学生学习的前两个学年，采取人文社会科学与自然科学融汇综合的原则，开展基础通识教育，培养学生的综合素质和自主学习能力。与此模式相联系，学校于 2005 年进行试点探索，并于次年建立书院，推行书院制学生教育管理模式，形成书院与学院相结合的"双院制"特色模式。

"双院制"将学生培养的结构进行划分，改变了以往学院侧重教学、科研、社会服务等方面的专业教育，而忽视学生的思想政治、基础通识等综合素质的培养的局面。学院专注于专业教育，而书院专门承担专业教育以外的综合素质培养，两者有机结合在一起。这里举一个较为形象化的比喻，即学院作为父亲，而书院则作为母亲，父亲角色的学院主要精力在于搞好专业教学和科研，而作为母亲角色的书院则肩负学生全面发展的工作。与这个比喻相应，书院还积极地将传统的宿舍改造为一个温馨的"大家庭"，这个家庭有融洽的师生关系、和善的友伴感情。书院选取专业人员组成合理的师资团队，全身心地培养学生的综合素质，对学生进行教育和管理。"双院制"通过多元化的教育形式

和严格的要求，提高了学生的思想道德素养，培育了学生高雅的人格气质、良好的公民素质和社会责任感，全面提升了学生的组织协调能力、社会生活能力以及科学和人文意识。

西安交大——彭康书院是第一所书院制教育管理模式书院，成为内地最早实行书院制的高校之一。学校还相继建立了文治书院和宗濂书院。经过经验的不断积累，学校建立了启德、仲英、励志、崇实、南洋五所书院。每所书院的规模不同，最少的500余人，最多的3000余人，由不同专业的学生混合住宿（如表4-2所示）。书院以宿舍楼的物理空间为依托，进行划分和管理，相对集中的宿舍楼群构成一个书院，形成各具特色的社区文化圈。在安排学生混合住宿时充分考虑到文理渗透的原则，书院最多的安排有20个专业，最少的也有9个专业，充分实现不同专业、不同年级学生的广泛交融。书院不是传统的住宿空间，而是学生素质教育和人格养成的社区，旨在促进学生德、智、体、美的全面发展，为学生提供心智与体魄成长、素质与能力增强、学业与实践精进的广阔空间。书院寄希望于培育一种文化氛围，能唤醒学生身上失落已久的某种精神和气质，自觉抵御社会功利的诱惑，用爱心和善良来引导学生的学习和生活，帮助他们树立崇高理想和远大抱负。

表4-2 西安交通大学书院情况统计表

| 书院名称 | 学生人数 | 学生所属学院 |
| --- | --- | --- |
| 彭康书院 | 约3000 | 能源与动力工程、电子与信息工程等19个专业 |
| 文治书院 | 约2600 | 机械工程及自动化、工程结构分析、法学等9个专业 |
| 宗濂书院 | 约1400 | 医学和经济学类的14个专业 |
| 启德书院 | 约1600 | 经济与金融学院和医学院的17个专业 |
| 仲英书院 | 约3045 | 化学工程与工艺、软件工程、钱学森实验班等16个专业 |
| 励志书院 | 约500 | 电信、理学、数学、材料和生命等10个学院，20个专业 |
| 崇实书院 | 约1700 | 人文、人居、材料、食品装备等17个专业 |
| 南洋书院 | 约2600 | 公共管理、物联网、计算机实验班及少年班等80余班级 |

2. 书院的管理和运行

西安交大注重书院的管理工作，成立了书院建设指导委员会作为领导决策机构，其主要的职责包括书院建设的理论与实践研究；统筹协调书院与学院的工作职责，加快书院建设进程；审定书院工作章程和中长期规划，健全规章制度，指导书院工作。在书院层面，学校还设立了较为完备的组织管理体系。学校一般会邀请学高德厚、热心教育的知名人士担任书院院长或名誉院长，如文治书院院长安芷生教授为中国科学院院士，南洋书院院长潘宗光则是香港理工大学前校长。书院一般安排常务副院长（一般兼任党总支书记）、副院长、常任导师、学业导师和兼职导师。常任导师按照1：200的师生比进行安排，此外还按照1：60安排兼职导师。为了书院的建设和发展，学校还制定了《学业导师聘任暂行办法》，规定了具有副教授及以上职称的教职工，均有担任书院导师的权利和义务。院长和常务副院长负责统揽书院的全面工作，各类导师各自展开承担的职责，通过各种形式与学生交流沟通，在学业理解、生活管理、课外活动等方面进行全面辅导。

西安交大将书院作为与学院平行的独立行政主体，以促进学生的全面发展为目标，不断完善制度建设和组织构建，制定书院章程和各种管理规章。书院基本建立了较为完整的组织框架，以南洋学院为例，书院建立了院长领导的院务委员会，负责书院的全面工作；书院党总支负责党务工作，领导书院团委开展工作；书院的学生会和各类学生社团在团委的指导下开展活动，这与港澳高校书院制组织模式是有所区别的；院务主任和副主任负责领导书院的日常学生事务工作；学业导师则与班主任和朋辈辅导员相联系，指导学生学习生活等方面的问题；此外，书院还设有学生自主议事机构层议团。

3. 书院的突出特色

西安交大的书院制经过十多年的发展，在很多方面都体现出自己的特色。一是书院建立全面的学业辅导体系。为了有效地辅导学生的学业问题，书院规定全体常任导师和兼职导师实行听课制度，导师每周至少听课一次，以更好地了解学生的学习进度、学习要点、学习难点等，结合自身的专业特长为学生答疑解惑。导师还要将学生的学业情况进行统计和分析，了解学生的整体学习情况和个体学习情况，并积极地与学院等职能部门沟通。二是引导学生了解国情，培养社会责任。书院每年暑假组织约30%的学生开展社会实践活动，在社会实践活动中培养学生认识问题、社会调研的能力，增加学生对国情的认识。还有超过六成的学生自建团队开展各类实践活动，并提交了实践报告书，他们关注的领域相当广泛，很多都是结合自己所学的专业展开的，也有一些是跨专业学生合作展开的，这些活动提升了学生们发现、分析、解决问题的能力，同时也增强了关心社会、报效国家的责任感。三是进行明礼教育，培养感恩意识。书院针对学生感情表达比较内敛，缺少与父母的沟通的特点，安排学生每个学年给父母写一封信。书院开展"感知父母恩，报答社会情"等活动，倡导学生在假期为父母做一件有意义的事，培养学生的感恩意识，我们从父母给学校的回信中也能感知到家长对孩子成长的感动和期望。四是开展学术活动，拓宽知识视野。书院会积极邀请校内外的知名专家学者，为学生举办报告会、学术讲座等，内容覆盖各个学科领域。书院的学生社团也经常举办一些学术交流、科技创新活动，使学生的知识视野得以拓展。五是开展"知心工程"，做到贴心指导。书院常任导师和兼职导师与学生共宿共膳，与学生建立了融洽的师生关系，将温馨的关怀融入日常管理中，经常与学生交流谈心。通过对学生情况和心理的了解，导师针对不同类型的学生采取不同的帮助和指导。此外，每所书院也各具特色，如励志书院主要是国防生，因此开展各类国防题材的活动，有的书院还实行集体出早操，增强学生的体质，同时培养学生的团队意识和集体归属感。

### （二）南方科技大学的书院制

南方科技大学（Southern University of Science and Technology）中文简称"南科大"，英文简称"SUSTech"，是一所广东省领导管理、深圳市创办的创新型高校。2012年4月，教育部同意建校，并赋予学校探索具有中国特色的现代大学制度、探索创新人才培养模式的重大使命，将学校确定为国家高等教育综合改革试验校。学校坚持"创知、创新、创业"（research, innovation and entrepreneurship）的办学特色，努力改革人才培养模式，培养创新型人才。学校实行书院制学生教育管理模式，在创校之初的2011年，学校就建立了致仁书院，又于2013年9月，建立树仁书院，于2015年和2016年建立了致诚、树德、致新、树礼四所书院，现在南科大拥有六所书院。

1. 书院的教育管理理念

南科大将书院作为全面教育的核心组成部分，致力于促进学生在认知、情感、社会性等方面的多维成长，为学生提供全方位的学习和丰富的课余活动，营造一个关系紧密、互动交流的师生社区。致仁书院以"格物致知，致心致仁"作为立院精神，将各种非形式教育与课堂教育结合起来，推展学术文化活动，探索实施适应性分类教学。书院传承"仁者爱人"的文化理念，培养学生"爱"

的意识和"爱"的能力，并引入审美教育，涵养学生"温良致仁"的书院气质。致诚书院将"诚信为本"作为立院精神，强调培养学生的诚信意识，用至诚之心面对每一个人、每一件事，将德育作为书院的核心价值，希望学生既是具有广博知识和创新能力的科技精英，同时也要具备高尚的人格，坚定做人的原则。每所书院的立院精神各不相同，培养学生的方式也有所差异，但是都注重学生的道德教育、审美教育等，指向学生的全面发展。

2. 书院的管理和运行

南科大书院作为学生教育管理的基础部门，承担学生的思想教育、学业辅导、生活指导及学生活动等工作。书院在管理和运行上成立了书院办公室，负责书院日常工作的开展。书院的管理实行院长负责制，在管理团队上，设院长一名，全面负责书院的管理工作；学术副院长一名，负责书院学术方面的工作；行政副院长一名，负责书院的行政管理工作；设辅导员三至五名，负责日常学生事务管理工作，此外，部分书院还设有社工。与西安交通大学书院相同，书院设立党总支和团委，开展党团建设工作。书院还设立了各种学生社团，如致诚书院设立了学生会，作为学生自我管理组织；设立致诚书院学习中心，为学生制订个性化学习计划，服务学生的自我学习和个性学习；成立书院新闻中心，发挥书院的对外宣传、交流展示等重要职能；致仁书院喜欢民乐的学生自发组织成立了民乐社，还邀请天文学家夏志宏教授作为指导老师，成立了天文社等。

3. 书院的突出特色

书院注重形成独特文化特色，每所书院基本都拥有本院的立院精神，制定了院训和院规。书院还制作了院徽、院旗等作为书院的文化标识，并赋予其丰富的文化内涵。书院致力于打造不同的品牌活动，如致诚书院的《致诚开讲啦》，每期邀请学术大咖分享自己的学习故事和学术创意，邀请到了社会学家郑也夫教授、诺贝尔化学奖得主罗伯特·格拉布教授等一批知名学者，还举办了"致诚周末之夜""学长带你飞"等活动；致仁书院则举办了很多温情的活动，如每月一次的集体生日会，邀请本月生日的导师、学生共同参加，融友情、师生情于一体，此外，还举办院长午餐会、烘焙节等活动。

**（三）香港中文大学的书院制**

香港中文大学（The Chinese University of Hong Kong）中文简称"中大"，

英文简称"CUHK"，是由新亚书院、崇基学院、联合书院于1963年合并组建而成的。作为一所富有活力、崇尚创新的研究型综合大学，中大秉承"结合传统与现代、融汇中国与西方"的教育使命，在教学、科研、社会服务等方面取得了瞩目的成绩。中大基于以学生为中心的全人教育理念，实行全港独有的书院制度，与专业学院相辅相成，书院负责开展通识教育，加强教师与学生之间的交流互动，为学生提供个性化的关怀和辅导，凝聚学生对书院和学校的认同感和归属感。

书院制在中大经历多年发展，由最初的三所书院，即新亚书院、崇基学院、联合书院，发展至1986年，成立了逸夫书院。2006年建立了晨兴书院和善衡书院，又于次年分别建立了敬文、伍宜孙、和声三所书院。九所书院构成了中大的书院体系，书院为学生提供通识课程教育和各种非形式教育的机会，其和谐的师生关系以及丰富多彩的书院文化活动，充分促进了学生的全面发展和潜性发展。书院还是学生温馨的生活空间，学生在书院可以结识友伴，促膝长谈又或是热情的讨论，这都构成了大学生活的难忘片段。每所书院都有不同的文化特色，标举独特的教育风格，共同汇聚成中大深厚的大学精神和教育理念。

1. 书院的教育管理理念

香港中文大学的每所书院的教育管理理念各具特色。如新亚书院自建院以来始终坚持"求学与做人，贵齐头并进"的教学理念，把中华传统文化传承作为书院宗旨，并将其与现代学术结合起来。书院在教学过程中要求学生要铭记"艰险奋进，困乏多情"的新亚精神，让学生不忘记书院的根源和做人的根本，并且能够具有广博的能力适应现代社会发展的要求。逸夫书院以"臻善存德，居高怀仁"作为书院的精神，希望学生在追求卓越的过程中保持道德操守，要具有高远的眼光，身处社会高位的时候要常怀仁爱之心，还将诚意正心、服务社群、关怀祖国、放眼世界、致力环保作为书院的五大支柱。和声书院作为中大最年轻的书院之一，以培养全港、国家的领袖人才为追求，将领袖应具备的包容雅量、远见卓识的素质贯穿于学生培养的整个过程。通过这些书院的教育管理理念的综合，可以发现书院注重通识教育和全人教育，把道德教育放在重要位置，并注重通过各种非形式的思维教育，培养学生广阔的知识视野，以更好地适应社会发展的需要。

2. 书院的组织管理体系

组织管理体系是书院得以正常运行的保证,中大书院的组织管理体系都比较完善。在组织架构上,书院一般设有院监会,院监会设主席一名,秘书一名,成员若干名,负责监督和指导书院工作的开展;设有院务委员会,由主席一名、院务委员若干名、秘书一名、学生成员若干名组成,主要负责书院整体工作的开展;院务委员会还设多个附属委员会,以伍宜孙书院为例,附属委员会有校园环境委员会、通识教育及学术事务委员会、膳食委员会、学生宿舍委员会等(如表4-3所示),委员会负责书院具体事务的开展。新亚书院为了细化工作开展,设置了近30个附属委员会。书院管理成员包括院长及副院长、辅导长及副辅导长、名誉顾问、通识教育主任及副主任、教师成员、舍监及宿舍导师、行政人员等,很多书院还安排了学院联络人,以更好地与学院进行沟通联系。不同的书院在组织管理结构上也不相同,有些书院设有董事会、书院基金会等,这些都构成书院多元的组织管理体系。

表4-3 香港中文大学伍宜孙书院院务委员会附属委员会表

| 附属委员会 |
| --- |
| 校园环境委员会 |
| 健康生活委员会 |
| 奖助学金委员会 |
| 学生宿舍委员会 |
| 膳食委员会 |
| 咨询科技委员会 |
| 学生辅助及纪律委员会 |
| 体育委员会 |
| 通识教育及学术事务委员会 |
| 才德培育及书院生活委员会 |
| 学生交流委员会 |

3. 书院的学生事务体系

在学生发展方面,书院积极实施各种学生海内外交流项目,如崇基学院的学生交换计划、暑期留学计划、学生访学计划、海外语文学习团等项目；为了促进学生的个人成长，崇基学院在导师制的基础上，还建立学长计划、海外网上学长计划等，通过与学长的交流联络，增加学生的社会经验和扩展人际网络，并通过社会服务、外展训练、职业生涯规划等方式促进学生的个人成长；为了给学生提供辅导，书院还设立学生辅导处，学生可以通过辅导处了解各种活动，进行生活和学习各方面的咨询，也可以和老师谈自己的感受，获得心理健康咨询等服务。书院还负责学生奖学金和资助工作，建立了奖学金及资助计划，为学生提供多类奖学金和活动资助，如新亚书院的入学奖学金、活动服务奖学金、学生外访资助计划、暑期研究计划等。此外，学生的入学、住宿、餐饮等生活福利方面的事务基本都由书院负责。

4.书院的生活设施体系

书院是一个完整的学生生活社区，拥有比较完备的生活设施。以和声书院为例，书院整体坐落于中大西部校园士林路，面向吐露港，毗邻联合书院，依山而建，环境优美。在师生餐饮设施方面，书院有 WS Pavilion、和声沪轩、THE GREEN、CAFE TOLO 等餐厅，还开设了文汇轩酒吧，为师生提供各种口味的餐饮服务，每个餐厅的营业时间不同，学生可以根据自己的需要进行选择。不仅如此，书院还开设了和声厨房，学生可以自己动手烹饪食物，也有烧烤场地可以供学生租用。在场馆设施方面，书院设有健身房、艺术与音乐室、会议室、礼堂和多媒体学习室，还设有学生玩乐设施，学生可以利用这些设施开展各种活动。

在宿舍及住宿服务方面，书院注重住宿楼的功能建设，创造舒适健康的住宿环境。赛马会研究生宿舍被认为是书院宿舍楼建设的典范，该宿舍楼毗邻秀美的吐露港，自然环境优美，与周围环境很好地融合在一起。宿舍楼底座建设为各种功能区，如餐厅、舞蹈室、办公室等，上层主体建筑为学生住宿区。宿舍楼采用了垂直绿化的理念，纵向是住宿楼层走廊中间的空中花园，在美化环境的同时，还有利于自然通风和天然采光，降低了热岛效应。除了空中花园，宿舍楼还设有绿化天台，可以供学生种植绿色植物，营造休闲空间。绿色环保是宿舍楼设计建造坚持的理念，宿舍楼建筑运用了很多节能环保技术，宿舍屋顶铺设了太阳能板，存储的能源可以用于加热洗浴用水。另外，宿舍楼还采用了雨水收集循环系统，用于植物灌溉，而一般的生活污水则经过处理净化后用于卫生间用水。此外，宿舍楼还使用了智能用电系统和降噪技术，在节能的同时，为学生创造安静舒适的住宿空间。最重要的是，这种整个生活区的全面规划将宿舍项目与公共设施联动起来，使学生的宿舍生活更互动、愉悦；将公共设施散置于地面广场的四周，包括图书室、健身房、餐厅、多功能会堂等，营造成"村落"般诗意的栖居环境。

# 第五章　高校学生管理工作之日常事务管理

## 第一节　高校学生宿舍管理

### 一、宿舍管理的内涵与发展

#### （一）宿舍管理的基本内涵

高校学生宿舍是高校学生学习生活的重要场所，是进行学生管理工作的主要场所，是大学生课余生活学习的主要区域，这个区域是高校学生在脱离课堂教学之外，在校园活动时间最长、活动最为频繁的区域，因此对高校学生宿舍的管理显得尤为重要。在宿舍这个特殊区域内，学生较为密集，活动也相对频繁，学校以及社会对高校学生宿舍的重视也在不断增加。作为高校学生管理的重要组成部分，学生宿舍的管理随着时代的变迁也在不断发生变化。

高校学生宿舍管理是指高校中的有关学生管理部门以及后勤管理部门根据一定的教育目标、规章制度和相关法律法规对高校大学生聚集的生活区域进行管理，通过一定的运行机制和一定的管理方式对大学生的生活常识、思想观念以及个人综合素质等方面的隐形教育的活动过程，并期望通过这样的管理，能够促进学生思想健全，促进同学之间和谐友好，促进良好校风的养成，最终达到提升学生个人素质、增强综合能力的教育目的。

高校是育人、促进学生身心协调发展的场所，对学生的教育不仅是局限于教师在课堂中对学生的知识传授，还包括在校园各个区域和角落存在的隐形教育，而学生宿舍就是这样重要的一个环节。在学生宿舍管理中，高校可以将一定的精神思想、价值观念融入各种规章条例中。学生宿舍最基本的作用是给学生提供住宿休息的场所，但随着时间的推移和社会的变迁，高校学生宿舍已经不仅限于这样的单一功能，而是其环境和设施都被附上了一定的要求。学生宿舍环境的好坏对学生的身心有很大的影响，好的环境会给学生健康的身心，给学生无形的精神优化，让学生在宿舍中感受到良好的生活方式和精神追求，对学生的身心健康发展，道德修养和品格的提升都有很大的帮助。高校学生宿舍管理是高校学生工作的重要组成部分，学生每天在宿舍休息活动的时间几乎超过了在教室的时间，这样的时间分配，更使得学校以及社会对当前的高校学生宿舍加强重视，而学生宿舍管理的好坏，也正是衡量每所高校行政管理能力的有力标杆，和谐的学生宿舍能给学生带来愉悦的心情和健康的身心发展条件，也能充分反映出高校在学生管理工作方面的结果和成效，因此，高校学生宿舍管理工作是学校对学生进行全面综合教育的重要手段和方式。宿舍管理是与学生平时的衣、食、住、行各方面打交道，涵盖了大学生课余活动的大部分，这就要求学校和有关管理方面对学生的需求有一定的了解和关注，从行为和意识等各方面对学生进行引导，使学生在世界观、人生观、价值观等各个方面都能健康成长。

### （二）宿舍管理的发展历程

1. 1949年至20世纪80年代末

中华人民共和国成立后，国家政治逐步稳定，国民经济得到发展，在这种条件下，高校的建设也加快了脚步，开始恢复高校的正常教学和生活秩序，高校秩序的恢复给国家发展提供了有力的人才保障，社会对高校的关注也不断加强，面对这种情况，许多高校开始面向工农兵，给工农兵提供通过劳动或者其他优秀条件进入高校学习的机会。同时高校在原有的发展体制和数量上，逐步进行生源扩招，也在原有的高校基础上，建设了许多新的学校，这样不免带来了高校学生的住宿问题。面对学生数量增加，学生住宿需求增多的问题，许多高校通过带领学生自筹资金和国家资金拨款的方式，开始兴建学生宿舍。

在当时的历史条件下，高校师生纷纷加入建设高校学生宿舍的队伍，学校有组织地分配工作任务，学校师生自力更生，利用一切可以利用的时间，运砖运瓦，建成了当时所需的学生宿舍。到20世纪50年代中期，各高校教学生活秩序基本步入正轨；50年代中期以后，高校学生宿舍开始被纳入学校正常发展建设的计划；60年代以后，各高校的教学教室与学生宿舍建设发展相同步，教学一线设施与学生宿舍所需逐步配套发展，当时的社会对高校学生的住宿条件都非常满意。20世纪70年代高考制度恢复，大批学子涌入大学学习，当时的宿舍管理体制还是沿用老一代的方式，学生自己携带铺盖行李进入学校报到，宿舍管理处按照学生的专业科系进行宿舍的分配，绝大多数学生是以院系、专业划分进行住宿。面对大批学子涌入学校学习，原有的高校学生宿舍已经不能满足大批量学生的住宿需求，宿舍内部的硬件设施已经不能满足当时的需要。随着教育事业的发展和物质经济条件的改善，高校学生宿舍管理出现了一些新问题，比如：学校宿舍的安全、卫生和对学生的管理如何保障，学校宿舍的管理如何进行，人员如何进行宿舍的有序管理，等等。新问题的出现，给当时的学校宿舍管理带来了新的挑战，如何对学生宿舍进行更好的管理，也被提上各大高校的议事日程。

这个阶段的中国正处于计划经济体制，国家的各方面管理都是以与计划经济相匹配的方式在进行，高校学生宿舍也是在这种经济体制的引领下建设发展的，国家主要是把对宿舍的硬件设施的计划配备、管理、维修作为主要的工作任务。一般是房产科负责分配学生宿舍；校产科负责配备宿舍内所需的床、桌椅板凳等必需的硬件设施；环卫科负责宿舍内部的走廊卫生，公共厕所卫生以及宿舍楼周围的环境卫生；学校学生处（部）主要负责对学生的思想意识和价值观方面的引导和教育；安全保卫科主要负责宿舍楼栋安保工作。由于计划经济体制的实施，高校学生宿舍的管理也与之相配，因而在特定的历史条件下，学生宿舍的管理充满了统一性，加上那时物质条件比较单一，硬件设备发展缓慢，宿舍设施几乎常年不变，当时的宿舍管理就处于管理方法较为单一，形式单一，管理对象为物的简单的状态。

2. 20世纪80年代末至90年代

到20世纪80年代后，高校的秩序基本恢复正常，学生宿舍的管理方式也被推向了新的发展体制，许多高校在这一时期开始注意对学生宿舍各方面的改革，包括在软硬件设施、管理方式等方面。

20世纪80年代末，高校学生宿舍管理开始有了系统化的管理模式，学生宿舍作为学生管理工作的一个主要阵地逐步被重视，许多高校为了更规范地进行学生管理，将学生宿舍管理的任务开始落实到各个院系，这就是当时情况下的新型系统化管理模式。这种模式实质是"量化型"的管理，是学校设置专门的独立的学生宿舍管理部门，专门负责有关学生宿舍的管理工作，并制定出有关宿舍管理的规范条例和考评量表，定期或不定期对各院系所辖的宿舍区域进行量化考评，结果归入各院系的综合评比成绩。这种较为严格的量化管理办法，让各院系从上到下分工合作进行学生宿舍的管理工作，一般是由学院或系党委主管学生管理工作的副书记对学生宿舍进行主要管理，下属各辅导员通过与学生沟通、检查宿舍等方式进行直接管理监督。

这种管理办法使得学生宿舍管理的好处就是将责任一一落实，分派到人，院系管理学生工作的老师及学生都要为宿舍尽一份力，使得全员参与；量化的管理模式，使得教师和学生的评奖评优与其宿舍的维护程度直接挂钩，增强了教师和学生的工作积极性和热情，发挥了不小的作用。

3. 20世纪90年代末至今

20世纪90年代后，各高校开始实行由学生"自我管理"的管理模式，这样的模式主要是要求学生自行组织、自我管理、自己的事情自己做。学校给予学生主要的管理方向以及基本的宿舍管理条例，由学生在宿舍中自主选举或者由自我推荐的学生干部进行宿舍管理的领导工作，各宿舍再选出各自的"舍长"进行学生宿舍的自我管理。这种管理的好处是调动了学生的主动性，将被动的管理对象主动化，也增强了宿舍管理当中的民主意识和气氛；且学生进行自我管理，更能明确宿舍当中的主要问题和主要矛盾，能更加具体更加深入地进行管理和组织，更加具有针对性和灵活性。

进入21世纪后，我国传统的学校管理后勤模式逐步转向高校后勤半社会化，再到后来的高校后勤社会化。高校后勤社会化是带给高校对后勤方面管理的一个重要改革方式，分担了高校关于后勤方面的许多工作和任务，高校后勤社会化模式的出现，让许多高校开始在社会上招标，许多后勤物业公司也开始进驻高校，进行有关高校后勤方面的管理业务。这种新模式解放了高校在后勤方面需要投入的巨大财力、物力和人力，高校只需要学生处（部）和学校后勤部门与后勤管理公司进行接洽和商讨，即可对学生食堂、宿舍等区域进行管理。市场经济条件下的后勤社会化，带来了社会上新的后勤物业管理理念和方式，也给高校后勤的发展带来了新机遇。

## 二、宿舍管理的原则与意义

### （一）宿舍管理的原则

1. 目标管理原则

任何管理科学都是一个动态协调的过程，而这一切都必定围绕一定的目标进行，目标不明确，"管理"也就无从谈起。高校学生宿舍管理同样也应遵循这一原则。作为高校大学生宿舍管理，育人是其终极目标，就是通过对宿舍进行严格的科学管理，创造一个良好的生活环境，并教育和促使学生参与到宿舍管理中，营造一个良好的宿舍环境，创建宿舍文化，通过美化环境等方式潜移默化地影响同学的言行举止，培养他们良好的生活、学习习惯和积极、乐观、向上的人生与生活态度；培养高尚的道德品质、强烈的自我约束的纪律观念和互相帮助、相互尊重的团结的集体主义观念，进而培养学生追求美、创造美的良好品质。脱离"育人"这个目标，为管理而管理，宿舍管理也就失去了意义。目标的确立既是宿舍管理改革和宿舍管理制度制定的航标，也是实际管理过程中衡量事物是非的尺度。可以这样说，在宿舍管理过程中，只要有利于育人这个目标，学生管理工作者就可大胆地尝试，大胆地实践，这对于正处在后勤社会化改革中的高校而言具有特别的意义，对于一个变革的年代，没有一个目标，改革极易走旁路并造成不必要的损失，因此确立目标是实施宿舍管理工作的第一原则和重要保证。

2.教育性原则

高校学生宿舍住宿对象是在校接受教育的大学生。高校在搞好服务工作的同时，为学生的学习、生活提供方便，达到管理育人，服务育人的目的。为了有效地贯彻教育性原则，第一，必须使宿舍管理目标与教育目标一致。第二，对学生管理和教育的认识，步调要一致，把对学生宿舍的管理看作是学校教育的重要组成部分。第三，学生宿舍管理活动要符合社会主义高等教育规律和高校管理规律。第四，要建立一支具有较高素质的学生宿舍管理、服务队伍，同时还要切实采取措施提高对宿舍管理、教育工作的认识，使宿管人员认识到自己是教育者，自己所从事的工作的重要性。

3.制度化、规范化原则

所谓制度化、规范化就是在管理过程中有章可循，依章办事。宿舍各方面的制度、规章应根据育人的目标和相关文件来制定，并根据实际情况不断建立、健全，使之纵横配套、行之有效。因此，制度制定必须坚持下面"三个统一"，首先，要坚持规律性与可行性的统一。既要注重制度本身反映宿舍管理工作所具有的规律性，又要使管理制度具有易于被人们接受并认真执行的可行性。其次，要坚持严肃性与合理性的统一。制定的规章制度，要体现它对宿管人员和管理对象的严格要求，体现出严明的纪律。但由于管理教育的对象是学生，要求他们自觉遵守而不违反是不可能的，因此高校制定制度时，应考虑要求的合理性，即学生一旦违反应有改正的机会。最后，要坚持管理性与教育性的统一。宿舍管理制度是为加强宿舍管理而制定的，它的制定必须有利于管理部门的严格管理，不仅要告诉学生应该做什么，而且要教育学生应该怎样做及违反它会受到什么样的处罚。制度的制定不仅要有章可循，更重要的是严格执行，杜绝主观随意性，这是制度化、规范化的必然要求。

4.民主管理原则

当今的大学生具有较强的民主意识和参与意识，如何调动他们参与宿舍管理的积极性，发挥其能动作用，是学校工作的一项重要内容。根据管理心理学中的参与和认同理论，宿舍管理部门应当组织好学生参与宿舍的管理，成立学生宿舍民主管理委员会这样的学生自律性组织，放手发动广大学生进行自我服务、自我管理、自我教育，让学生组织自己去管理宿舍，解决生活中的问题；同时还可以开展一些宿舍文化活动，以进一步激发学生的潜能，调动学生参与管理的积极性，提高自己的组织能力、管理能力和社交能力。同时可以促进宿舍管理部门、宿舍管理人员与学生思想感情的融合，推动宿舍管理工作的开展。

5.思想教育原则

诚然，在学生工作中，严格管理对规范学生的行为能起巨大的作用，但是我们的管理对象是思维敏捷、思想活跃的大学生，即使再严格的规章制度也不可能约束他们的全部行为。如果我们仅以单纯的管理来代替思想政治工作，那么我们的学生管理工作者就会成为处理违反事件的"消防队员"，使思想政治工作陷入僵化模式。调动学生积极性的根本是针对学生在宿舍中的实际行为加强思想教育，学生违纪的思想根源没有解决，违纪行为就随时可能出现，因此，学生管理工作者在加强宿舍管理的同时，要重视思想教育的作用，寓教育于管理之中。在执行宿舍管理制度的过程中，学生管理工作者要坚持思想教育与管理要求相结合的原则，在加强管理时，施以耐心细致的说服教育，让学生知道该做什么，对违反校规的学生在严格要求的基础上个别谈心，"晓之以理，动之以情"，使其心悦诚服地接受处罚，改过自新。

### （二）宿舍管理的意义

1.高校宿舍管理是高校德育管理的重要内容

学生宿舍是学生休息、学习、生活、社交的重要场所，学生的思想、言行只有在宿舍里才能毫无掩饰地表现出来，要么我行我素，要么积极上进，而高校德育和管理工作的宗旨，就是树立良好的校风、学风。因此，高校只有把学生宿舍管理作为学生教育管理的重点来抓，才能建设好高校校园。高校必须明确办学的方向和培养目标，必须坚持社会主义的办学方向，培养有理想、有道德、有文化、有纪律的社会主义建设者和接班人，即德、智、体、美、劳全面发展的高层次人才。在人的全面发展中，德是重要的组成部分，起着统帅和促进其他方面发展的重要作用。一个具有社会主义觉悟和道德品质的学生，往往能以高昂的斗志，努力实现自身的全面发展，以便将来走上工作岗位后能更好地为人民服务，为社会主义现代化建设事业服务。反之，思想政治觉悟低和品德修养差的学生，一般来说，其他方面的发展也不会好，极个别的甚至可能成为人民和社会的害群之马。因此，德育工作是高校的头等大事，是高校工作的重中之重。中央多次发出指示，强调一定要把德育工作放在一切工作的首位，绝不动摇。学生宿舍的思想政治教育在目的性、计划性、操作性上不易把握，随意性大，因而在学生宿舍教育和管理问题上，各校都不同程度地存在把思想教育作为软任务，把日常管理作为重头戏的倾向，从而使学生宿舍成为整个学校德育的薄弱环节。从某种程度上说，这种状况已经制约了高校德育的总体水平和学生素质能力的提高。总之，德育的首要地位需要在高校各方面的工作中来体现。高校只有真正认识了德育的重要性，才能在宿舍管理工作中长期不懈地将德育抓起来。

2. 高校宿舍管理是高校实施思想政治教育的重要手段

高校思想政治教育不是空洞的说服教育，表面形式的说教必须要贯穿于学生的具体管理之中，而学生的绝大部分活动都在宿舍中进行。因此，高校思想政治教育要立足于加强学生宿舍的管理，从培养合格学生的实际出发，制定出一些切实可行的管理制度，并使之条理化、规范化，充分发挥管理育人的效能，使学生从身边的典型事例中受到教育，鞭策自己，自觉用学校的规章制度来规范约束自己的行为。

首先，宿舍是大学生最重要的信息集散地。学生宿舍群体成员自然或自愿组成，通过相互作用、相互影响，一方面学生可以充分体验到自己的存在、地位、能量和价值，另一方面，也加深了同学相互间的了解和友情，满足了大学生归宿的需要。同一宿舍的学生朝夕相处，谈论的机会也多，接触的形式也多，在语言、行为、生活习惯上容易产生谅解，这又对思想上的认同感产生影响和感化作用。在这样的小群体里，他们交流着各种的信息，在"卧谈会"这个尽人皆知而又别开生面的自由论坛中，同学躺在床铺上各抒己见，相互交流着一天中有意义和有趣味的见闻，展开激烈的争论，其内容又无所不包。在这里，他们毫无拘束，甚至有些在公共场合很少阐明意见或是在老师面前只发表"报纸观点"的学生也能敞开心扉，道出自己的真实观点。所以，要掌握大学生思想政治教育的主动权，加强思想政治工作的针对性、时效性，高校就必须重视利用宿舍这个最直接、最充分的信息基地，及时全面地了解、分析学生的思想状况。

其次，大学生宿舍是大学生"自我"真实表现的场所。大学生的真实精神风貌在宿舍中表现得最为充分。在宿舍中，同学之间在饮食起居和思想等方面可能会发生"小碰撞"，正是在这样日积月累的宿舍生活中，我们可以窥探到大学生的思想本质。思想政治工作要求学生工作管理者能及时掌握情况，如对乐于助人的学生要及时表扬，对违纪的行为要及时制止，对于学生中的思想、生活问题要及时解决和帮助。总之，在高校中，大学生宿舍是"事故"多发地，应将其纳入思想政治教育的轨道，予以高度的重视。

再次，思想政治教育要真正做到因材施教，有的放矢，这就要求高校要把握好对象的个性，使学生的个性朝着正确的方向发展。深入大学生宿舍进行调查研究，了解不同层次学生的状态，了解个别学生的思想状况，这无疑会促进高校宿舍思想政治教育向好的方面发展，从而有一个好的转机。

所以，以宿舍为"基地"开展思想政治教育工作，是大学生宿舍管理建设的一项不可忽视的重要内容。高校学生宿舍管理是培养大学生成才的整个教育过程中的一个重要组成部分和支持系统。因此，加强大学生宿舍管理是大学生自身发展的需要，是高校思想政治工作的重要环节，是一项艰巨而复杂的系统工程。

3. 高校宿舍管理是大学生养成文明行为的重要保证

教育科学实践证明，高校想要培养学生的思想品德既需要对其进行耐心细致的思想教育，也需要进行坚持不懈的行为训练。思想教育不是万能的，思想工作无论做得如何细致，方法如何得当，总会有疏而不通，导而不行的人，违反校规甚至触犯法律，也就是说，只有苦口婆心的正面教育而缺乏严格的管理和纪律约束是很难产生教育效果的。因此，要使高校的要求成为学生的自觉行为习惯，就必须重视学生良好品德的培养，进行科学的、规范的严格管理。

长期以来，学生宿舍比较注重卫生、纪律和物品的管理，当管理达到一定程度后，就很难继续深入。这里，高校需要把握弄清楚两个问题：学生宿舍管理是以事（物）为中心还是以人为中心，思想政治工作对管理的促进作用如何。现代管理科学认为，对人的管理是全部管理工作的核心。学生宿舍管理表面上是管卫生、纪律、物品，实际上是管人、卫生、纪律、物品等，其最终还是归结到对学生的管理。学生是宿舍管理的出发点和落脚点，管好了学生，宿舍卫生、纪律、物品就容易管好了。因此，学生管理工作者要提高认识，把对宿舍的管理从事（物）为中心的管理转移到以学生为中心的正确轨道上来。学生的行为是靠思想意识来支配的，学生管理工作者要想管理好学生宿舍，就要做好学生的思想政治教育工作。从思想政治教育对管理的促进作用来看，没有教育的管理是盲目的管理。管理工作同思想政治工作相结合，管理起来才得心应手，事半功倍。离开思想政治教育，管理工作往往很困难，效果也不会太好。学生宿舍管理工作的长期实践证明，管理工作同思想政治工作结合得好，学生宿舍就会整洁优美、安定文明、团结向上；结合得不好，忽视了思想政治教育，学生宿舍就会脏、乱、差。因此，在学生宿舍大力开展思想政治教育，是当前宿舍管理由对卫生、纪律、物品的一般管理向高层次管理发展的需要，也是加强和改进学校思想政治工作的必然趋势。

因此，高校在对学生宿舍实行科学管理的同时，需要加强对学生的思想教育工作。当然，学生宿舍的思想教育，必须从学生宿舍的实际情况出发，有针对性地开展。它是学校思想政治教育工作的组成部分，是宿舍管理工作的重要内容。

## 三、宿舍管理的内容与方法

### （一）宿舍管理的内容

高校学生宿舍管理具有服务、管理、育人三个主要功能。从宿舍管理的功能来看，学生宿舍管理应包括宿舍内务及卫生管理、宿舍区的治安管理、宿舍纪律与秩序、宿舍设施管理、宿舍水电气管理、宿舍电视及网络的管理等方面的内容。

### （二）宿舍管理的方法

1.行政方法

行政方法是学校根据学生宿舍管理工作需要，设立专门的管理机构配备相应的管理人员，根据学校的校规校纪和学生宿舍管理制度、条例等，通过学生宿舍管理人员、服务人员及学生干部，用强制性行政命令、规定，直接对住宿学生进行宣传教育，增强住宿学生执行规章、制度、规范的自觉性，使宿舍管理有章可循，依法办事。行政方法是高校学生宿舍管理普遍采用的方法。为了提高学生宿舍管理行政方法的有效性，高校应科学运用相应的管理方式。

（1）行政命令管理方式。行政命令管理方式是依靠行政组织，凭借行政职权与权威，通过口头或书面等方式，发布必须执行的规定、决定、指示，它具有明显的强制性、权威性、直接性。高校对贯彻执行制度、条例、规则的职责范围，处罚规定要明确具体；对不服从管理的要有相应的纪律、制度、惩处规定与执行程序做保障，以保证管理规章制度能贯彻执行，实现有效管理；对违反条例的处理要一视同仁，对管理条例的执行做到公开、民主、公平、合理。学生宿舍管理制度、条例、规则、规范的制定要科学，既要符合国家法规、条例，又要有学生的认同，这就要求规章制度的制定，不仅应有管理人员、法律专家、主管领导参与，还应有规章制度的针对人——学生或学生代表参与，这样的规章制度才会有牢固的群众基础，才能得到更好的执行。在具体实施行政管理方法时，高校要做到制度化、规范化、程序化管理。根据高等教育规律，高校管理目标、基本原则、管理程序和学生宿舍自身规律，高校应制定一套包括《学生宿舍管理办法》《学生社区管理委员会工作条例》《学生宿舍公约》《各级工作人员岗位职责》《文明宿舍建设实施细则》等完整、系统的规章制度，管理服务规范和学生宿舍日常工作处理程序，并采用多种方式向学生进行宣传教育，使学生一进宿舍，就知道应当做什么，不该做什么，明确做好了会按何规定受到何种奖励，违反了会按何种程序和哪条规定接受何种处罚，使学生管理工作者和学生都有纪可守，有章可循，建立和谐的人际关系，提高工作效率。

（2）激励方式。激励，是教育的一种方式。激励的直接着眼点在于激励学生的感情，产生良好的行为。学生管理工作者应掌握激励的艺术，不断创造条件，变换激励方式。同时，学生管理工作者在激励学生的过程中，开展思想品德教育活动，以对学生起到感化作用，解决其思想认识问题，巩固激励的成果。在学生宿舍管理工作中，其激励方法可以采用以下几种类型：一是参与管理激励。学生管理工作者要吸收学生参与管理，成立宿舍管委会，对学生宿舍实行民主管理，以激励住宿学生共同管理好宿舍的积极性和主动性。二是目标激励。每学期公布学期、学年评选文明寝室，个人标兵的数量、条件、奖励方法，以激发学生达到某一目标的驱动力。三是荣誉激励。高校要对积极主动配合宿舍管理工作，并做出贡献的个人或集体，授予相应的荣誉，出光荣册、光荣榜，记入学生档案，为其他学生树立榜样，明确方向。四是物质激励。高校对建立良好宿舍环境做出贡献的个人、集体，在运用上述几种激励方式的同时，要辅以物质激励，如按原定并已公布于众的标准、比例发给学生奖金、奖品等，激发学生参与和配合做好宿舍管理的积极性。五是情感激励。宿舍管理人员、学生社区辅导员要注意观察住宿学生的情感变化，对学生生活中遇到的实际问题要帮助解决。如对经济困难的学生提供勤工俭学机会，对有病的学生在医疗、饮食方面给予关怀，对某些有错误思想行为或失误行为的学生有针对性地给予关心、爱护、帮助，使其树立信心。

（3）疏导教育方式。疏导，就是疏通、引导。疏导就是要创造条件形成某种疏通机制，让大学生的某种情绪得到宣泄，就是要循循善诱，将偏差的思想、情绪引导到正确的方向上来。鉴于目前有些大学生对加强学生宿舍管理的意义不理解，有少数学生在宿舍开展经商活动，引来亲友、同学住宿，学校虽然采取行政措施，强化学生宿舍管理，但有的学生持"无所谓""管不着""我愿意"等错误态度，校方对个别严重违反学生宿舍管理条例的学生，应按校规给予严肃处理。但对大多数学生，学生管理工作者只能在强化行政管理，加强思想教育的同时，适时采用疏导教育方式，倾听学生的意见和想法，掌握学生的心理，运用启发、商讨建议等方法，在疏导的同时进行教育，以提高学生接受宿舍管理规定、条例的自觉性。高校对学生的合理要求应尽量满足，或者创造条件分步骤实施；对学生的无理要求或者违纪行为，要严厉批评，既不能强制压服，也不能放任自流，应采取积极疏导教育的方式；对后进学生要消除心理"防线"，晓之以理，促进转化，以便做好学生宿舍的管理工作。

（4）学生参与管理方式。现代管理理论认为，管理的核心是做好人的工作，充分调动人的积极性，使每个管理人员明确整体目标、自己的职责、工作的意义、相互的关系等，使其能积极、主动、创造性地完成自己的任务。根据管理心理学对"参与"和"认同"行为的研究成果表明，让普通成员以不同形式参与领导和管理，可以增加成员的心理满足，增强工作动机，减少对抗，增强责任感、义务感，由于"认同"而产生关心、支持和主动帮助的行为。高校学生宿舍的住宿对象是具备一定知识和技能的大学生，校方应积极组织以学生为主体的学生宿舍楼管委会，设层长、宿舍长，吸收大学生参与决策学生宿舍的管理模式，制定学生宿舍管理目标，参与决定问题、处理事件的活动。这样可以提高学生在学生宿舍管理工作中对自我价值和重要性的认识，增加对宿舍管理决定的认同，从而增强向心力和自觉性，做到紧密配合，协同工作；可以使学生在参加宿舍管理的过程中，提高组织管理能力。

学生参与管理是提高宿舍管理效能的有效途径，也是育人的需要。高校学生宿舍管理部门应从战略高度提高认识，积极支持，并要因时因校制宜，实行民主管理。条件成熟的高校可让学生自我管理，行政上给予指导、支持和帮助。学生参与学生宿舍的管理，一般有三种方式：一是咨询参与，对学生宿舍的管理模式，以及重大的管理改革措施、改革方案、规章制度建设等提出意见和建议；二是决策参与，对学生宿舍管理中学生关心的重大问题，选派学生代表组成调查研究小组，在调查研究和系统分析基础上，直接参与决策；三是行政参与，通过学生代表参加的校学生宿舍管理领导小组或学生宿舍楼管委会，对学生宿舍进行日常行政管理。

2. 经济方法

经济方法是经济组织利用物质利益来影响所属人员行为并使之与组织目标相一致的一种管理方法。随着教育体制改革的深化，学生宿舍管理应加强高校经济核算，提高教育投资效益，对学生适当采用经济方法进行管理，如对学生收取学杂费、住宿管理费等，同时变助学金为奖学金、贷学金。入学时学生先交费后注册，不缴费或严重违反宿舍管理规定的，学校不准其在学生宿舍住宿；将住宿学生在公寓的表现作为道德操行，实施考评德育分与评奖学金挂钩；在宿舍日常管理中，核定水、电用量，超指标加价收费，减少水、电浪费；为防止损坏公物，学生住宿时每人缴一定数额的押金，损坏公物扣款赔偿等都是宿舍的经济管理方法。

总之，适当运用经济方法有利于完善高校及学生宿舍管理职能。但经济方法不是万能的，作为国家主管主办的高等学校，不能过分强调以经济制裁为手段进行宿舍管理。对学生的收费要适度，对损坏公物要酌情赔偿，对违反规定的处理要合情合理，严格控制，避免处理过当。

3. 心理咨询方法

大学生正处于青年时期，存在着青年的特点和青年知识分子的特点。学习竞争的激烈，就业形势的严峻，爱情问题上的不如意，因与同学交往产生障碍而导致的焦虑，部分同学经济上存在的压力和家庭教育的不当等，都导致了当前高等学校部分学生在心理上存在这样那样的问题。对学生管理工作者而言，这类问题是决不可轻视或忽略的。对此，校方有必要选聘有经验的、学生信得过的中老年教师，心理医生在学生宿舍开设咨询室，用社会学，心理学及医学知识、生活经验开展心理咨询健康咨询等，帮助学生解除困惑，培养积极的心态，使他们适应环境变化，树立信心，这对搞好学生宿舍管理是一个有效的辅助管理方法，也是学生宿舍管理人员参加教育过程的有效措施。

学生宿舍心理咨询方法的特点是学生由被管理的被动地位转为主动地位，而管理者（教师、心理医生、宿舍管理人员）由主动地位变为被动地位。学生心甘情愿地向教师或心理医生诉说自己的"遭遇""苦衷"，以求得对方的同情、理解和指导，从而使焦虑、郁闷、孤独、压抑得到某种释放和宣泄，保持心理平衡。

心理咨询方法对帮助心理有障碍、行为受挫的学生消除消极的心态、树立信心有重要的作用。学生认为对方是自己的师长、父辈，"救命"的医生是信得过的，心理上消除了"防卫"和"戒心"。因此，向他们阐述的道理、行为规范和健康知识要能让学生听得进去，又能双向交流感情，商讨问题，有较强的针对性，这样利于师生建立友谊，激发学生的潜能和消除自卑、自弃心态。

学生宿舍管理中运用心理咨询方法有各种不同的方式。一般来讲，管理者同学生单独面谈，或让其约几个知心朋友一起谈，或采取书信、网上交流等方式回答问题、交换意见都是可行的。管理者也可以针对学生中普遍感兴趣或带倾向性的问题，或举办研讨会，或开设咨询课，或请有名望的专家、教授医生做专题讲座，并当场回答学生的问题，引导学生健康成长。

## 四、宿舍管理的艺术探索

### （一）宿舍日常管理艺术

1. 用询问代替"命令"

给学生布置任务或检查寝室卫生，执行作息制度、门卫治安制度时，宿舍管理人员对违反规定者可用发问的方式，询问的口气，让学生讲清楚情况，回答条例规定，启发学生应该怎么做，不能怎么做，达到管理与教育的目的。切忌滥用"命令"训斥学生，造成感情对立。

2.妥善处理学生轻度违纪行为

对学生轻度违反宿舍管理规定的行为，宿舍管理人员要做到不武断、不拔高、不算总账。学生的主要任务是学习，有的学生可能想在班级多学习一会儿，可能会出现学生在宿舍楼锁门后敲门进宿舍楼的现象。此时，宿舍管理人员不可训斥其违反校规，应当询问晚归的情况，讲清道理，提高学生遵守宿舍管理规定的自觉性。

3.对学生要守信用

如果学生在学习和生活中遇到挫折，出于对教师或心理医生的信任，学生在得到给予保密承诺的情况下，会将实情和盘托出，以期得到谅解和指教。对此，教师或心理医生应守信用，既要关心他，又要为其保密，切忌以此为典型，大肆渲染，使学生本人及他人感到教师或心理医生不可信。

### （二）宿舍突发事件管理艺术

1.处理"起哄"艺术

青年学生有旺盛的精力，爱好广泛，对某些运动和活动（如足球、排球比赛等），或对校方某一决定，容易引起同一寝室，同一楼层，同一幢楼学生的共鸣，有的是因欢呼比赛胜利而雀跃，有的是对比赛失利或拉闸熄灯等起哄。其表现形式有同时同声呼叫，喊声震天；有时班与班，层与层"对哄"；有时敲洗脸盆；有时放鞭炮，甚至有的搞恶作剧。处理此类事件，高校必须做明文禁止及违者处理的规定。宿舍管理人员要区别情况，冷静分析，及时处理。一是抓准事实；二是查清带头人；三是根据西方管理理论中的"热炉法则"，让住宿学生懂得学生宿舍管理"规则"犹如一只烧红的火炉，当你违反"规则"，好比触到火炉，会即刻被烫；火炉烧红摆在那里，就如"规则"已经向你宣布，向你预先示警。你知道一旦触及火炉（即一违反"规则"）就毫无例外地会被烫伤。这样，即使学生受到处理，也不会产生激烈的抗争行为。当然在具体处理过程中要分清问题性质及危害程度，宿舍管理人员一般不宜采用当着众多学生的面与学生争论，应随即将该班、该室的直接主管（如班主任、辅导员或系主任）叫到现场，控制局势。第二天，查清情况后按管理条例规定，立即公布处理决定，切忌一拖了之，否则，再发生类似事件不好收拾。如果遇到学生间或外来人员与学生间发生伤害、斗殴事件，宿舍管理人员、服务人员必须全力制止，使双方脱离接触，或者立即报告治安保卫部门处理，并密切注意事态的发展。

2.防止纠纷艺术

学生宿舍是大学生学习、生活的重要场所,是大学生交往和日常活动的基地,学生往往在宿舍内娱乐、休息、谈话,彼此交往,因而,大学生宿舍纠纷发生率较高。怎样防止学生宿舍发生纠纷事件呢?

(1)制定严格的共同生活制度,并促使每一个宿舍成员自觉地遵守。为了保证共同生活有条不紊,在实际管理中,高校必须制定共同的生活制度,如休息制度、卫生制度、安全制度、文明创建制度等,以此来调整规范大家的行为。这些制度可由高校统一制定原则,由本宿舍楼成员协商制定。有了制度,大家就共同遵守,这样才能减少争执,消除摩擦,求同存异,协调一致,维持正常的生活秩序。

(2)在集体生活中,大学生应当相互谅解。同一学生社区的学生,不可能有着同一性格、同一习惯、同一爱好、同一兴趣或完全相同的要求。因此,在集体生活中,同学相互间必然会产生一些矛盾和冲突,这是正常的现象。在这种情况下,学生一方面要严格要求自己事事注意,处处克制,尽量不要影响别人;另一方面要关心别人,谅解别人,给别人以方便,不强求别人与自己的生活方式一致。倘能如此,大家就可以减少许多不必要的纠纷。

(3)大学生在交往中要坚持互酬的原则。学生在日常生活中相互交往,相互帮助,是满足自身生活和学习需求的一个非常重要的途径,不论在学习上还是在生活中,任何人都需要得到别人的帮助和支持。通过交往,在满足他人需要的同时,又得到他人的报答,使人们之间的友谊不断得到巩固和发展。这种互相帮助,互为满足,便是互酬。当然,这种互酬首先是心理上的互酬。只有这样,才能发挥同学间相互交往的积极作用,体现互酬原则的真正含义。

(4)大学生在共同学习和共同生活中要相互信任,不要互相猜疑。信任是友谊的桥梁,友谊既需要共同的兴趣、爱好,也不可缺少信任。猜疑则是为人处世的大敌。因此,信任是建立良好关系的基础,只有相互信任,才会有安全感。如果同学之间有了分歧,要及时交换意见,消除误会,增进友谊。

(5)遇到同学的冷待,应该用正确的方法对待,学生要设法回避,寻求内心的宁静,充满自信,努力学习和生活,依靠高校组织、领导来帮助解决,决不可一时冲动,诉诸暴力,那只会带来更坏的效果。

3.宿舍管理决策的艺术

对决策与学生利益密切相关的事,高校要反复研究,掌握学生心理状况和承受能力，不可草率宣布行政决定。凡对涉及学生宿舍管理，特别是与学生利益直接关联问题的决策，高校要根据学校管理目标与个人利益尽量统一的原则，要准确把握管理要求，明确学生想法，增加管理工作的透明度，充分做好学生干部的工作，不可简单地把"行政决定""领导指示"强加给学生，而是要充分讲道理，认真听取学生意见、建议，吸收其积极的方面，使学生对所要决定的问题产生关心、支持、认同的心理力量。当一部分学生对所要决定的问题有较明显分歧时，高校不可随意召集众多学生开会，宣布对此问题的决定意见，以免起哄，避免学生随意行使否决权，造成被动。

**（三）激励学生参与宿舍管理艺术**

1. 激发学生参与公寓管理的热情

大学生有旺盛的精力、丰富的知识和一定的组织管理能力，学生宿舍管理部门应积极吸收学生代表参与学生宿舍的管理，激发学生形成学生宿舍管理的内在动力。但学生参与宿舍管理，往往无长期观点，对自己关心的或符合自己愿望的工作比较热心，学生管理工作者要认真选择合适人选，予以信任，凡符合教育目的又可办的事，可以鼓励他们大胆实践，取得成绩后要充分肯定，以使他们树立信心。同时，学生管理工作者要帮助参加宿舍管理的学生做好有可能出现错误和失败的心理准备，使其坚韧不拔，努力克服困难，与学生宿舍管理人员、服务人员一起，共同搞好学生管理工作。

2. 适度的期望值

学生参与管理、参与服务是民主管理的有效形式，是学生参加社会实践和提高组织管理能力的机会，也是学生实现自我管理、自我服务、自我教育的有效途径。但学生的主要任务是学习，他们有以此为中心而养成的生活规律。因此，高校对学生参与管理能实现的目标的期望值要恰如其分，期望值过高，容易让学生产生消极、失望，甚至对立的情绪。对学生承接的任务，高校要留有余地，在学生考试或大型集体活动期间，高校要有应急措施。

3. 定期轮换

学生一般对自身评价偏高，把学生宿舍日常管理工作看得过于简单。学生对管理工作感到新鲜，都想按自己的想法做出决定，但缺乏持久性，特别是遇到阻力，遭到失败时，会突然提出不干了而单方面解除合同。根据此特点，学生参加某一岗位服务或参加同一种管理工作，一般以一个学期，最长不超过一学年为宜，对少数学习成绩优秀而家庭经济困难，却又踏实负责，本人愿意的学生，高校也可让他们较长时间干下去。

4. 树立权威，适当授权

吸收学生参与管理，就要帮助他们树立权威，适当授予职权。凡决定组织学生开展有益活动的事，只要不违反学生宿舍管理条例，在职权允许范围内，可以由参与管理的学生做出决策。对管理过程中发生的问题，学生管理工作者应主动承担责任，不推诿、不埋怨，要耐心帮助、指导学生，并把管理过程作为重要的育人过程。对取得的成绩、荣誉，学生管理工作者要有自我约束力，不要贪功，应由参与管理的学生去领取荣誉。学生管理工作者授权要适度，因为学生毕竟是受教育者，要避免造成凡是有关学生宿舍管理方面的事，都必须由学生参加才能决策或决策才有效的错觉。

### （四）解决住宿学生矛盾艺术

人与人之间存在差异和矛盾。学生政治辅导员、宿舍管理人员、服务人员与住宿学生之间，由于认识差异、看问题的角度不同和利益不同，形成对某一问题、某一决策看法不同而产生矛盾，这是客观的、不可避免的。学生管理工作者认识到这一点，并根据唯物辩证法及教育学、管理学、心理学、行为科学等理论，运用管理艺术，协调学生政治辅导员、宿舍管理人员、服务人员及学生之间在认识和利益上的分歧，妥善处理各种矛盾，解决争执，对加强学生宿舍管理，治理教学教育环境，稳定教学秩序，有积极作用。

1. 解决学生政治辅导员、宿舍管理人员、服务人员与学生之间矛盾的艺术

学生政治辅导员、宿舍管理人员、服务人员与学生发生矛盾或争执，学生管理工作者着手处理矛盾时，要耐心听取双方意见，使学生消除认为校方总是偏袒学生管理工作者的心理。学校应使学生感到领导是在公平、公开、讲话机会均等的环境中解决问题，从而实现心理平衡。若学生政治辅导员、宿舍管理人员、服务人员因为执行宿舍管理制度而与学生发生争执，在摸清情况后，学生管理工作者要维护制度的严肃性，应向学生讲清道理，提出批评，进行教育，同时，也要指出政治辅导员、宿舍管理人员、服务人员应注意教育方式；若是学生政治辅导员、宿舍管理人员、服务人员工作失误，或决策不妥，或方式不当，从而造成学生方面强烈不满，甚至发生争执，学生管理工作者应帮助政治辅导员、宿舍管理人员、服务人员改进工作。但一般不当着学生的面严

厉批评、指责政治辅导员、宿舍管理人员、服务人员，宜用个别谈话或开会方式，用教育者的标准，对其提出批评，视情节或令其做出必要的检查，或对其提出改进工作的措施，情节严重的应调整工作。然后，由相关人员找学生做出必要的说明或赔礼道歉。若个别学生不服管理，要迅速查明情况，及时做出严肃处理。若双方情绪对立，争执不下，应采取措施令双方脱离争执现场，再通过协商，选准双方能接受的适度退让点，迫使双方彼此谦让，再公平解决。此时，切记不冷静，批评一方，支持一方，否则会激化矛盾。

为了对学生宿舍实现有效管理，学生管理工作者要让学生政治辅导员、宿舍管理人员、服务人员掌握教育规律，了解学生心理需求，通过主动服务，优质服务，贯彻育人原则；教育学生要像对待老师一样尊重、支持宿舍管理人员、服务人员，不随意向学生介绍谁是管理干部，谁是工人，谁是临时工；要求宿舍管理人员、服务人员均以教育者的身份严格要求自己，以提高其责任感和教育效果。

2.解决住宿学生之间矛盾的艺术

解决住宿学生之间的矛盾，学生政治辅导员、宿舍管理人员、服务人员要秉公调解，以诚相待，有效疏导，做到动之以情，晓之以理，导之以行，持之以恒。对一时难以调解或带有不安全倾向的矛盾，管理者要及时向学生工作部（处）或保卫部门反映，以便共同做好工作。对一时难以见分晓的争论、争执，或对某一决定、某一制度的辩论，宜采用"冷处理"，管理者用回避的方法，即暂时维持现状，接受时间的验证，或通过生活本身逐步加以调整。对涉及整体利害关系的冲突，利益的争执，或属于日常工作和生活方面的冲突，管理者可请在学生中享有盛誉的教师、干部进行协商，使得争执双方自觉谦让，或者采用调解法，由第三者出面，对冲突双方进行调解。管理者有时可采用"迂回前进"的方式，寻找冲突方面的薄弱环节，先做通一部分人的工作，或先解决某一些问题，使矛盾逐渐缩小，直至最后协调解决。对一些非原则的争论，或者冲突中的枝节问题，管理者可采用含糊处理的方法，做一些必要的退让或妥协以缓和矛盾。有时，管理者也可以通过解决学生生活中的实际困难，或者支持冲突的学生共同开展一些有益的活动，如郊游、比赛等，在活动中使学生间加深理解，建立友谊，促进矛盾的解决。当然，不管采用哪一种方法解决冲突，管理者必须坚持原则，非原则问题，能退则退，该让则让，具体问题具体分析。

## 第二节　高校学生课外活动管理

### 一、课外活动管理概述

#### （一）课外活动管理的目的和意义

1.课外活动管理的目的

课外活动管理是大学生管理工的重要内容之一。课外活动管理、教学管理与整个学校管理密切相关。明确课外活动管理的目的，是搞好课外活动管理的必要前提。

课外活动管理的根本任务是，引导和帮助广大学生沿着德、智、体全面发展的道路健康成长。从这一根本任务出发，课外活动管理的主要目的包括以下几个方面。

（1）引导课外活动健康发展。如果说，在教学活动中教师处在主导地位；那么，在课外活动中，则是学生处于主导地位。我们知道，学生中的社团组织是多种多样的，课外活动的内容和形式也是丰富多彩的，其中有相当一部分的课外活动是由学生自发地组织和开展的。因此，课外活动无论是正常的还是非正常的，都有一个协调和引导的问题。也就是说，学校有必要把各种课外活动引导到健康发展的轨道上来，使之能够在宪法和法律范围内、在校纪校规范围以内进行，切实保障参加活动的学生的身心健康。

（2）维护正常的教学秩序和生活秩序。从总体上说，开展正当的课外活动与维护正常的教学秩序和生活秩序是辩证统一、相辅相成、相互促进的。但不可否认，在高等学校，教学活动应占据主导地位，学生首要的任务是参加教学活动。因此，课外活动管理的任务之一就是要保证和维护良好的教学秩序。一般地说，教学活动是第一位，课外活动要服从于教学活动。课外活动不得冲击教学活动、影响校园生活秩序和社会公共秩序。维护正常的教学秩序和生活秩序，既是学校教育的客观要求，也是保障课外活动顺利进行的前提条件。

（3）帮助广大学生全面发展。必须明确，鼓励和支持学生参加和开展各种有益于身心健康的课外活动，是学校学生管理工作者的重要任务之一。因此,课外活动管理的目的还在于,要积极提倡和支持学生开展各种有益的课外活动,调动学生组织和参加课外活动的积极性,以实现培养德、智、体全面发展人才的根本任务。不仅如此,课外活动管理的另一个重要任务是,学校要积极地、有目的地组织丰富多彩的课外活动,并通过这些活动全面提高学生的政治、思想、品德、文化、心理等方面素质。

2.课外活动管理的意义

课外活动管理,作为大学生管理的重要组成部分,是其他形式的管理和教育所不能替代的。加强课外活动管理,对于强化学生思想政治教育、提高教学质量、增强学生的法制观念和纪律观念、促进学生全面成长,都具有重要意义。

(1)课外活动管理有助于强化学生思想政治教育的效果。管理也是教育,而且是很重要的教育。通过课堂教学对学生进行系统的马克思主义理论教育、形势政策教育、思想品德教育和法制教育等,是学生思想政治教育的基本内容和形式。通过课外活动管理进行思想政治教育,也是学生思想政治教育的重要形式之一。实践结果证明,加强课外活动管理,对于强化学生思想政治教育的效果,具有重要意义。高校通过课外活动管理,可以帮助学生深化对思想政治教育的基本理论、基本观点的认识,从而达到更好的教育效果。例如对学生社团活动的管理,明确规定社团活动不得与宪法、法律、法规和校纪校规相违背,不得从事与本社团宗旨无关的活动,当学生社团开展活动时,必然要努力使自己的活动符合上述管理的规定,这就从实践和理论上强化了学生的法制观念。

管理和教育结合起来,能有效地提高管理和教育的效果。课外活动管理不仅要严格管理,而且要善于把管理同思想政治教育有机地结合起来,使学生不仅在行动上接受管理,而且在思想上认识到这种管理的必要性。例如,某个学生从不参加课外体育锻炼,以致体质下降,体育不达标等。学生管理工作者就要对其进行批评甚至是适当的处罚,并且要在批评或处罚的同时进行教育,向其指出参加体育活动的重要性。这样,这位学生不仅能够心悦诚服地接受批评或处罚,并且会从思想上加强认识,积极参加体育锻炼。由此可见,管理与教育相结合,不仅是可能的,而且是必须的。

(2)课外活动管理有助于提高教学质量。提高教学质量,是学校管理的中心任务之一。通过课堂教学,帮助学生学习和掌握基础知识和基本技能,是提高教学质量的基本途径。同时还必须看到,通过课外活动管理,有效提升课外活动的质量,也是提高教学质量的重要途径之一。

实践证明,只有理论与实践结合起来,才能真正提高教学质量。积极引导和组织学生开展社会实践、科技文化等活动,让学生在实践中接受锻炼,在实践中理解和运用所学的基础理论,对于提高教学质量是至关重要的。通过课外活动管理,不仅可以丰富学生的知识,补充课堂教学内容的不足,而且可以加深学生对书本知识的认识和理解,懂得理论与实际结合的重要性,更加自觉地积极参加课堂教学和实践活动。

(3)课外活动管理有助于大学生健康成长。"实现中华民族伟大复兴梦"是当代大学生的共同心声,立志成才是他们的迫切愿望。然而,如何成才,应当成为什么样的人才,并不是所有大学生都很清楚的。把学生培养成为德、智、体全面发展,又红又专的社会主义事业建设者和接班人,这是高等学校的根本任务。要实现这一培养目标,需要动员各方面的力量共同努力。加强课外活动管理,是完成这一根本任务的重要措施之一。

课外活动管理,涉及学生课外活动的方方面面。课外活动管理的一系列制度和规定,如社团活动管理制度、文体活动管理制度、社会实践活动管理制度、社会政治活动管理制度等,既有鼓励性的一面,又有限制性的一面。切实加强课外活动管理,可以调动学生奋发成才的积极性,引导他们选择正确的成才道路,积极参加各种有益的课外活动和自觉遵守有关法律、法规和校纪,培养高尚的道德品质和健康的审美情趣。

## (二)课外活动管理的主要内容

课外活动管理包含的内容极为丰富,本书所述课外活动管理的主要内容有学生社团活动管理、文娱体育活动管理、社会实践活动管理、勤工俭学活动管理等。

### 1. 学生社团活动管理

这是课外活动管理的重要内容之一。这方面的内容包括学生社团的申请和成立、学生社团的活动和管理、学生社团的发展和现状,另外,还要针对目前学生社团活动中出现的新情况和新问题予以正确指导。

### 2. 文娱体育活动管理

这是课外活动管理的一项基本内容,这方面的内容包括业余文化生活的管理、课外体育活动的管理等。

3.社会实践活动管理

社会实践活动是近年来蓬勃发展的课外活动之一。这方面的内容包括：社会实践活动的类型和特点、社会实践活动的意义和作用、社会实践活动的组织和管理等。

4.勤工俭学活动管理

这部分内容包括：勤工俭学的类型和特点、勤工俭学的引导和管理、勤工俭学与公益劳动、勤工俭学的若干政策规定等。

### （三）课外活动的管理机构

课外活动是大学生活的重要内容。课外活动管理涉及学校众多部门。因此，在设置课外活动管理机构时必须注意以下几点：第一，学校党政负责人要亲自挂帅，加强领导；第二，学校有关部门要密切配合，齐抓共管；第三，学生工作部门要担负起组织和管理的主要责任；第四，不同类型的课外活动要有相应的归口管理部门和具体负责人员。

根据上述原则，高等学校学生课外活动的管理机构应与学生管理工作机构相衔接，一般应包括决策机构、指挥机构、执行机构三部分。

决策机构——由学生工作指导委员会、学校有关党政领导、有关部门和单位负责人组成。该机构的主要任务之一是研究和确定课外活动的发展方向、组织领导等重大问题，提出课外活动的计划，解决课外活动中遇到的困难和问题。

指挥机构——由有关部（处）、系（所）和校团委、学生会各自相对独立组成。根据决策机构的要求和部署，各自承担相应的课外活动的组织管理职能。例如：党委宣传部，负有审查和批准学生社团申请、管理学生刊物的职责；体育教研室，担负着组织和管理学生课外体育活动的任务；校团委，承担归口管理学生社团活动、组织社会实践活动等任务。

执行机构——由系学生工作部门、有关教研室、系和班级团委（总支、支部）和校、系、班级学生会等组成。主要职责是认真贯彻上级和校系有关指示精神，引导和组织学生开展课外活动。有时，某些指挥机构同时还承担了执行机构的职责和任务。因此，指挥机构与执行机构有时不易严格区分。

## 二、学生社团活动和管理

### (一) 学生社团的作用

学生社团组织,是学生自我管理、自我教育的重要形式之一。因此,不论哪种类型的社团组织,都可以在学生自我管理和自我教育中发挥重要作用。社团组织通过开展活动,可以把具有共同兴趣爱好的学生组织起来,丰富课余生活,开阔知识视野,增进同学之间的友谊,增强集体观念和协作精神,提高实际工作能力。不同的社团组织,可以吸引不同兴趣的学生,调动各个层次学生的学习积极性,有助于他们在各自的起跑线上前进和发展。

此外,不同类型的社团组织,还有其特殊的作用。例如,学术型社团组织,对于培养学生的学习积极性、主动性和钻研精神,具有重要的促进作用;兴趣型社团活动,可以丰富学生课余文化生活,陶冶情操,提高文明修养水平;服务型社团活动,有助于学生树立劳动观点和群众观点,加深对国情民情的了解,增强社会责任感和历史使命感;文化型社团和新闻型社团,由于其专业性强,所以在对学生进行有关专业训练方面发挥重要作用。

### (二) 学生社团活动应遵循的基本原则

1. 学生社团必须服从学校的领导和管理,社团活动要遵纪守法

学生社团要主动争取并自觉接受学校的领导和管理,要防止出现游离于学校之外的学生社团组织和社团活动。

学生社团活动要符合我国宪法、法律和校纪校规的规定,不得影响正常的学校教学秩序、工作秩序和生活秩序。社团活动应在保证学生完成教学计划内学习的前提下进行。学生社团组织还要发挥自我管理和自我教育的作用,教育和帮助社团成员认真遵守宪法、法律和校纪校规。

学生社团活动要符合本社团宗旨。学生社团要认真按照确定的宗旨开展活动,不得从事与本社团宗旨无关的活动。

2. 学生社团邀请校外人员到学校进行学术活动,均须经学校同意

学生社团邀请有关知名人士到学校进行有关内容的演讲、座谈,对提高社团成员的水平、丰富社团活动内容,都有积极意义,但是为了加强管理,学生社团组织或个人不得随意邀请校外人员来校从事有关活动。学生社团组织或个人邀请校外人员(包括外籍人员)到校举办学术讲座、发表演说、做报告、进

行座谈和讨论等活动，须经学校批准。组织者应当在72小时前向学校有关部门提出申请，说明活动的内容、报告人和活动负责人姓名，学校有关部门应当在拟举行活动的4小时前将许可或者不许可的决定通知组织者。讲座、报告等社会政治活动和学术活动，不得反对我国宪法确立的根本制度，不得宣传封建迷信，不得干扰学校的教学、科研和生活秩序。对于违反上述规定的活动组织者，要根据校纪，酌情予以处理，对于正在进行的这类活动，学校有关部门应该责令立即停止进行。

3.学生社团创办面向校内的报刊，须经学校批准

学生社团可以根据需要创办面向校内的报刊，但报刊内容应限定在本社团宗旨范围内。在正式创刊之前，学生社团要向学校有关部门提出申请，说明办刊（报）宗旨、登载的内容、出版周期、经费来源以及编辑人员组成等有关情况。未经学校有关部门批准，学生社团不得印刷和散发、张贴自办报刊。

创办面向校内的报刊，要求学生社团高度负责，认真选择稿件，尽量减少或不出差错，特别是不应出现政治性的差错。为此，学生社团应当主动争取有关主管部门帮助把关。学生社团创办的报刊应标明学校有关部门已经批准字样或标注批准号。如果报刊停止出版，学生社团应向原批准部门报告。

学生在校的主要任务是学习，因此，高校不提倡学生创办面向校外的报刊。如果创办面向校外的报刊，学生社团必须按照有关规定报政府有关部门批准，并接受指导和管理。

### （三）学生社团活动的管理

1.学校要加强对学生社团管理工作的领导

社团管理是一项政策性较强的工作。高校应当根据本校学生社团的现状和发展趋势，根据学生社团的类型，分别确定相应的归口管理部门、配备或指定一定数量的管理人员，具体负责学生社团组织、社团讲座和社团报刊的审查、批准和管理等各项事宜。不仅如此，学校党政领导要亲自主持、研究和制定学生社团管理的有关重要政策和措施，亲自处理某些涉及面广、影响较大的社团组织或个人发生的问题。

2.要加强对社团发展方向的引导

高校要帮助学生社团把握健康的发展方向，特别是教育和引导各个社团坚持正确的政治方向。一般地说，对于学术型和专业性较强的学生社团，高校可

以选派相关的教师或管理人员进行业务辅导，同时也进行政治方向的引导。对政治性较强或政治性社团，高校应予特别重视和关心，要选派政治上坚定，有较高的政治理论水平的领导干部和教师作为这类社团的指导教师，切实保证其政治方向、活动内容和活动形式等不发生偏差。

3. 要加强对社团负责人的培养和教育

社团负责人是学生中的骨干，他们的政治思想和品德素质如何，直接关系到社团组织能否健康发展。因此，高校要把社团负责人真正作为学生积极分子队伍的一员，组织他们参加业余党校、团校和党章学习小组等学习活动，引导和帮助他们认真学习马克思主义理论，提高政治觉悟和思想理论水平，提高组织能力。学生管理工作者还要经常与他们促膝谈心，了解社团活动情况，帮助解决社团活动中出现的问题，引导社团健康地发展。

## 三、文娱体育活动和管理

### （一）文娱体育活动的类型

文娱体育活动，一直是高等学校学生课外活动的一项主要内容，受到广大学生的欢迎。近年来，文娱体育活动发展迅速，内容越来越广泛深入，形式也趋于多样化。概括起来，文娱活动和体育活动的主要类型有以下几种。

1. 文娱活动主要类型

（1）学生文艺团体活动。许多学校建立了校级学生文艺社团，如合唱团、军乐团、话剧团等。近年来，一些高校学生开始涉足电视表演艺术领域，自编自演电视剧，成绩喜人。

（2）艺术选修课。目前高校普遍开设的艺术选修课有音乐欣赏、美术欣赏等。有的高校开设了音乐概论、中外音乐史、书法、摄影、美学等课程和一些器乐课、绘画课或文学鉴赏、文学创作课。

（3）群众性文艺活动。以系、班级为单位的歌咏比赛是最普遍的形式之一。全校、全系的群众性文艺会演，在许多高校已经成为文娱活动的重要内容之一。一些学校还推出了一年一度的大型文化艺术节。以校、系和班级为单位的舞会和联欢晚会后来居上，吸引了众多的学生。

（4）艺术欣赏和读书演讲活动。音乐欣赏、美术欣赏、电影欣赏与评论，近年来受到广大学生的青睐。读书活动，以及与此有关的知识竞赛活动、演讲活动、辩论活动等，已经成为许多学生业余文化生活中的一项重要内容。

2. 体育活动主要类型

（1）群众性体育活动。以强健身体和通过国家体育锻炼标准为主要目的的群众性课外锻炼活动，构成了群众性体育活动的核心内容。此外，足球、篮球、排球等球类运动，具有越来越多的参加者和观赏队伍。

（2）群众性体育竞赛活动。系际、班际间的单项体育竞赛活动和全校性的运动会，几乎遍及所有高等学校，使之成为具有广泛群众基础的体育竞赛活动。许多省市定期举办高校学生田径运动会或以田径为主的运动会，促进和推动了群体活动的蓬勃开展。

（3）专项体育训练活动。许多学校在开展课外锻炼活动的同时，举办体育知识讲座，培训学生裁判队伍，开展专项运动训练等，进一步激发了学生参加体育活动的热情，提高了学生体育运动水平和裁判工作水平。

## （二）文娱体育活动的特点

通过上述分析不难发现，尽管文娱活动和体育活动在形式上有明显的差异，但这两类活动具有很多相同的特点。

1. 广泛的群众性

文娱体育活动，参加人数多，具有广泛的群众性。一项体育达标活动，一次全校性歌咏比赛活动，都可能吸引成百成千学生，甚至把全校学生都调动起来。

2. 个体活动与集体活动相结合

文娱体育活动，既可以是全校性的，也可以是个体性的。例如，歌咏比赛是一项群众性活动，而读书活动可以是单个人的活动。即使在读书活动中，也有集体读书和个人读书之分。可见，文娱体育活动确实是形式多样，千姿百态。

3. 普及与提高相促进

文艺代表队和体育代表队是学校开展文娱体育活动的骨干力量。群众性的文娱体育活动，为选拔高水平的文娱体育人才提供了坚实的基础，而高水平的文娱体育代表队，又会对群众性的文娱体育活动起重要的推动作用。

总之，了解和掌握文娱体育活动的类型和特点，并以此为基础进行管理，将会有力地促进文娱体育活动的健康开展，提高文娱体育活动的管理水平。

### （三）文娱活动的管理

文娱活动不但能促进和强化德、智、体的发展，而且具有独特的功能。它通过美的形象和令人愉悦的形式，在潜移默化中陶冶学生的道德情操，丰富他们的情感世界，发展其想象力和创造性思维。文娱活动的这种独特功能是其他活动所无法替代的。因此，高校要加强对文娱活动的组织和领导，精心设计和广泛开展多种形式的文娱活动。高校在继续加强对课外文娱活动的组织和指导的同时，要积极创造条件，争取在较短时间内开设出艺术选修课，并逐步使每个学生在校期间都能至少选修一门艺术课程。具备条件的学校，要逐步设立艺术教研室，成立学生文艺社团。

文娱活动管理的根本任务是，引导学生通过文娱活动养成高尚、健康的审美情趣，树立正确的审美观念，提高识别美丑的能力。为此，高校在组织好艺术教育活动的同时，要提倡和支持学生开展各种有益于身心健康的文娱活动，坚决制止各种格调低下、不利于青年学生健康成长的文娱活动。学生开展文娱活动，应遵守国家的有关法律、法规和校纪校规，不得影响正常的教学秩序和生活秩序。

1.要加强对舞会的管理

学生举办舞会，须经一定的审批程序。学生班级举办舞会，要征得系有关部门同意，学生举办系级以上舞会，须经学校有关部门批准。学生个人不得举办舞会。学校可以规定举办舞会的时间和地点，一般不允许在非节假日和非指定区举办舞会，以利于维护正常的教学秩序和生活秩序。高校对营业性的舞会要坚决禁止，对收取少量门票费的自助性舞会要加强管理和监督。高校要特别注意做好舞会的治安工作，一般不允许学校以外的人员参加学生举办的舞会。舞会主办者应负责维护文明、健康的舞场秩序，并主动争取学校保卫部门协助做好安全保卫工作。

2.要加强对校内演出活动的管理

邀请校外文艺团体到校内演出，应当经过学校有关部门的批准。学生团体和个人，均不得擅自邀请校外文艺团体来校演出，更不得组织以营利为目的演出活动。

3.要加强对学校文艺社团的管理

对参加学校文艺社团的成员，学校主管部门应与有关部门通力合作，切实保证他们在训练、学习、身体健康等方面协调、全面地发展；尤其要注意妥善安排活动时间，避免影响他们的学习；还要建立和健全社团内部管理的规章制度，加强社团成员的思想政治教育工作，教育他们严格遵守各项规定，努力提高政治和业务水平，与班级同学保持密切联系。

4.要加强对读书活动的管理

广泛涉猎各种类型的课外读物，是当代大学生课余文化活动的一项重要内容。学校图书馆和有关部门要注意调查和分析学生课外读书情况，了解学生的阅读兴趣，掌握学生的阅读倾向和热门书籍；要根据不同情况，对学生读书活动及时给予帮助、支持和引导，并加强管理。

学校可以通过推荐读书目录、举办读书征文比赛和演讲比赛等多种形式，引导学生多读书、读好书，从书籍中汲取政治营养和精神食粮。对学生中出现的学习马列著作和毛主席著作的读书活动，学校应给予大力支持，并积极做好辅导工作。

### （四）课外体育活动的管理

课外体育活动是学生体育活动的重要组成部分。高校有关部门和学校领导、体育教师、班主任、辅导员等应当加强组织领导和管理工作，教育、指导和督促学生积极参加体育锻炼活动。

课外体育活动要从实际情况出发，因校制宜，生动活泼。除安排有体育课和劳动的当天外，学生管理工作者每天都应组织和动员学生开展适当的课外活动，要发动各班级干部，特别是体育委员，协助学校做好课外体育活动的宣传工作，做好考勤和督促工作。课外体育活动要贯彻面向全体学生的原则，把《国家体育锻炼标准》的达标活动作为主要内容，在全体学生中积极推行，高校要加强对达标活动的组织和管理，防止弄虚作假。

对学生团体组织的课外体育活动，高校有关部门要给予具体的业务指导，并协助学生团体搞好各项组织工作。学生个人自愿组织和参加的课外体育活动，只要不影响正常的学习、生活秩序，不损害身心健康，高校应当给予积极支持，并适时加以指导。高校应当在体育课教学和课外体育活动的基础上，开展各种形式的课余体育训练，推行登记运动员制度，提高学生的运动技术水平。高校可以成立学生体育代表队；经国家教育委员会批准，高校还可以开展培养优秀体育后备人才的训练。

高校要加强对学生体育代表队和参加课余体育训练的学生的管理。对参加课余训练的学生，高校要特别注意安排好本专业教学计划内的学习。对学习成绩差的学生，高校一般不应让其继续留在或加入体育代表队。

高校体育竞赛要贯彻小型多样的原则，应当执行国家有关的体育赛制度和规定，树立良好的赛风。举办全校性运动会，学校领导要亲自挂帅，直接领导；有关部门要切实做好准备工作和组织工作，加强对赛场秩序和观众秩序的管理，保证比赛顺利进行。举办系级运动会和单项比赛，主办单位要向学校有关部门报告，学校体育主管部门可以参与组织、领导和裁判等工作。班级内部和班级间的体育竞赛活动，要在学生会的指导和帮助下进行。学生举办跨校体育竞赛活动，应事先经学校有关部门批准，并征得有关参赛单位同意。主办者应当采取有效措施维护正常的赛场秩序。

## 四、社会实践活动和管理

### （一）社会实践活动的主要内容和形式

大学生社会实践活动，从广义上说，是指除课堂教学以外的一切实践性活动，包括教学实践、生产实习、公益劳动、社会调查、军事训练等。从狭义角度讲，主要是指教学计划之外、利用假期和课余时间进行的接触社会、了解社会、服务社会的各种活动。

近年来，许多地方和高校从实际出发，因地制宜、因校制宜、因人制宜，多层次、多渠道、多形式地组织社会实践活动，创造了丰富多彩的好形式。

一是社会考察型。如深入基层和农村，了解改革开放以来取得的成就，了解国情和民情，参观重点建设工程和革命老区，走访先进地区和先进个人，开展社会调查，参加专题调研和征文活动，等等。

二是智力服务型。包括走上街头开展知识咨询，深入基层开展文化、卫生服务、举办科技文化和实用技术培训班，帮助贫困地区发展经济，协助企业解决某些生产技术问题，参与地方社会经济发展战略研究，向地方和企业转让或无偿支援科技成果，等等。

三是劳动锻炼型。如组织各种形式的劳动建设营，义务参加重点工程建设劳动，参加校内外公益劳动以及各种勤工俭学形式的劳动锻炼，等等。

四是挂职锻炼型。如组织学生到农村和乡镇企业担任乡团委副书记、书记助理和厂长助理等职，进行挂职锻炼，亲身参加当地文明建设实践活动。

五是科技开发型。主要有结合所学知识开展小发明、小论文、小创作活动,结合生产需要进行科学研究和技术开发,从事新产品的研制和设计、生产工作,与企业联合进行技术和设备的更新改造,企业和地方管理现代化方案的研究、设计,等等。

六是基地活动型。即学生社会实践活动场所相对固定、活动内容相对统一的社会实践活动形式。建立基地,按照学校和基地互惠互利、双向受益的原则建立长期的、固定的联系,这是近一两年出现的新形式。这种形式也在一定程度上代表了今后社会实践活动的发展方向。

另外,社会实践活动中还创造了组织回家度假的学生开展活动、进行党的方针政策和法律知识宣讲、旅游考察等形式。

(二)社会实践活动的组织和实施

组织大学生参加社会实践,要正确处理好"受教育、长才干"和"办实事、做贡献"之间的关系,坚持"受教育、长才干、做贡献",以受教育为主的指导方针。

高等学校的根本任务是培养又红又专的社会主义事业的建设者和接班人。学校的一切工作都要为实现这一根本任务服务。高校组织大学生参加社会实践活动,也一定要围绕这一根本任务,把在实践中接受教育、提高思想作为出发点和落脚点。同时,大学生用所学知识为人民服务、为社会主义建设事业服务,这既是客观的需要,也是现实可行的。但是,如果片面强调或过分强调"办实事、做贡献",一方面可能大学生力不胜任;另一方面也可能忽视"受教育",从而失去社会实践活动的根本意义,达不到预期的目的。

高校组织大学生开展社会实践活动要坚持面向基层、深入实际、讲求实效、就近就便的原则。大学生社会实践活动要到我国社会主义建设和改革的第一线去,深入到人民群众中去,了解国情民情。高校既要组织学生到经济、文化发达的地区和单位,让学生亲身感受国家在各领域的成就;也要组织他们到我国经济、文化发展相对滞后的地方去,通过实地调查和了解,更深刻地理解社会主义现代化建设事业的艰巨性和复杂性,增强学生的社会责任感。高校在组织社会实践活动时,要从学校的实际出发,开展适合本校特点的活动;同时还要从所在地方和单位的实际出发,努力为他们提供服务,避免与他们的改革和建设相脱节。为了组织更多的学生参加社会实践,高校要提倡就近就便开展活动,尽可能在学校附近和学生家庭所在地附近组织他们参加社会实践活动。

在这方面，当地政党部门和有关单位与学校一样，同样负有重要责任。也就是说，高校还要调动地方、部门和企事业单位的积极性，多渠道地组织社会实践活动。社会实践活动所需的经费也需要多渠道筹集，可以像有的地方那样，采取国家拨一点，地方和单位让一点、学生个人出一点的方式解决。

具体组织和实施社会实践活动时，应当注意以下几个方面。

第一，明确社会实践活动的目的。开展社会实践活动的根本目的是引导和帮助学生了解我国改革开放以来发生的巨大变化，加深对当前的"一个中心、两个基本点"的基本路线的认识，坚定社会主义信念；逐步树立历史唯物主义的群众观点，虚心向人民群众学习，摆正自己与人民群众的关系；了解稳定是人心所向，是全国人民的根本利益所在，努力维护安定团结的社会局面；认清在我国实现社会主义现代化的艰巨性，增强历史责任感。在此基础上，高校还要明确每次社会实践活动的具体目的、任务和要求。

第二，要做好计划安排。高校要仔细研究和确定社会实践活动方案，选好活动地点，制订具体的实施计划。高校要组织和协调各部门的力量，充分发挥教师的作用，共同做好思想和组织工作。高校组织学生社会实践团（队），应由校领导或有关部门负责人亲自带队，并选派得力的干部和教师加强指导。

第三，要对学生进行思想动员和集训。开展社会活动之前，高校应对学生普遍进行思想动员，教育学生认清参加社会实践活动的重要性、必要性和所要达到的目的，要引导他们抱着虚心向人民群众学习、为人民服务的态度，在实践中学习，提高思想觉悟和实际工作能力；发扬艰苦奋斗精神，勇于吃苦，自觉磨炼自己。对参加学校重大社会实践团（队）活动的学生，高校要进行必要的集训。

### （三）社会实践活动的领导和管理

1. 社会实践活动的领导

大学生社会实践活动，涉及社会各个方面，需要全社会的关心、支持和配合。高校只有充分发挥学校、地方和接收单位等各方面的积极性，动员各级党政领导部门、宣传、教育部门、各有关部门、各级共青团组织和高校内部各部门齐抓共管，才能收到好的效果。

各级共青团组织是社会实践活动的积极倡导者和组织者，在组织社会实践活动中发挥了突击队的作用，承担了主要任务，做了大量工作。今后，共青团组织仍应发挥突击队作用。

高等学校共青团组织是社会实践活动的直接组织者，做了开创性的工作。今后，高校团组织仍要继续做好这方面的工作。同时，有必要强调，高校各方面都应当参与学生社会实践活动的组织和管理工作。高校各级党组织应主要从政治方向上加强对社会实践活动的领导。高校教学、科研、后勤等部门都应当担负起自己应尽的职责。在高校内部，要形成党、政、工、团齐抓共管学生社会实践活动的合力。

近几年来，大学生社会实践活动取得成绩的重要原因之一，是各省、地、市、县党政领导及有关部门和单位高度重视并大力支持这一活动。实践证明，由各省、地、市、县党委宣传（教育）部门、教育行政部门和共青团负责组织社会实践活动，广泛吸收回家度假的大学生参加，是大学生社会实践活动广泛、深入、持久地开展下去的一个根本保证，也是社会实践活动发展的一个方向。因此，各省、地、市、县党委宣传（教育）部门、教育行政部门和共青团组织应当担负起当地社会实践活动的领导和组织责任。近一两年来，一些省、地、市、县分别成立了由当地党政负责同志挂帅，共青团组织牵头，宣传、教育部门及各有关部门负责人参加的社会实践活动领导小组，统一领导、组织和协调当地的学生社会实践活动。这对加强社会实践活动的领导，把社会实践真正落到实处，具有重要的意义。

2. 社会实践活动的管理

在社会实践活动管理过程中，应当着重抓好以下三方面的工作。

第一，加强对学生参加社会实践活动的考核和管理工作。国家教委和共青团中央《关于广泛组织高等学校学生参加社会实践活动的意见》明确规定，高校本科学生在校期间至少要参加两次假期和课外时间的社会实践活动；其中文科学生总计不少于45天，理、工、农、医等学科学生不少于30天，专科学生不少于20天；研究生也应有一定时间参加社会实践活动。[1] 高等学校应把学生在假期和课外参加社会实践活动作为对学生全面考核的内容之一。学生参加社会实践活动，应填写《社会实践活动登记表》，记录参加社会实践活动的时间、项目、成果及表现等，并要有接受单位的评语。[2] 对学生自行组织的社会实践活动，学校应提出要求并加强指导。对回家度假的学生，高校要按地区组

---

[1] 国家教委学生司. 大学生管理基础知识[M]. 北京：北京师范学院出版社，1991：128.
[2] 吴金炉，周斌. 个性选择 幸福发展：浙江省杭州市萧山区第二高级中学课程建设与学校发展研究[M]. 北京：教育科学出版社，2018：178.

织起来，指定联系人，持学校介绍信与当地共青团组织等取得联系，参加当地组织的社会实践活动并接受管理。

第二，要加强思想政治教育工作。学生参加社会实践，不可避免地要接触到某些社会消极面。社会实践活动的组织者应当充分估计到活动中可能出现的情况和遇到的问题，加强有针对性的思想政治教育工作。对某些社会消极面，社会实践活动的组织者要帮助学生正确分析、认识并得出正确的判断，并教育学生同党和政府一起努力加以克服。对学生提出的疑虑，社会实践活动的组织者要请各地领导加以说明、引导和澄清，对学生提出的合理化建议，要采取欢迎的态度，实事求是地予以回答。

第三，要搞好总结、评比、表彰工作。社会实践活动结束后，高校应当集中一定的时间专门对社会实践活动进行总结，扩大和深化社会实践活动的教育效果。对积极参加社会实践活动并取得成绩的学生，高校应当给予表彰和奖励，并可以将其成绩作为评定"三好学生"和奖学金的依据。学生在社会实践活动中写出的优秀调查报告、科研论文，取得的科技成果，由有关教研室鉴定后可以计入成绩档案。

## 五、勤工俭学活动和管理

### （一）勤工俭学活动的意义和作用

勤工俭学活动，是近年来高等学校学生课外活动的一项重要内容。开展勤工俭学活动，是全面贯彻党和国家的教育方针，加强对学生的劳动观点教育和劳动技能训练，提高教育质量，培养全面发展的社会主义一代新人的重要途径之一，也是促进教育结构、教育制度改革，发展我国教育事业的一项有效措施。加强对勤工俭学的领导和管理，及时解决勤工俭学活动中出现的问题，将有利于勤工俭学活动健康持久地向前发展。

勤工俭学活动使大学生更多地了解国情、民情，了解社会主义建设和改革的实际，了解人民群众的思想感情，更深切地感受到社会对知识的渴求和对人才素质的要求。从而进一步激发了大学生勤奋学习、奋发成才的学习动力，增强了他们的社会责任感和历史使命感。

勤工俭学活动促进了大学生树立劳动的观点。通过参加勤工俭学活动，大学生亲身体验到了劳动的伟大意义。这有利于他们逐步树立劳动光荣的观念，培养热爱劳动、热爱劳动人民的思想感情，养成珍惜劳动成果和勤俭节约、艰苦创业的良好行为和作风。

勤工俭学活动为大学生把知识献给人民提供了实践舞台。通过开展勤工俭学活动，大学生利用自己所学的知识为社会服务、为人民服务，这既是社会的要求，也是学生自身成长的内在需要。勤工俭学活动，给大学生充分施展自己的知识与技能提供了实践舞台，对于帮助大学生自觉坚持走理论与实际相结合、脑力劳动与体力劳动相结合、知识分子与工农群众相结合的成长道路，具有重要作用。

此外，勤工俭学活动也在一定程度上缓解了部分学生经济上的困难，从而使这些学生能够较好地完成学业。

总之，勤工俭学活动是一项于国家、于社会、于学校、于学生都有利的活动。高等学校应当提倡和支持学生开展勤工俭学活动，依法保护学生以诚实的劳动和服务获得的收入。

**（二）勤工俭学活动的组织和实施**

1.勤工俭学活动的主要类型和途径

高等学校学生勤工俭学活动的类型和途径是多种多样的。按其内容分，可以概括为两大类，即与专业学习相结合的科学技术和文化服务、有利于培养劳动观点和自立精神的劳务服务。按学生付出劳动的形式不同，又可以分为智力型、体力型和经营型三种类型。

智力型勤工俭学，是以创造性劳动或智力输出为基本特征，以学生运用新学知识服务于社会为基本方式的活动。其活动又有两种类型：一种是智力开发型，即学生综合运用自己所学知识，进行创造性工作，为社会直接创造物质财富和精神财富。其主要途径有：科学研究、技术开发、技术推广、技术改造、科技发明和制作、生产和社会管理、社会经济发展战略研究，等等。另一种是智力服务型，即学生将所学知识直接服务于社会，但不一定直接产生经济效益。这类活动包括：开展科学技术和文化咨询、举办科学技术和文化培训班、出任家庭教师、从事修理服务等。

体力型勤工俭学，是以体力劳动为主的劳务活动。这类活动有利于培养学生的劳动观点和奋发向上、吃苦耐劳的精神。其主要途径包括除公益劳动、义务劳动以外的各种有偿劳动，如环境卫生包干、校内外工程建设劳动、校园整治、校系图书资料整理、学生宿舍的值班保卫、为年老体弱教师送牛奶、到企业和服务行业任临时雇员，等等。

经营型勤工俭学,是以简单经营为手段、以劳务性质为主的商业性劳务服务活动。这类活动的管理较为复杂,将在下面做专门论述。

2. 勤工俭学活动的组织和实施中的几个问题

(1) 要明确勤工俭学活动的目的和要求。开展勤工俭学活动的主要目的在于引导学生接触社会,了解国情民情,增强社会责任感,理论学习与实际工作相结合,巩固和加深对所学知识的理解和消化;培养对劳动人民的感情,树立劳动观点,把知识献给人民,为社会做出应有的贡献。因此,组织和开展勤工俭学活动要把准方向,切不可盲目和一哄而起。在活动开始前,组织者应向学生讲解勤工俭学的目的、意义和基本要求,教育学生更多地从锻炼自己、提高自己这方面思考问题,积极参加这项活动。同时,组织者还要教育学生遵纪守法,自觉依照国家工商行政管理的有关规定和学校的有关管理办法开展勤工俭学活动。

(2) 要处理好勤工俭学活动与业务学习的关系。应当明确,学生在校的主要任务是学习,应以主要精力搞好业务学习。一方面,勤工俭学活动应尽量与专业学习相结合,以利于巩固学习成果,也有助于活动本身健康、深入、持久地进行下去,并取得更好的经济效益和社会效益。另一方面,勤工俭学活动应安排在课外和假期,以不影响正常的教学秩序、不占用学生过多的时间和精力为基本前提。对学习成绩不太好的学生,组织者应劝其集中精力先搞好学习,不宜急于参加勤工俭学活动。对少数将主要精力放在赚钱上,严重影响学习的学生,学校应当进行必要的干预,问题严重者,要制止并给予适当的校纪处理。

(3) 要处理好勤工俭学与"赚钱"的关系。学生通过合法途径获得的勤工俭学收入,依法受到保护。学生通过勤工俭学得到相应的经济报酬,以弥补学习、生活费用的不足,是勤工俭学的重要目的之一。有些学校在暑期中把经济特别困难的学生组织起来参加劳动,然后给他们以较高的报酬,等于是一种资助性的勤工俭学活动,这是值得提倡的。但是,高校一定要正确引导学生,不能以"赚钱"作为勤工俭学追求的目标,而且还应当积极组织和提倡学生参加公益劳动、生产劳动和义务劳动等无报酬的劳动。

3. 勤工俭学活动的引导和管理

(1) 勤工俭学活动管理机构。学生勤工俭学活动,应当有组织有领导地进行。为此,高校需要设立相应的管理机构。高校可以根据需要设立"勤工俭学指导委员会""勤工俭学指导小组""勤工俭学管理小组"等一类的学生勤工俭学活动专门管理机构,也可以委托学校团委、学生会、研究生会等有关组织负责勤工俭学活动的管理工作。系级也应成立或委托相应的机构管理本系学生的勤工俭学活动。

学生勤工俭学活动管理机构的主要任务是:组织、领导和协调学生勤工俭学活动,依法保护和支持正常的勤工俭学活动,制止和取缔各种违法、违纪活动,调解勤工俭学活动中出现的矛盾和纠纷,协助管理和监督勤工俭学收入的分配和使用,等等。

(2)勤工俭学活动的若干管理规定。组织和参加勤工俭学活动,应自觉遵守有关管理规定。

①学生勤工俭学活动要遵守国家法律和工商管理法规、学校规章制度。勤工俭学活动不得影响学校教学、科研、生产、生活的正常秩序和校园校容管理,也不能影响自身的学习。勤工俭学活动禁止走私贩私和投机倒把,禁止倒买倒卖国家计划供应商品和紧俏商品,禁止长途贩运,禁止出售或出租非法印刷品和淫秽书刊,禁止举办营利性舞会。

②学生勤工俭学活动应公开地、有领导地进行。各种勤工俭学活动,应在相应的校、系管理机构登记并接受管理。勤工俭学活动登记时要注明活动的规模、内容、时间、地点、组织机构、负责人、参加人数等情况。参加人数较多、影响较大的勤工俭学活动,应由学校有关部门或校系学生会组织实施。

③积极引导勤工俭学活动健康发展。高等学校学生勤工俭学活动是多种多样的,哪些是提倡的,哪些是允许的,哪些要坚决禁止,应有明确规定,以利于正确引导学生。一般地说,结合专业学习的勤工俭学活动,或一些劳务性的活动,是我们所提倡和支持的。有些活动是属于允许但不提倡范围的。一些学生为方便学校师生生活和解决实际存在的经济困难,在课余从事以勤工俭学为目的的营利性服务,如代售学生需要的书籍、代办彩色照片扩印等,这类活动虽然与专业不结合,且属于商业性质,但基本上是劳务性的服务,学校可以根据情况决定是否允许,并加强管理。学生个人不得从事和参与经商活动。

④加强勤工俭学活动的检查、监督和总结、表彰工作。学校主管部门应当加强勤工俭学活动的管理工作,管理对象重点要放在科技开发型和经营服务型实体上。学校主管部门要管好各种收入的分配和使用。学生经过规定的程序申请成立的经济实体,要严格按照批准的范围开展活动。这类经济实体,应由学

校有关部门或团委（团总支）直接领导，要建立健全各项规章制度。无论是哪一类的勤工俭学活动，都应有健全的财务管理规章，账目要公开，分配要公开，并自觉接受学校主管部门的检查、监督。

对于在勤工俭学活动中表现突出的学生和主办单位，学校主管部门应结合评比予以表彰和奖励。对违法乱纪和拒绝接受检查监督的学生个人和活动主办单位，学校主管部门要进行批评教育，限期改正；严重的，学校主管部门要坚决予以制止，必要时依法追究其法律责任。

（3）经商活动的管理。近几年来，高等学校学生中曾一度兴起了一股"经商热"，许多人将这股风潮赞誉为勤工俭学的"新形式"。国务院和国家教委就此明确规定：学生个人不得从事经商活动。

众所周知，勤工俭学是学生利用课余时间进行科学技术和文化服务或劳务服务，把服务所得作为补充学习、生活费用不足的活动。经商则是以买和卖为主要形式、以营利为目的的商业活动，二者的目的相距甚远。学生在校的主要任务是学习，倘若从事经商活动，将要花费大量的时间和精力考虑买卖、盈亏等问题，这是学生个人难以胜任的，必然导致其学业和身心健康遭到不同程度的损害。因此，为了维护学校教学和生活秩序，保证学生完成学习任务，保障学生的身心健康，高校不提倡学生从事经商活动。学生学习期间不能成为领取工商执照的工商业者，不能从事以营利致富为目的的经商活动。

根据有关规定，商业、旅游类学校及系科可以举办实习性的商业经营实体，组织学生结合专业学习，参加经营管理。这类商业经营实体，例如实习商店、实习餐厅、实习饭店等，也要依照国家工商管理的有关规定进行注册登记，并接受有关部门的管理和监督。

## 第三节　高校学生学习管理与辅导

### 一、高校学生学习管理

#### （一）高校学生学习管理的定义

在学生步入高校的第一步起，学习就是学生最重要、最关键的活动内容。大学生的学习虽然是按照学校既定的教学计划和教师的安排进行的，但已经不像高中或初中那样是把大部分的时间用在被动地完成老师布置的任务上，而是可以有相当多的自由支配时间，这就决定了大学生的学习要有较强的自主学习能力和学习计划能力，合理地安排好自己的学习时间。大学生的学习活动又是一种学生在学校特定的学习环境里专心地以掌握专业知识和技能为特征的社会活动。学校对学生的学习进行计划、组织、控制都将对学生的学习产生影响。因此，不管是学生还是学校，如何进行有效的学习管理，都是一个重要的问题。同时，面对知识经济的冲击，对高校学生采用最有效的，最优化的学习管理，也是满足社会发展和促进个人更好地适应社会的需要。

高校学生学习管理的概念主要是借鉴管理学中对管理概念的描述演化而来的，其定义如下：高校学生的学习行为通过计划、组织、控制和激励等环节来协调学生与学习，以期达到学习目标的过程。这个定义包含着以下几层含义。

1. 高校学生管理的对象是学习行为

在这个定义中，一切管理活动都围绕着学习行为展开。管理的对象是一种行为，计划、组织、控制、激励等各个环节都有力地促进了这种行为的有效进行，最终使得学习行为有个满意的结果。

2. 管理的主体是参与学习行为的人或组织

学习管理的主体应是学生、学校。学习行为的主体是学生，所以首先对学习进行有效管理的应是学生，而高校学生学习行为的发生主要是在学校的参与下进行的，并且学生的学习行为受到学校管理的很大影响，所以学校也应是学习管理的主体。学习管理中的两个主体都围绕着学习行为采取各种措施，并相互协调，使学习行为得到有效的结果。

3. 管理采取的基本措施是计划、组织、控制、激励

计划、组织、控制、激励是这个管理活动的四个基本职能。所谓职能是指人、事物或机构应有的作用。每个学生管理工作者工作时都是在执行这些职能中的一个或几个。那么，计划职能就是对将来趋势的预测，根据预测的结果建立目标，然后制定各种方案以及达到目标的具体步骤，以保证目标的实现。组织职能一方面是为了实施计划而建立起来的一种结构，该种结构在很大程度上决定着计划能否得以实现；另一方面是指为了实现计划目标进行的组织过程。控制职能包括制定各种控制标准；检查工作是否按计划进行，是否符合既定的标准；若控制对象的活动发生偏差，要及时发现和分析偏差产生的原因，纠正偏差或制订新的计划，确保实现目标。激励职能主要是从管理活动中的学生来

讲的，通过激励学生，激发和调动他们的积极性，使他们的个人目标与管理目标统一起来，保证管理活动协调进行。

4.管理的目的是实现学习目标

学习目标的实现是通过有效、优化的管理活动实现的。学生根据个人需求、社会需求，在学校给定的环境下，充分发挥个人管理学习的才能，进行有效的学习。同时，学生个人的学习又受到学校对学习管理的统辖，学校根据自身的人力、物力、财力的水平，制定符合自身和社会需要的学习管理制度，这种制度，为学生的学习提供了一种支持系统。因此，学校和个人有效的学习管理，最终保障了个人学习目标和学校培养目标的统一，保障了满意的学习结果。

（二）高校学生学习管理的原则

高校学生的学习管理应是高校管理中的重点，要有效地对学生进行管理，必须遵循科学的管理原则，这些原则既要结合学生的特点，又要满足总的方向和要求。因此，必须遵循的管理原则有以下几点。

1.自主性原则

自主性原则是高校学生学习管理中的首要原则。它是指高校学生学习管理中所进行的一切学习管理都应以发挥学生自我学习管理为目的，为促进学生自我取得好的学习结果创造一切有效的条件。大学生学习是以教师为主导、学生为主体进行的，所以无论从学习的内容、学习的时间及学习的方式都要更加强调学生在学习活动中承担的角色，强调学生学习的自觉性和能动性。因此，在高校学生的学习管理中，学校对学生的学习管理和学生自我学习管理有机结合在一起时，更好注重发挥学生自我学习管理的能动性。

2.系统性原则

系统性原则在高校学生的学习管理中表现为高校的学生学习管理是一个系统工程，它包含了个人、学校、社会等各个部分，协调各部分之间的关系，建立良好的组织结构，达到学习活动的最优化结果。学生的学习行为作为一种具体而复杂的活动，是在受到特定环境的影响下的功能表现。并且，学习行为的功能表现会受到环境中某些因素的影响，其中有一些因素影响会起很大的作用。

图5-1是从系统科学的角度来阐释学习行为的。因此，从系统科学的角

度，把高校学生的学习管理作为一种系统的学习管理工程，高校就应该从学生、学校、社会的整体角度来考虑学习管理，在强调发挥学生自我学习管理能力的同时，要重视学生自我学习管理目标与学校管理目标、社会需求统一起来，使得个人目标与集体目标有机地结合起来。学生在充分发挥主动性的学习时，更多地考虑到的是自身的要求，满足的是自我的兴趣、需求，所以，在有学校参与的学习管理中，发挥学校学习管理中控制的作用，使得学生的学习结果不仅是满足个人的，也是满足学校的、社会的。

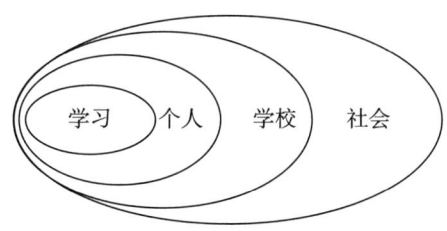

图 5-1　学习行为系统影响表现

3. 价值性原则

价值性原则是高校学生学习管理原则中最应该体现的原则。它是指学习管理活动应在很大程度上满足管理主体的需要，体现其与主体之间的效用关系。任何管理活动，都是为了满足管理活动主体的需要。管理活动的存在、作用及其发展变化都应适合、接近管理主体的需要。因此，高校在进行学生学习管理时，应充分发挥学生、学校、社会的角色参与，以人为本，发挥人的激情，注重人的利益，满足人的需要。

4. 针对性原则

针对性原则是高校学生学习管理中特有的原则。针对性原则是指高校学生学习管理活动应针对大学生的生理、心理情况分阶段地进行管理的原则。针对性原则体现的是管理活动中对组织结构的分层管理，同时，针对性原则也体现了管理活动中要基于事实的哲学理念。大学时期是智力水平增高、记忆功能增强、抽象思维获得重大发展、分析综合能力明显提高的时期。而且，进入到大学学习的学生们，要经历入学期、稳定发展期、毕业前期的各个阶段，高校要根据大学生生理、心理的适应性来有效地、针对性地进行学习管理，才能获得最佳的学习效果。

5.定性管理与定量管理相结合的原则

定性管理与定量管理相结合的原则是从管理手段的角度考虑的。长期以来，对学生的学习管理基本上采用的是单一的定量管理，比如，通过具体题目的试卷测试等定量管理。这种单一的定量管理的手段使得学生没有真正获得学习结果，而学校也是仅仅通过学生试卷的分数来确定教学计划、教学评估等，导致学校的学习管理活动很大程度上不能真正有效地促进学生自我的学习管理。由于对人的学习管理是一项较为复杂的系统工程，致使许多问题靠单纯的定量分析还难以解决，所以，定性管理的作用仍然不可低估。随着学校管理理念的不断变化，在进行学生的学习管理活动中，定性管理的介入，增强了学生学习管理活动的有效性。高校对学生的学习管理，应在定性分析作为前提和归宿的基础上，以定量分析精确和深化对定性的认识，二者紧密结合，共同在管理中发挥作用。

### （三）高校学生学习管理采取的方法

合理的方法才能体现管理的原则和取得满意的管理结果。高校学生学习管理要采用有效的管理方法才能适应学生、学校、社会的需要。因此，高校学生学习管理采取的方法从不同角度分析主要界定为两种，一种是分阶段管理，另一种是系统管理。

1.分阶段管理

分阶段管理是指将学生的学习管理分为入学期、稳定发展期、毕业前期三个阶段，在不同阶段采用适应性的手段、方法，使学生、学校的学习管理能进行有效、优化的管理。分阶段管理最大限度地体现了学生学习管理中针对性的原则，但在管理活动进行的过程中，也结合了自主性原则、系统性原则、价值性原则和定性管理与定量管理相结合的原则。

（1）入学期学习管理。入学期的学习管理主要是从确立学生正确的学习态度，掌握正确的学习方法的学习管理角度入手的。很多学生步入大学后，面对自由的学习环境、浩瀚的知识海洋，在学习态度、学习方法上产生了困惑、焦虑。在这个时期及时地了解学生，帮助学生，将会对学生以后的学习阶段起到良好的铺垫作用。

（2）稳定发展期学习管理。大学生在学校里经过半年乃至一年的大学环境适应，开始对自我的学习有了大的发展欲望。这个阶段的学生，有着强烈的求知欲，因此这个阶段的管理应注意处理好专业与兴趣爱好，全面发展与个性发展的关系，使学生的学习得到充分的展现，不仅让其学到了知识，还培养了其能力。

（3）毕业前期学习管理。毕业前期，学生面对就业、考研出现了不同程度的"学习动荡"，一部分人忙于考研，埋头苦干应付研究生考试，而忽略了应该在这个阶段学习的专业课；一部分人忙于找工作，认为只要有个工作，学习不学习已经不重要。因此在这个"混乱的阶段"，高校更应该稳定学生的学习，在他们步入不同的环境之前，一方面抓好教学计划中的学习管理，一方面为学生走上不同的环境所需要的知识，提供学习的环境，比如，开设英语辅导班、交际礼仪指导课程等，为迎接学生的毕业，走向另一片天地提供再学习的条件。

2.系统管理

系统管理的高校学生学习管理主要是把系统科学的理念注入学生学习管理中，把学生学习管理看作一个系统管理工程。高校学生学习系统管理是指将学习行为与学生、学校、社会看作一个整体来管理，学生与学习行为产生直接的影响，学校和社会为学生的学习提供了支持系统。学生学习管理系统如图5-2所示。

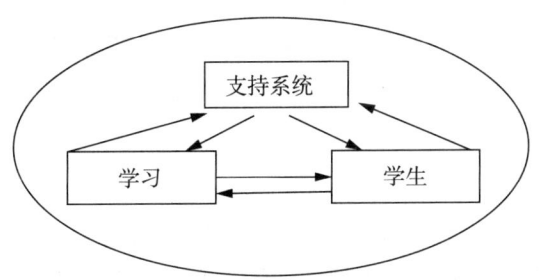

**图 5-2 学生学习管理系统**

学习管理系统中有着学习行为、学生、支持系统部分，学习行为是这个系统的中心，学生的活动和支持系统的活动都是围绕着学习行为进行的。学习行为、学生、支持系统这些部分之间又有着密切的联系。在这个系统管理中，主要体现了以下几种思想。

（1）学生学习管理系统中，学习的主体是学生，所以学生与学习行为有着相互的关系。学生对学习行为进行有效管理，会取得理想的学习结果。理想的学习结果又会促进学生的积极性、自主性，加强和促进学习效果；反之，就会降低学习结果，进而影响学生学习的情绪。

（2）支持系统是指学校、社会为学生的学习所提供的一切支持，它包括培养目标、学习风气、学习制度、评估制度等，这些支持系统有效地促进了学生的学习活动，同时，学生的学习活动又影响着支持系统的变革和发展。

（3）在这个学习系统管理中，隐含着计划、组织、控制、激励等各个环节，这些环节是管理活动进行的各个必要的程序。管理活动在计划、组织、控制、激励基本环节基础上有效地运行，使得整个系统得以良好地运转起来。

（4）学习目标的实现是学习系统管理中最终的管理目标。这个学习目标是系统的整体目标，是学生个人的学习目标与支持系统目标的统一。得到满意的学习目标，不仅是学生，也是支持系统的愿望和采取措施的结果，它将结束一次优化的学习管理工程。否则，学生、支持系统就会不断地调整，使之产生满意的学习目标。

### （四）高校学生学习管理中要注意的问题

1. 两种管理方法的有机结合

高校学生管理的有效、优化进行是分阶段管理和系统管理的有机结合的结果。分阶段管理的各个阶段都遵守着系统管理的理念和方法，同时系统管理又是在分阶段管理中一步步走进目标的。所以，这两种管理方法是相互融合在一起的，高校只有在学生学习管理中充分运用这两种方法，才会使得管理目标实现。

2. 充分发挥学校领导的作用

在高校学生学习管理中，学校对这个管理活动起到了领导作用。学校领导的作用是将学习管理的方向、内部环境统一起来，创造使学生能够充分实现学习目标的环境。领导者是管理活动最重要的基础。学校对学生的管理提供了制度保障、监督保障、评价处置等，这些不仅需要学校在发挥领导作用的时候要充分、细致、灵活，还需要有一定的艺术性，使得学生学习管理活动在学校的领导下有效进行。

3. 有效地沟通

因为高校学生学习管理系统中管理主体是参与学习行为的人或组织，也就是学生和学校。所以，在学生和学校之间就应建立一个有效的沟通通道，加强学校与学生之间的对话与交流，可以采取正式的或非正式的方式来了解学生的看法，以此来对教学事务做出调整，确保教育过程与学生需求协调一致。同时，学生也通过有效的沟通通道，理解学校学习管理的意图、提供的便利条件等，来使个人的学习与学校的教育方针、教学条件有机结合在一起。

4. 持续改进

持续改进是高校学生学习管理活动优化的一个永恒行为。持续改进是这个管理活动中的核心动力。持续改进包括：了解现状，建立目标，寻找、评价和实施解决办法，测量、验证和分析结果，最后把更改纳入体系等活动。持续改进体现了管理哲学中动态的思想，遵循了发展的科学观。因此，持续改进为管理活动提供了前进的动力，使其从不完善到不断完善。

## 二、高校学生学习辅导

### （一）学习辅导的概念

在学生学习是"当务之急"理念的指引下，学习辅导逐渐成为学校工作的重点，大量的学生事务项目和服务围绕学习辅导而开展。

在我国并没有严格的学习辅导概念，高校学生的学习辅导被认为是对学习稍显滞后的学生所开展的补差工作，包括对学生的重点教育、严格管理和学习辅导服务。但随着辅导工作的不断深入，学习辅导的概念在我国高等教育理论和实践层面都有所拓展，并逐渐开始向发展性辅导转变。

### （二）学习辅导：高校学生管理拓展新内容的背景

近年来，我国高等教育工作者对国外高校的学习辅导工作逐渐有了一定的了解，也开始认识到学习辅导工作的必要性。

1. 知识时代将给大学教学和学生学习带来革命性的变化

（1）知识时代的发展给大学教学带来挑战。随着经济和社会的发展，知识总量的递增速度越来越快，新知识的倍速增长与传统的教育制度、教育内容、学生的学习观念和方法之间都存在着矛盾。学校必须教给学生在21世纪所必需的技能和方法，否则就不能说自己成功。一方面数字化的发展让学生生存在充满活力的、可视的、交互式的媒体世界中，他们重视实验和参与，不喜欢通过被动地听和读来学习。因此，他们对直线式的、连续的课堂讲授会逐渐感到厌倦而更愿意通过非线性的方式开展学习，结成同辈学习小组，建立复杂的学习网络，构建自己的学习环境进行交互的、合作的学习。这就需要与学生同吃同住的辅导员以及作为学术向导的导师给予科学的指导。另一方面，高校为大学教师和学生工作老师提供基本的教学培训比较少，能意识到将快速发展的学习理论应用到教学中去的老师也不太多。因此，高校可以在推动学习辅导工作的背景下，加强教师队伍的培训。

（2）革命性变化：在知识时代教学和学习。在知识时代，信息技术越来越发达，学生个体日益显现出多样性，并且熟悉信息技术，这就要求高校必须创新教学方法。教师应将自己融入教学环境中，成为学习内容、学习过程和学习环境的设计者。学生则主要通过自己阅读、写作、解题和实验来学习，他们会开发更多的合作学习的方式，教师在这个过程中更像是顾问和教练。进一步拓展开来，高校应当成为学习社区，它包含一系列复杂的社会型交互作用，学生、教师、职员、社团、环境都是学生学习的互动对象。因此，高校要在现有的制度现状和环境下，首先在学生工作的框架内为学生提供教育性的学习辅导服务，同时通过学校层面的教师和员工培训促进全员育人，并且加强教学工作和学生工作的合作，这是一条可行的变革道路。

### 2. 培养高素质创新人才的需要

一般认为，教学在人才培养中发挥着主要作用，高校也往往因此将提高教学质量作为提高人才培养质量的主要因素。但课外的因素也不可忽视，美国高等教育协会对影响学生发展的因素进行过评估，结论是约80%的影响因素发生在课堂外。[①] 因此，高校也必须高度重视课外的各种因素。不少高校非常重视并大力开展培养大学生创新能力的活动，如科技创新活动、社会实践活动等。近几年来，不少高校在全员育人理念的指引下，提倡全面提升教职员工的素质，大力推进教学育人、管理育人、服务育人。但就目前而言，全员育人的落脚点主要在德育上，学生学习则被视为教学即可解决的问题，这一想法一定程度上缺乏科学性。全员育人不仅应体现在教师和员工共同做好德育工作，同时也应当体现为教师和员工共同重视学生的学习，促进学生的学习和发展。因此，教师除了教学以外，还应更多地参与到课后的学生辅导和咨询中去，管理和服务人员的工作也应当以学生的学习和发展为重来展开，共同构造完备的高校学生学习辅导体系。

---

① 尹冬梅，张端鸿.学习辅导：高校学生工作的新内容[J].思想理论教育，2006（7）：134-137.

### 3.高等教育走向大众化阶段的需要

现在我国已基本实现高等教育的大众化，但同时高校因扩招而导致学习资源紧张、学习困难的学生增多。首先，随着高校在读学生人数的增加，大部分课程都通过大班授课，这不利于教学效果的提高；其次，同样由于学生人数的原因，教师和辅导员在课后对学生开展辅导和咨询的覆盖率大大下降，很多学生缺乏必要的引导；再次，教室、图书馆、多媒体、学生科研资金等教育资源面临紧张局面，生均学习资源占有率下降；最后，随着高等教育走向大众化，毕业生的数量逐年增加，学生面临着就业困难的问题，这导致学生形成以就业为直接导向的不科学的学习观。这些都客观上对高校加强学习辅导工作提出了要求。

### （三）学习辅导的内容

#### 1.在现有课程体系中补充学习辅导类的课程

教学是培养学生的主渠道，因此在现有的课程体系中补充学习辅导类的课程显得非常必要。目前很少有高校专门开设此类课程，即使已有开设，课程数量也极少，可拓展的空间非常大。辅导员作为高校教师队伍的组成部分，承担着对学生开展德育、学生管理和辅导咨询的任务，而学习辅导正是辅导咨询工作的重要组成部分，因此以辅导员为主体，策划和设计此类课程并担任课程教师非常可行，这既可以促进学习辅导类课程的建设，又可以增强辅导员对教师角色的认同。这些课程可以包括"大学生学习方法与技巧""学生学习与个人发展""成功大学""如何进行专业书籍的阅读"等内容。

#### 2.提供以促进学生学习为目的的辅导项目和服务

为学生提供辅导项目和服务是高校学生事务部门开展学习辅导工作的主要方式。这些项目和服务包括：适应学习环境的预约咨询，改进学习方法、提高学习能力和培养创造性思维的短期培训课程，培养学习品格和发展学习心理的个体以及团体辅导，促进运动员学生、残疾学生等特殊群体学习的辅导项目，推动学生合作学习和学习团体建设的资金扶助，等等。

#### 3.培训和引导专业教师以及学生工作教师在课后做好学习辅导工作

无论是对班级学习氛围的营造，还是对学生学习方法和能力的指导，或是对学习落后群体的辅导，辅导员都具有不可替代的优势。因此，高校强调学习辅导工作在辅导员总体工作中的重要性，对辅导员开展有针对性的培训，使之具备相关的工作知识、技能和能力，适应学习辅导工作的要求是非常必要的。同时，教师在做好科研和教学工作的同时，也应承担更多的育人功能，尤其是在专业学习的辅导方面，教师应当发挥主要作用。在学生生活和发展方面，教师也应当发挥一定的咨询作用，因此对教师进行学习理论和咨询技巧的培训也是必要的。

4. 扶持以"学生自主学习"为理念的合作学习小组和学习型团体建设

学生是学习的主体，因此鼓励和引导"学生自主学习"是学习辅导工作的根本目的。已有的研究成果表明，合作学习的有益之处在于从日常的交流中为学生提供互相学习的机会，在轻松的氛围中使学生通过互相学习了解个体间的异同点，为学生的合作小组模式提供实践机会的同时体验积极的小组交流。合作学习还有一个益处，即在互相交流之中，思辨能力成为解决问题的必备手段，同时学生更有机会将理论概念和实践运用能动地结合在一起。由此可见，扶持和引导合作学习小组和学习型团体对于开展学习辅导工作、促进学生学习来说非常重要，这也给做学生工作的教师带来一个全新的挑战。

5. 加强和改进为学生提供学习资源方面的服务

学习资源的提供本质上是一项服务，而不是一项辅导工作，但高校提供此项服务的过程正是高校对学习资源的一个筛选过程。通过这个过程，高校将符合社会发展需要和学术发展潮流、契合学生发展需求的学习资源整合起来提供给学生，让拥有不同专业背景、具有不同发展目标的学生在享受学习资源服务的过程中体会到深含学校精神的学习理念，服务便会因此而成为一项育人的工作。

6. 建设和营造良好的学习环境

广义的环境包括自然环境、社会环境和组织氛围，因此从环境规划和组织文化的角度来建设和营造良好的学习环境对于学习辅导工作的开展具有良好的保障作用。从环境规划的角度来看，高校应当吸收学生工作部门参与校园环境规划，以学生学习为中心来建设校园环境；从组织文化的角度来看，应当在学校、院系、班级和宿舍楼等层面营造最有利于学生学习的组织文化。

7. 构建科学、合理的学生评价体系

学习辅导是基于学生的当前学习和未来发展的辅导工作。科学、合理的评价体系对学生能起到良好的引导作用，对促进学生的学习有深远意义。另外，学生评价体系也可以为学习辅导工作提供科学的评价依据。学生在参与学习辅导前后应当分别被评估，参与学习辅导的群体和未参与学习辅导的群体也应当分别被评估，只有这样，学习辅导工作的意义才能在比较中被恰当地评估出来。

# 第四节 高校学生安全管理与健康服务

## 一、安全教育

众所周知，安全对于任何地区，不管是学校、各种机构或者工作场合来说都是非常重要的，这一点在一些工程性的工地中更能明显地看出来，而学校是人员密集的场所，所以校园中对于学生的安全教育是绝对不能少的，其安全教育的流程如图5-3所示。

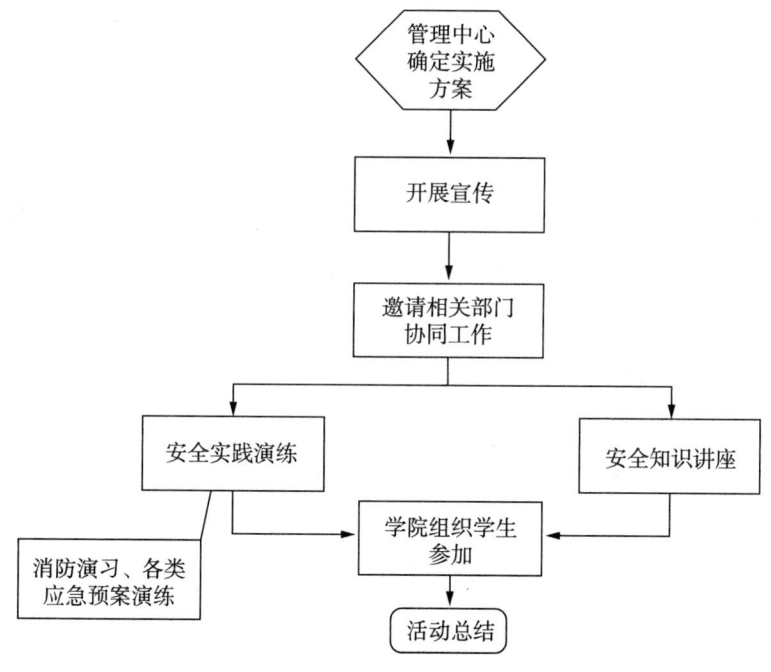

图5-3 安全教育流程

图5-3所描述的是高校学生安全教育的流程图，从上述流程图中不难看出，其中一些事项需要着重注意，具体如表5-1所示。

表 5-1　安全教育流程中的注意事项及工作说明

| 承办人员 | 学生工作处大学生管理中心 |
| --- | --- |
| 相关单位 | 各学院（课部）、保卫处 |
| 实施对象 | 全日制普通本科生 |
| 实施期程 | 全年实施 |
| 相关法规 | 1.《中华人民共和国消防安全法》<br>2.《普通高等学校学生安全教育及管理暂行规定》 |
| 注意事项 | 1. 注意做好安全教育活动宣传，提高学生参加的积极性<br>2. 每次参与学生人数应适量、分批次进行，保障教育效果<br>3. 做好相关部门及学生的协调工作 |
| 办理方式 | 1. 学工处管理中心按年度工作计划制定安全教育方案<br>2. 邀请保卫处、公安部门等协同推进安全教育工作<br>3. 各学园通过宿舍走访、海报横幅开展活动宣传工作<br>4. 管理中心、各学院按方案组织学生参加<br>5. 活动结束形成报告并留存相关材料 |

对于工作流程中记录表的记录要点，相关管理人员要对其进行详细的记录，内容主要包括教育活动主题和活动效果两个方面。除上述内容之外，相关管理人员还要准备学生安全教育材料，对相关的安全教育做总结。

## 二、意外伤害类事件处理

在日常的生活中，谁也不可能保证每时每刻都是安全的，在乘坐交通工具出行或者是在工作场合中都可能出现一些意外事故，就更别说学校这种人员量如此大的场所了。学校中发生一些意外伤害类的事件是不能避免的，发生以后就要对其进行处理解决，对这类事件进行处理需要遵照如图5-4所示程序进行。

# 第五章 高校学生管理工作之日常事务管理

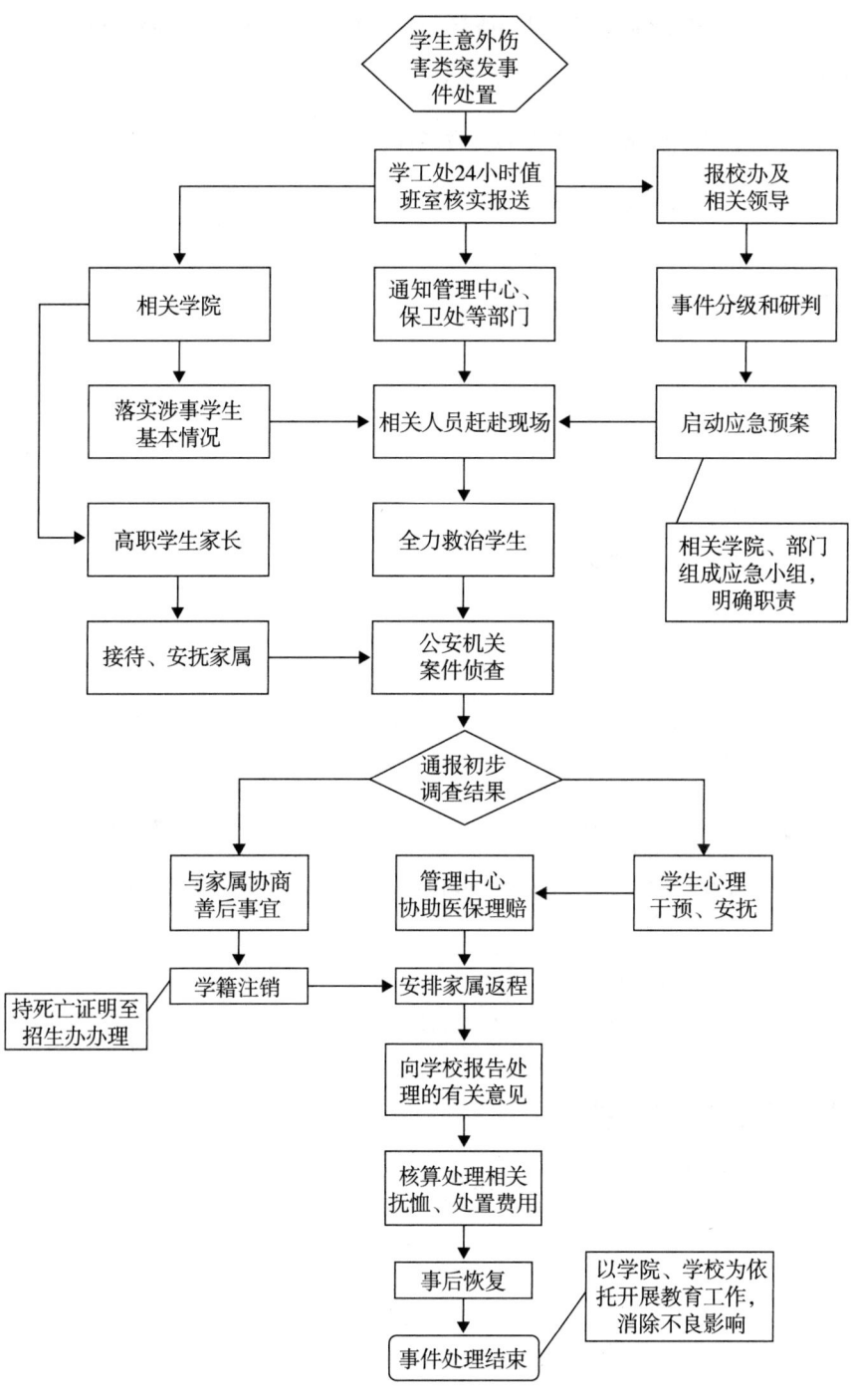

图 5-4 意外伤害事件的处理流程

上述意外伤害事件处理流程中同样有一些需要着重注意的事项，具体如表5-2 所示。

表 5-2  意外伤害事件处理过程中的注意事项及工作说明

| 承办人员 | 学生工作处大学生管理中心 |
|---|---|
| 相关单位 | 校长办公室、各学院（课部）、保卫处、校医院、财务处 |
| 实施对象 | 发生意外伤害的本科生 |
| 实施期程 | 全年实施 |
| 相关法规 | 1.《中华人民共和国民法典》<br>2.《学生伤害事故处理办法》<br>3.《普通高等学校学生安全教育及管理暂行规定》<br>4.《学生意外伤害事故处理办法》 |
| 注意事项 | 1. 核实信息来源及真伪，及时汇报情况，第一时间赶赴现场<br>2. 尽全力救治意外伤害的学生<br>3. 安抚疏散围观学生，注意保护现场，留存相关证据<br>4. 保护学校及个人的名誉，任何人不得宣扬和编造事件缘由 |
| 办理方式 | 1. 校长办公室负责组织成立应急小组，启动应急预案，通知相关部门开展相关工作，明确各自职责<br>2. 学工处负责突发事件的信息报送、学生善后事宜及相关部门协调<br>3. 学院负责提供学生基本信息，做好学生家属的接待与安抚工作，做好相关学生的思想教育及事后恢复工作<br>4. 保卫处主要负责保护现场，控制局面，联系当地公安机关，配合调查取证，向学校及家属汇报事件调查结果，并协助处理善后相关事宜<br>5. 校医院主要负责伤员的救治，联系相关医疗机构，监测善后过程中人员健康，协助处理善后相关事宜<br>6. 财务处根据事件处理情况提供相关抚恤、处置费用 |

## 三、健康知识宣传

对于学校健康知识的宣传，在实际工作中可以按照图 5-5 的流程来开展实施。

# 第五章 高校学生管理工作之日常事务管理

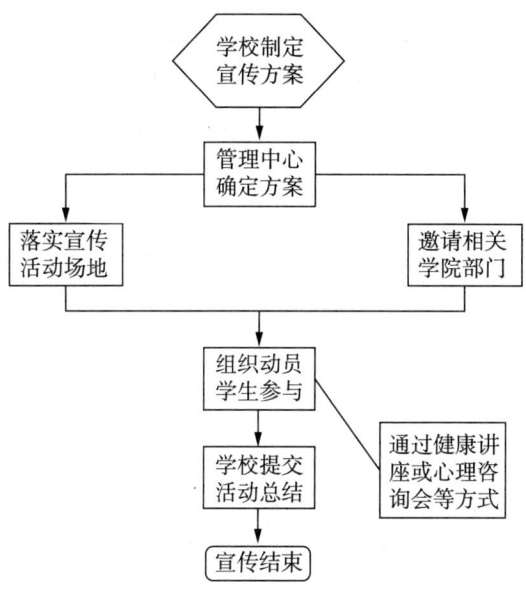

图 5-5 健康知识宣传流程

在上述所说的工作流程中，一些注意事项需要着重注意，具体如表 5-3 所示。

表 5-3 健康知识宣传流程中注意事项及工作说明

| 承办人员 | 学生工作处大学生管理中心 |
|---|---|
| 相关单位 | 各学院（课部）、校医院 |
| 实施对象 | 各园区学生 |
| 实施期程 | 全年实施 |
| 相关法规 | 《普通高等学校学生安全教育及管理暂行规定》 |
| 注意事项 | 1. 注意做好活动的宣传工作，提高学生参加的积极性<br>2. 及时了解学生的健康动态信息，并做好相关生理、心理预防工作<br>3. 做好相关部门及学生的协调工作 |
| 办理方式 | 1. 学生工作处大学生管理中心指导学院开展健康知识宣传，提供必要支持<br>2. 学院按目前健康宣传需求，邀请校医院或心理咨询中心开展相关讲座或咨询会<br>3. 各学院通过宿舍走访、海报横幅开展讲座、咨询会宣传工作<br>4. 各学院应鼓励学生参加相关健康讲座，提高自身防范意识<br>5. 学院向学生工作处大学生管理中心提交健康知识宣传活动报告或相关材料 |

对于工作流程中记录表的记录要点，相关管理人员要对其进行详细的记录，其内容主要包括宣传主题与宣传效果两个方面。

除了上述所说的之外，还需对相关的宣传活动做最后的总结工作。

## 四、医保服务

在这部分内容中，我们主要针对学生居民保险信息办理与学生商业医疗保险办理进行分析。

### （一）居民保险办理

学生居民保险的办理需要按照图5-6所示的程序进行。

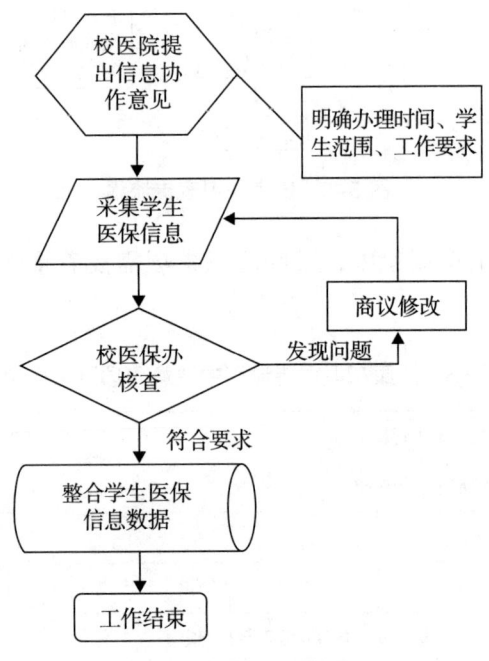

图5-6　办理学生居民保险流程

在上述我们所说的工作流程中，一些注意事项需要我们着重注意，具体如表5-4所示。

## 第五章　高校学生管理工作之日常事务管理

表 5-4　办理学生居民保险流程注意事项及工作说明

| 承办人员 | 学生工作处大学生管理中心 |
|---|---|
| 相关单位 | 校医院 |
| 实施对象 | 全日制普通本科生 |
| 实施期程 | 每年 9 月 |
| 相关法规 | 1.《国务院关于开展城镇居民基本医疗保险试点的指导意见》<br>2.《国务院办公厅关于将大学生纳入城镇居民基本医疗保险试点范围的指导意见》 |
| 注意事项 | 1. 学生医保信息采集应确保准确无误<br>2. 医保信息整合报送须及时高效 |
| 办理方式 | 1. 校医院向学工处提出书面协作意见<br>2. 学工处管理中心通过学籍信息库及新生学籍卡采集学生信息<br>3. 涉及学生个别信息处理时，由医保办或学生本人直接处理 |

对于工作流程中记录表的记录要点，相关人员要对其进行详细的记录，其内容主要包括学生个人信息与学生学籍信息两点。

除了上述所说的之外，相关人员还需要准备在校学生医疗保险信息统计表，具体内容如表 5-5 所示。

表 5-5　在校学生医疗保险信息统计表

| 序号 | 身份证 | 学号 | 姓名 | 院系 | 专业 | 班级 | 学生类别 |
|---|---|---|---|---|---|---|---|
|  |  |  |  |  |  |  |  |
|  |  |  |  |  |  |  |  |

### （二）商业保险办理

办理学生商业保险过程中需要按照图 5-7 所示的程序进行。

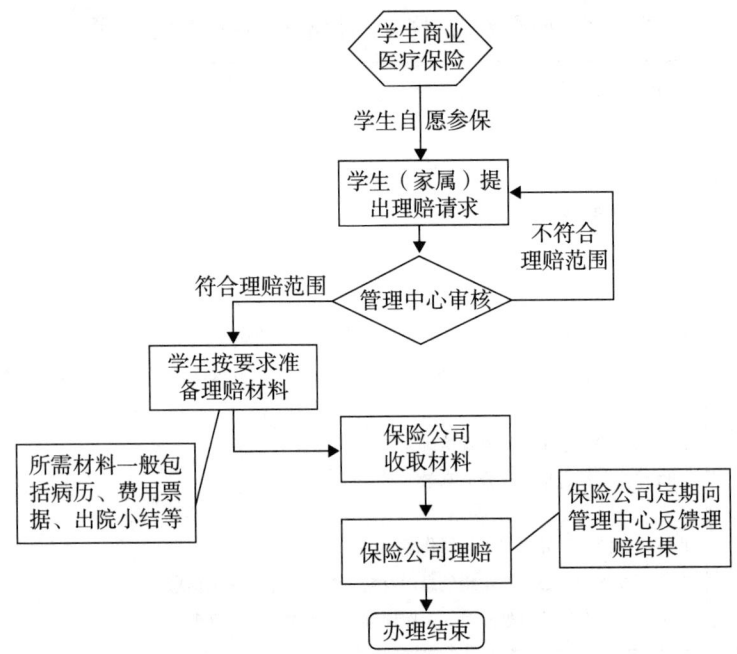

图 5-7 办理学生商业保险流程

在上述所说的工作流程中，一些注意事项需要着重注意，具体如表 5-6 所示。

表 5-6 办理学生商业保险流程中注意事项及工作说明

| 承办人员 | 学生工作处大学生管理中心 |
|---|---|
| 相关单位 | 各学院（课部）、保险公司 |
| 实施对象 | 全日制普通本科生 |
| 实施期程 | 全年可办理，一月内办结 |
| 相关法规 | 1.《中华人民共和国保险法》<br>2.《完善学生医疗保障体系、加强医疗保障工作会议纪要》 |
| 注意事项 | 1. 学生同时购买居民医保和商业医保的，应先行理赔居民医保<br>2. 商业医保办理确保准确、及时、高效<br>3. 定期统计保险公司理赔结果，确保服务质量 |
| 办理方式 | 1. 管理中心依据投保名单审核学生是否参保<br>2. 学生按要求整理理赔材料，保险公司定期到学校上门收取<br>3. 保险公司内部审核理赔申请，直接向学生或家长支付理赔金，并将理赔结果反馈至管理中心 |

对于工作流程中记录表的记录要点，相关人员要对其进行详细的记录，其内容主要包括理赔学生个人信息、理赔事由与理赔金额三个方面。

除了上述所说的之外，相关人员还需要准备学校商业保险投保协议与学生保险理赔证明材料。

# 第六章　高校学生管理工作之心理健康管理

## 第一节　学生心理健康管理的核心概念与理论基础

### 一、学生心理健康管理的核心概念

#### （一）大学生心理健康标准

关于心理健康标准的内涵，它随着人类社会经济与科学的发展而呈现动态发展趋势。其中，最经典的即是马斯洛（Maslow）和密特尔曼（Mittelman）共同提出的十条心理健康标准，主要包括有足够的自我安全感；能充分地了解自己，并对自己的能力有适当的估价；生活理想切合实际；不脱离周围现实环境；能保持人格的完整与和谐；善于从经验中学习；能保持良好的人际关系；能适度地发泄情绪和控制情绪；在符合集体要求的前提下，能有限度地发挥个性；在不违背社会规范的前提下，能恰当地满足个人的基本需求。这十条心理健康标准受到人们的重视，成为评判心理健康的标准。

近年来我国学术理论界针对大学生心理健康这方面的研究较为丰富，并提出了大学生心理健康标准。笔者在研究文献和结合高校大学生实际的基础上，认为大学生心理健康标准是：三观正确；人格完整；心境良好；人际关系积极和谐；自我评价客观；竞争意识良好；热爱生活、乐于学习和勇于追求人生价值。明晰大学生心理健康标准，是提升大学生心理健康管理水平的基本条件。

根据当前我国大学生的实际情况，在实践中，以下几条标准可在评判中着重考虑。大学生在阅读时，可以试着给自己的心理健康打分。假设是按符合程度，把心理健康分为5个等级，心理越健康，分数越高。

1. 智力正常

高智商的人，心理不一定都健康。因此衡量一个人的心理健康程度时，关键在于其是否正常地、充分地发挥了效能，即是否有强烈的求知欲，是否乐于学习，能否积极参与学习活动。

2. 情绪健康

其标志是情绪稳定和心情愉快。表现为对生活充满希望，愉快情绪多于负性情绪，能直面自己的不良情绪，善于控制与调节自己的情绪，情绪反应与环境相协调。

3. 意志健全

意志健全者在行动的自觉性、果断性、顽强性和自制力等方面都表现出较高的水平。意志健全的大学生在各种活动中应有较高的自觉性，能适时地做出决定并运用切实有效的方式解决问题；当遇到困难和挫折时，有恒心、有毅力，采取合理的应对方式解决问题。

4. 人格完整

即个人的所想、所说、所做协调一致。大学生应以积极进取的人生观作为人格的核心，并以此为中心把自己的需要、目标和行动统一起来；把人格作为人的整体的精神面貌完整、协调、和谐地表现出来，例如思考问题的方式适中、合理；待人接物的态度恰当灵活；对外界刺激不会有偏激的情绪和行为反应；能够与社会相适应，也能和集体融为一体。

5. 自我评价正确

正确的自我评价是大学生心理健康的重要标准。大学生要客观地认识自己、恰如其分地评价自己、能正视自己的缺点和不足，并悦纳自我，做到自尊、自强、自制、自爱。

6. 人际关系和谐

良好而深厚的人际关系，是事业成功与生活幸福的前提。其表现为：交往动机端正，积极的交往态度多于消极的交往态度，既有广泛而深厚的人际关系，又有知心朋友；在交往中能保持独立而完整的人格，有自知之明，不卑不亢；能客观评价别人和自己，善取人之长补己之短，宽以待人，乐于助人。

7. 社会适应正常

心理健康的大学生应能较快适应变化了的学习环境、生活环境、自然环境及人际环境等；即使突然发生意外变化或身处恶劣环境中，也能较快顺应环境并保持心理平衡。

8.心理行为符合年龄特征

大学生应具有与年龄、角色相应的心理行为特征，如果心理行为经常严重偏离自己的年龄特征，一般都是心理不健康的表现。

### （二）大学生心理健康管理

就大学生心理健康管理而言，它可以概括为高等教育管理机构、部门和学校针对当代大学生心理健康现状而制订的改善大学生心理健康状况、提高大学生心理健康水平的相关计划，建立专门的管理组织、机构或团体，为达到既定的管理目标有效运用组织拥有的各种资源（包括人、财、物、时间和信息等），进行协调管理的一个过程。

## 二、学生心理健康管理的理论基础

### （一）新公共管理理论

新公共管理理论整合了经济学中各基础项理论并充分发挥其理性，最终整合了经济、效率与效能作为基本目标。同时它作为一种新颖的公共行政管理理念，重新定义了政府职能和政府与社会之间的关系，并指出政府的角色发生实质性转变——从被动者转变为主动者，它时刻要求政府以追求人民群众利益最大化为自己的目标，进行市场化变革，实现多主体共同管理的形式。新公共管理理论主要包括战略层面、管理的内部要素控制、管理的外部构成要素三个部分。以下是新公共管理的基本内容。

1.将顾客作为政府服务的导向

新公共管理理论将政府职能进行了重新地定位，政府将是面向大众市场且坚持以人为本的"服务员"，在提供"公开、透明、优质"的原则基础上，充分给予公众公共服务信息的知情权与选择权，从根本上实现行政服务。

2.将管理理论与具体操作分开

政府相关部门将公共管理理论的管理理论与具体操作分离开，政府的管理人员不断将问题具体化、全面化，想出一切的可能性，尽可能平衡一切的竞争性，而其他的操作由专业的人员完成。这不仅使方案不断优化，也使得行政操作效率得到极大的提高。

3.政府借鉴学习企业的成功管理方法

新公共管理理论则强调顺应顾客需求,并根据其需求为其提供服务,广泛从私营企业中学习成功的管理手段与管理技术。以提高政府工作效率为例,政府的公共部门需要借鉴私营企业成功的绩效管理方法,在合法合理的前提下,结合自身情况,建立完备的绩效考核体系与灵活的评估标准,并且在不断地更新改进中,使自己的绩效管理更加科学、合理、规范与实用、准确。这样的方式,可以让更多的私营部门参与到政府的建设,让优秀的竞争方式融入公共管理之中。

(二)系统管理理论

奥地利生物学家贝塔朗菲(Bertalanffy)在1937年芝加哥大学的一次哲学讨论会上第一次提出"一般系统论"的含义,他认为要将生物学中的有机体当作一个整体或是系统来研究,将组织构建成一个开放系统,但这一理论直到20世纪60到70年代才被人们重视。[1]

当一般系统论被应用到人类的组织管理中时,人们又对其进行不断摸索和探究,最后由弗里蒙特·卡斯特(Fremont E. Kast)、詹姆斯·E.罗森茨韦克(James E.Rosenzweig)等美国管理学家在一般系统论的基础上凝练出一套专为系统解决管理问题的理论体系,即系统管理理论。

其核心观点主要是包括三点:一是组织是由多个相互独立、相互作用的要素组成的一个开放性社会技术整体系统。二是企业是由人、物、力等社会资源和自然资源在特定目标下组成的一体化组织系统,其中人是各种资源的主体。三是企业可被总结为是一个投入产出系统。因此,通过该理论进行组织管理,学校不仅能够提高整体管理效率,同时还能约束学生管理工作者不会因自身特殊职能利益而忽视组织的整体目标。

除此以外,系统管理理论观点还为心理健康学生管理工作者提供了科学的应用方法:要从整体出发,综合考虑对心理健康教育主体存在影响的因素;要重视心理健康教育活动中最根本的主体——大学生;要优化心理健康教育的内部、外界发展机遇等内外资源的合理配置。因此,系统管理理论为大学生心理健康教育管理提供了系统思路,在整体分析各因素的基础上总结出针对性的教育措施。

---

[1] 冯·贝塔朗菲.一般系统论 基础、发展和应用[M].林康义,魏宏森,等译.北京:清华大学出版社,1987:28-50.

### (三）权变管理理论

于 20 世纪 70 年代初诞生的权变管理理论在美国学者卢桑斯（F.Luthans）的《管理导论：一种权变学》中有较为系统的阐述。卢桑斯重视对组织内外环境的变化并进行动态跟踪及分析，同时适当、灵活地进行调整，然后选择战略性较高且具有前瞻性的发展战略。由于不同组织所处的内外部环境不同，因此制定的发展策略应当具有针对性，在详尽地分析了内外部环境所会造成的影响后，再制定针对性的策略，改变发展战略。权变理论的基本观点有以下两个方面：一方面是和多数管理理论所构造的基本适合的模式不同，权变理论要求根据理论所处的内外部环境发生的变化而灵活调整管理方案，以此来提高管理的针对性，从而达到管理效果；另一方面是组织如何通过对内外部资源以及环境的认识，采取不同针对性的管理方案，优化管理理念，更新管理手段。权变管理理论需要考虑到环境及其相关的管理因素，如管理理念、管理技术等方面的相互关系，并且通过更新管理理念和技术以达到目标。

因此在大学生心理健康管理工作中决策要权变、领导方式要权变、工作方式要权变。大学生心理健康管理最重要的就是决策，决策的正确与否直接决定大学生心理健康管理工作的水平高低，因此在进行决策时，学生管理工作者要从大学生心理健康管理的目标、内部环境、外部环境三方面进行充分考虑，同时依据个人能力等权变因素加以考虑。在权变管理理论中，领导方式没有好坏之分，只有合不合适之说，因此大学生心理健康管理要选择最合适的领导方式，并且要根据外部环境的变化及时调整领导方式，不同的领导方式会产生不同的效果。工作方式必须结合当前大学生心理健康管理的现状进行调整，以促进大学生心理健康管理的灵活性。在进行心理健康管理工作中，学生管理工作者需要对分权和集权进行考虑，要在管理工作一定集权的情况下进行适当的放权，以保证各级管理工作人员进行权变的可能性。

权变管理理论为当代大学生心理教育提供了新的思路，它要求学生管理工作者利用好内部的资源，同时根据外部环境，制定出适合组织的领导方式和革新管理的方法，高效地处理各项管理活动，实现管理目标。目前，对于大学生心理教育问题，大部分高校都制定出明确的规章制度。每个大学生所存在的心理问题是不同的，程度是不同的，产生的原因也是不同的，有来自个人内部的原因，也有来自外部环境的原因。所以现阶段各高校在开展大学生心理教育工作时需要更新理念。

## 第二节 高校学生群体心理特征及管理的主要措施

### 一、高校学生群体的心理特征

#### （一）低年级大学生的心理特征

1. 自豪感与自卑感

有幸升入大学的新生在父母、亲朋好友的赞扬声中来到了大学。他们当中多数人是中学时期的学习尖子，因其成绩优良而成为老师称赞、家长夸奖，同学羡慕的宠儿，伴随他们的常是自豪感和优越感。进入大学后，新环境中人才荟萃、杰出者众，不少同学发现原来在中学时的优势不复存在了。在面临学习成绩重新排列、各项技能考评比拼过程中，其局面可能从鹤立鸡群变成平庸之辈，这种心理落差会使有些新生吃不消或承受不了。新生的自豪感受到挫折后，会转而产生自卑感和焦虑。

2. 新鲜感与恋旧感

进入大学前，有些同学把大学看得过于神秘，把大学想象为理想的天堂，生活的乐园。刚踏入校园时，大学的新环境，新师生，新建筑，新内容，以及现代化的教学设施和仪器设备等，均可使新生产生一种新鲜感。然而，远离家乡和亲人，饭菜不可口，人际关系不协调，学习不适应等带来的诸多问题，使一些新生渐渐产生了想家、留恋中学时代师生等恋旧感，沉浸在往日的辉煌和自我陶醉的虚幻之中。

3. 轻松感与被动感

大学新生经历了高考的激烈竞争，备尝高考前复习的紧张与考试的痛苦，内心渴望进入大学后释放与轻松。于是，刚迈进大学校门的新生，常常有一种胜利后的轻松感觉。大学阶段的学习，对学习方式和方法有新的要求，即客观上要求自主学习，主观上要求自我管理。而一些新生则达不到这些要求，思想放松导致学习被动，加之学习方法不得当，使得第一学年的课程不及格率较高。

## （二）中年级大学生的心理特征

1. 世界观、价值观趋于稳定

这里的中年级是指大学的第二、第三学年。处于该时期的大学生，他们的世界观、价值观随着其独立思考能力的不断提高逐步建立，并趋于定型。他们对待人生的态度显得积极、阳光，多数同学在学习成绩、兴趣爱好、人际关系等方面向深入、稳定和提高的方向发展。

2. 思想活跃、兴趣爱好广泛

中年级大学生既无新生的不适应感，亦无毕业班的紧张压力，其学习、生活处于活跃时期。他们思想活跃，兴趣爱好广泛，不满足于书本知识，渴求开阔视野，培养技能技巧。他们努力发展专业情趣，涉猎课外知识技能；参加各种社团活动，努力丰富课余生活。

3. 认识加深，独立能力渐强

随着身体发育逐渐成熟、世界观定型及在校时间的增加，大学生彼此加深了了解，独立生活能力普遍增强，逐渐适应并喜欢上了大学生活。并且，随着相互了解的深入，部分学生的志趣、爱好逐步趋同，开始建立比较稳定的友谊关系。在大学集体生活中，中年级的集体向心力较低年级和高年级大。

## （三）高年级大学生的心理特征

1. 紧迫感

临近毕业的高年级大学生，深感很多知识没有掌握，诸多问题没有弄懂，许多事情没有做完，充分感受到时间的紧迫性，对未来的期望愈加强烈。因此，他们的学习自觉性和独立性增强，重视毕业实习和毕业论文，有强烈的被社会承认的欲望，危机感加深，成就感增强。

2. 忧虑感

随着毕业典礼的临近，许多高年级大学生具有不同程度的忧虑感。他们对能否找到理想的职业，专业是否对口，岗位能否适应，待遇是否满足期望，职业是否有发展等颇有担忧。在此时期，他们的心理活动比较复杂，心理状态不够稳定，心理压力较大，耐受力不大。

3. 责任感

多数同学对社会、政治、经济、生活中的重大事件比较关心，并把这些事件与自己未来的职业和发展相联系。大学生希望社会稳定，经济发展，国力增强；政策稳定，法规明确，管理监控到位；职责分明，反腐倡廉，提高质量效率；就业渠道多，能够发挥所长，工作有成就感。这些都会促使他们将所学知识与社会发展相结合，珍惜在校时间，不断提高专业水平和业务技能以适应社会需要。

## 二、高校学生管理的主要措施

### （一）较为重视心理健康管理

为进一步加强大学生心理健康管理，部分学校成立了"大学生心理卫生协会"，协会宗旨是关心大学生心理健康，关注大学生的身心成长。还有部分学校成立了大学生心理自助中心，这是服务于全校学生心理健康管理活动的校级学生组织，学生处（部）负责心理健康管理的老师定期对部门成员进行辅导，传授心理方面的相关知识，中心定期组织中心成员开展心理辅导，让学生担任心理辅导员，体验辅导员工作。实现在"助人、自助、互助"中发展与成长，这也是心理健康管理一种模式，让学生充当心理健康管理的主角，在学习中管理，在管理中借鉴，逐渐完善自己，完善其学院的心理健康管理，从而为心理健康管理体系的建立打下坚实的理论与管理基础。

### （二）建设较为完整的组织架构

部分学校已经拥有完整的心理健康管理组织架构（见图 6-1）。有的学校在建校初期就成立了大学生心理健康教育中心，同时学校还成立了大学生心理协会和各二级学院心理教育中心，且都配有专职心理辅导员，每班都有心理委员，同学们和老师们有各种需要帮助都可以联系各级组织与人员。

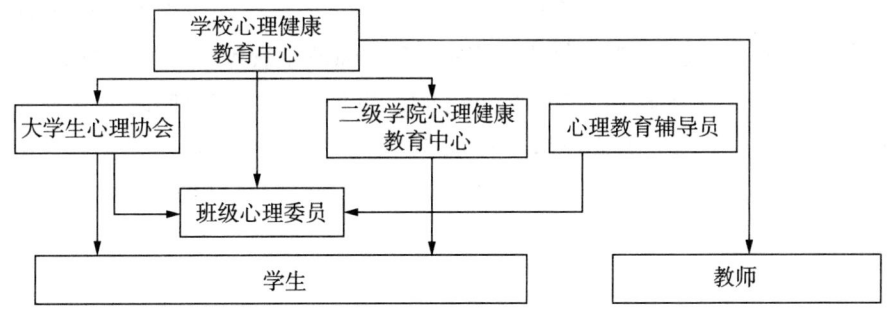

图 6-1 高校心理健康管理组织架构

### （三）配备心理辅导老师和辅导教室

目前，绝大部分高校均设有专门的心理咨询教师，各心理咨询教师也都配备有专门的心理辅导室、心理咨询室、团体心理活动室等较为专业、齐全的心理健康管理设施。心理咨询老师主修领域分布广泛，不仅有心理学专项老师，更有教育学、社会学等相关学科的老师，在一定程度上扩大了心理辅导老师的队伍。

### （四）心理健康管理活动组织良好

以盐城师范学院为例，该学校每年3月开展春季大学生心理健康教育月活动，并要求各院做好春季"重点关注"的学生约谈工作。每年5月25日举办大学生心理健康节，为促进该校大学生身心发展发挥了重要作用。2022年，第十八届的主题是"525——我爱我"，围绕这一主题，校心理健康教育中心精心设计了爱的抱抱、扎破烦恼气球、爱的摆拍、校园EMS、挥着翅膀的梦想、后背画板、舒缓身心体验——不倒翁共七项且为期一个月的丰富多彩的心理健康活动。以"爱的抱抱"为例，该活动由心理自助部的同学们佩戴好爱心眼镜、抱着心形玩偶，给路过的同学送上一个大大的拥抱。同学们以拥抱玩偶的方式，体验与自己拥抱的感觉。他们借助毛茸茸的玩偶，就好像与自己的影子在拥抱。这种方式能让同学们细心体验这种神奇的感觉，在拥抱中感受自我。最后的活动环节是进行拍照留念，记录同学们拥抱的温暖瞬间，让爱与温暖更加清晰地展现。这些活动对培养大学生的积极心态，塑造其健全人格，营造和谐校园氛围起到了促进作用。学校还特别重视开设的《大学生心理健康教育》必修课的相关课程安排工作，通过这项活动的开展，大学生提高了对于心理健康方面知识的了解，也意识到了心理健康问题的重要性。对于教育工作者来说，其在致力于大学生心理健康管理的同时，更加强调了管理在整个管理工作中所起到的作用，在解决学生心理健康问题时，更加注重了解决问题的管理方法，从某种意义上为心理健康管理体系的推广打下了坚实的基础。

## 第三节　高校学生心理健康管理各类主体及具体情况

### 一、家长

虽然大学生已经成年，但由于中国的家庭传统，家长对他们仍然有着极大的影响。

第一，父母是大学生的主要经济来源。无论是学费还是生活费，主要是由父母提供。虽然目前有部分大学生从事家教等兼职，但收入较低且不稳定。还有部分家庭经济困难学生获得国家的资助，但占学生总数的比例较小，一般在15%左右。[①] 此外在资助结构上，助学金对家庭经济困难学生的覆盖率高，国家助学金每年发一次，分一、二、三等，分别是4000元、3000元、2000元。助学贷款数额虽高，覆盖面却较小。综合这些情况可见，目前我国在校大学生的主要经济来源还是父母。

第二，父母是大学生的重要情感支持。绝大多数大学生还没有组建自己的家庭，和父母之间的亲子关系仍然是他们最亲近和最重要的社会关系。尤其是身为独生子女的大学生，其没有兄弟姐妹，在成长过程中父母占据了他们生活和感情空间的绝大部分。即便在他们进入大学后，这一状态仍然具有很大惯性，对于大一新生更是如此。随着大学时间的推移和逐渐成长，父母对大学生的影响才逐渐减弱。

第三，亲子关系、父母之间的关系尤其是婚变情况、父母的性格、父母教育方式等因素对于大学生心理健康有着十分明显的影响作用。目前这些因素基本都不在学校的工作视野内，学校未能采取有效的手段对这些因素进行干预和影响。

第四，个别大学生面临重大突发事件，例如严重违纪、身体健康出现严重问题、学业面临中止甚至终止等"紧要关头"时，父母是他们首选的支持来源。此外根据我国的法律体制和学校管理体制，家长也是对大学生负最终责任的主

---

[①] 李云驰.大学生心理健康管理[M].北京：中国社会出版社，2013：60.

体，一旦重大突发事件出现并超出大学生的应对、处理能力时，就必须由家长介入。

## 二、同学

同学是大学生日常交往最为全面、密切的社会关系，他们相互影响，主要体现在以下一些方面。

第一，同学交往是大学生人际交往的主要内容。为贯彻第12次全国高校党建工作会议要求，高等学校应当安排学生在宿舍和公寓内按班集体住宿，原则上不允许学生自行在校外租房居住。根据这一要求，目前我国大学生绝大多数在校内住宿，学习、生活主要都在校园内。在这样一个相对封闭的环境中，大学生彼此之间的交往就成了他们人际关系的主要内容。

第二，大学生的学业受到同学的显著影响。一方面每一个大学生的学业都直接受学风的影响。但学风建设并非一个或者几个学生的问题，而是一个班级、专业甚至全体在校生的问题。好的学风可以传染，坏的学风也一样会传染，这一点在工作实践中得到了证实。同一个宿舍的学生之间很容易在学习态度和行为上互相影响，例如同一宿舍的同学频繁到图书馆看书学习，其他人在这位同学的影响下也会频繁到图书馆学习。另一方面，相互之间的竞争对大学生的学业有一定的促进作用。学业成绩仍然是目前我国高校评定一名学生最主要的标准。在这种评价体系下，学业的好坏直接关系到奖惩、就业等一系列重要事项，事关每一个学生的切实利益，因此同学之间的学业竞争较为激烈，促使大家尽可能取得好的学业成绩。

第三，同学是大学生感情支持的重要来源。由于年龄相仿，大学生们拥有较为一致的经历，会面临相同或相似的问题，这为他们之间的感情交流提供了良好的基础。大学生进入校园并开始寄宿制生活后，同学迅速填补了其部分感情空白。尤其是部分学生在大学期间恋爱，恋人更是提供了重要的情感支持，对于这些恋爱中的大学生，爱情成为他们最主要的感情生活。

第四，同学之间容易共享观点，也容易影响彼此的观点。由于存在多方面的共同点和相似之处，大学生容易和身边的同学在思想和观点上产生共鸣。例如在就业问题上，同学之间喜欢互相参考。考虑到大学专业分类，这种参考具有一定的合理性，有利于他们在择业问题上做出正确的选择。人们倾向于和那些与自己观点相同或相似的人成为好朋友，大学生也不例外，这进一步强化了同学之间的互相影响。除了同年级的同学,大学中还普遍存在高年级经验向低年级的传递,无论是学业、生活还是就业问题,高年级学生的意见都是大学生的重要参考。

第五,同学之间可以实现"朋辈教育"。"朋辈"(peer)是"朋友和同辈"的简称,指年龄相近、职位相当、生活境遇相似的群体,他们之间可以是相互熟悉的,也可以是相互陌生的。"朋辈教育"是指教育者充分发挥大学生伙伴的作用,有计划、有目的地组织大学生相互传授学习、生活、工作等方面的经验,及时进行思想、心理的交流和沟通,引导伙伴尽自己所能给对方精神上的鼓励和学习上的帮助,让彼此充分体验身边伙伴的关爱,借以见贤思齐、激发上进,实现优势互补、互相促进、共同成长的教育方式。对大学生来说,朋辈群体是他们学习、生活的重要小环境,这一环境对他们的影响力甚至超过父母和老师。在朋辈群体内,大学生们交流思想、讨论问题、探究经验,并逐渐形成自己的思想和价值观念。因此,如何发挥好朋辈群体的作用,利用"朋辈教育"促进大学生健康成长和全面发展,是学生管理工作者需要认真考虑的问题。

## 三、辅导员

辅导员是学生日常管理的主要实施者。辅导员通过政治导向、思想指引和行为管理等,对大学生的成长发展起到十分重要的作用。辅导员深入学生当中,能够贴近学生并了解他们的日常学习、生活和思想情况,同时也能及时发现并帮助学生解决各种问题。

第一,负责大学生的日常管理,包括日常行为管理和就业、资助、奖惩等学生事务。辅导员深入课堂、宿舍等学习、生活场所,近距离地了解大学生的学习、生活和思想动态,发现存在的问题,并在第一时间给予关怀和帮助,把温暖、关心带给学生,在解决实际问题的同时赢得学生的信任。在日常工作中,辅导员教育学生遵守各项规范,对违纪学生进行教育和处理;对于家庭经济困难、学业困难、生活习惯不良、心理异常等学生,辅导员尤其予以重点关注。

第二,成为重要的信息枢纽和协调中心。对于学生中出现的专业困惑、行为心理异常等问题,辅导员一般并不直接干预。一方面他们和班主任、心理咨询中心等沟通,报告有关信息,引起他们的注意和介入。另一方面他们主动协调专业教师等有关主体帮助学生解决问题，消除困惑。在必要情况下，例如学生受到多次学业警示面临退学时，辅导员还要和学生家长联系，取得家长的配合与支持。

第三，培养学生骨干队伍。辅导员负责班级干部以外的其他学生骨干的培养和管理，包括团委、学生会干部等，这支队伍也是辅导员开展大学生思想政治教育的得力助手。辅导员通过发挥学生骨干的积极作用，培养学生自我教育、自我管理和自我服务，促进学生的自主、全面发展。

第四，指导学生开展第二课堂等活动。辅导员围绕育人中心工作，结合大学生思想政治教育的目标，组织协调多方面的教育资源，运用主题宣传、校园活动等多种载体，指导学生开展第二课堂、社会实践等活动。这些活动，促进了大学生综合素质的增强和实践能力的提高，同时丰富了校园文化建设。

第五，协同班主任开展学风建设。辅导员从学校和学院这一层面协同班主任开展学风建设，通过课堂考勤、宿舍访谈等形式，帮助学生明确学习目的，端正学习态度，改进学习方法。此外辅导员通常还协助教学部门组织学生的实习、实训等实践教育环节，这也是加强学风建设的有用抓手。

## 四、心理咨询教师

第一，开展心理健康教学。心理健康教学课程包括必修课和选修课。必修课实现对所有学生的全面覆盖，主要普及心理健康知识；选修课程针对那些希望深入了解心理学知识或对心理学相关专业领域感兴趣的同学。就目前而言，我国高等学校的心理健康教学还是以心理卫生知识普及为主，力图引起大学生对心理健康问题的重视，帮助他们掌握初级的心理保健方法，提高心理健康水平。

第二，心理咨询。心理咨询中心通过心理普查、日常排查等手段，发现可能存在心理问题的学生，并通过约访、侧面了解情况等进行主动干预。在日常工作中，心理咨询中心还通过热线、接待来访等为主动上门寻求心理咨询的学生提供咨询服务。除此以外，辅导员、班主任、后勤管理人员等在日常工作中也会发现行为异常的学生。根据他们提供的具体信息，心理咨询教师对这些学生进行排查，并根据排查结果开展相应的工作。如有必要，心理咨询中心还会根据具体情况，对接受咨询的部分学生采取其他形式的心理干预。

第三，开展团体咨询和辅导。针对不同的学生群体，例如新生班级、学生干部等，通过团体咨询、团体辅导等方式，增进团体成员间的人际和谐与团体建设，加强彼此之间的情感支持和学习交流。工作实践表明，团体咨询和辅导不但可以促进团体建设，还可以提高个体对心理健康问题的认识，通过集体的力量加强个体抵御心理问题的能力，并帮助个体充分挖掘和发挥自身发展潜能。

## 第四节　高校学生心理健康管理体系的系统构建

### 一、心理健康管理理念构建

#### （一）树立"保护、帮助、规范"的高校心理健康管理目标

大学是知识获取、能力提升、价值观形成的重要阶段，在这个时期，大学生们不仅要接受新的专业知识，还要对自己的人生观、世界观进行完善。这一时期，引导和教育大学生心理健康的重要责任也将由学校承担。因此，以学校教育为主导的心理健康教育机制就自然成为大学生心理健康教育管理的基础保障。

现如今，高校学生的法律意识日趋增强。我国《精神卫生法》第二十三条明确规定："心理咨询人员应当尊重接受咨询人员的隐私，并为其保守秘密"。较为健康的心理咨询关系，是心理咨询能够正常有序进行的基础，而良好关系的构建则依赖于健全的心理咨询制度，让被咨询者能够感受到自己的隐私被保护，这样才能有最好的效果。要健全心理咨询制度，可针对教育机构提出相关细则及监督保密制度；强化高校心理档案等内容的保密处理，泄露则追究责任到个人，根据情节给予应有的处罚；强调高校对于档案查询记录的人员权限，非专业人员不可查阅有关档案；可根据《中国心理学会临床与咨询心理学工作伦理守则（第二版）》等伦理规范总结出保密工作中可能出现的例外情况，让高校心理工作者有据可查、有理可循。

另外，从高校内有关大学生心理健康教育管理参与主体出发，分析其有关作用和影响。首先，高校辅导员要帮助大学生群体树立正确的心理观，不仅是避免心理问题的发生，更重要的是正视心理问题，而不是偏见和逃避；其次高校可在班级中挑选学生作为学生干部，他们和同学们朝夕相处，对于身边同学

的状况比辅导员、心理咨询师更熟悉，因此学生干部的有效选择和发挥作用有利于提升大学生心理健康管理问题的预防和介入效果；再者，高校在课程设置上，可相应为各年级大学生开设一门或是多门有关心理问题诊断、心理健康教育咨询相关的必修课程，引导学生在生活中遇到有关问题后要学会先进行自我调节和排解；最后，高校可利用社团开展志愿活动、公益活动等方式让大一新生、应届毕业生等大学生群体在互动、付出、交流和收获的过程中有效解决在人际交往中遇到的问题或是排解应届毕业生面临步入社会的焦虑等各方面面临的问题。

## （二）加强对学校心理健康管理的支持机制

学校心理健康教育工作包括课程教学、心理咨询、教师队伍建设、成立相关协会和开展各种活动这四个方面。首先，就课程教学而言，学校一方面需要改变课时开设少、专业教师匮乏以及大学生心理健康管理水平质量不高的状况，另一方面要着手培养相关心理健康管理专业人员，对从事心理健康管理的教师进行编制，并制定一系列激励措施。其次，学校开展的一系列心理健康活动，需要给予人力、物力和财力的支持，以解决相关人员常常需要去募捐的困难。最后，学校也需要给予学生心理健康协会和相关社团一定的活动经费，以帮助学生进行更多更好的"心理自助"活动，但是一定要控制资金流向，跟踪资金使用情况，以确保资金真正地被用到整改大学生的心理健康管理工作中，并定期对整改情况进行相关调研。

我国政府应该加大对高校心理健康教育工作的资金投入，同时设立专项资金，划入高校发展计划，确保其用于高校的心理教育工作。基础设施建设方面，可以加大投入改造高校现有资源，建设心理教育工作专用平台，并将心理教育功能融合到基础设施中，从而更好地发挥从高校内部进行心理教育的优势；师资建设方面，要增加对师资建设的资金投入，鼓励教师进行心理健康教育的专业技能培训；在科研课题方面，应避免盲目复制一些国外的研究和思想，如果没有具体问题具体分析，我国心理健康教育工作的水平仍难以提升。高校心理健康教育工作可设立鼓励政策，倡导广大教师能够投入具有中国新时代特色，符合中国现有国情的心理教育建设中。

另外，政府还要组织社会多方力量，加强对心理健康的宣传。首先，政府应倡导社会对心理教育发展的认识，为该工作提供一个较为开阔的平台。同时，呼吁社会各界人士关注心理健康问题，并将社会中的正能量传递出去，强化全民心理健康意识。其次,引导社会组织参与到大学生的心理健康工作中去,社会组织以其第三方的身份,能够更加公平、更加客观地为心理教育提供服务。最后,在信息爆炸的网络时代,有效地利用网络的高效、便捷,收集国内外相关信息,结合我国文化底蕴和国情,将有效的知识以图文等形式通过网络传播给社会民众。

### (三)营造高校心理健康管理的文化氛围

认真学习、宣传和落实国家和教育部有关大学生心理健康管理的文件,同时,了解大学生心理健康现状,是提升学校对大学生心理健康教育认识的基础。相关文件的学习、宣传不能只是涉及几个相关领导人员,还需要动员全校教师与学生,让所有师生共同关注大学生心理健康现状和认识到实施大学生心理健康教育与管理的重要性和必要性。只有全校师生都关注和重视了这一问题,其具体计划和相关活动的实施才具有必要的基础土壤,其相关活动和措施落实才会获得预期效果。因此,高校要继续搞好学校举办的大学生心理健康月活动,丰富活动的内容和形式,扩大宣传范围,强化宣传效果;扶持和协助学校大学生心理健康协会等团体积极开展活动,让大学生把心理健康咨询当作定期体检。这对于提升大学生的心理水平具有重要意义,这要求高校在举办以心理健康管理为载体的活动的同时,要注重对大学生心理健康教育方面的宣传,务必做到宣传范围大,效果好,为后期大学生心理健康管理体系的全面推广做好前期准备工作。

校园文化是学校的精神文化和校风的写照。一旦形成良好的校园文化氛围,它将会和社会的主体文化一样,具有深远的影响,成为培养人才的重要方法和改变教育方式的动力。高校要注重开展以心理健康为主题的宣传活动,并且举行各种形式的宣讲会、讲座、知识竞赛等活动,培养学生关注心理健康的意识,形成良好的校园文化氛围,让高校学生可以在健康的校园文化中培养积极的心态。

## 二、心理健康管理活动载体构建

### (一)促进大学生心理健康管理体系下的全员参与

1.有意识地将心理健康教育内容渗透到学科教育中

一方面要增强任课老师重视心理健康教育普及化的意识,另一方面学校要建立心理健康教育资源库,方便教师在学科教学中适当及时地穿插心理健康教育内容。这方面的功夫要下在平时,要做好教育素材(包括图片、视频、电影、案例资源、音乐等)的收集与保存工作。

2.开展多样化的心理健康辅导活动

要突破常规,不要拘泥于形式,只要是对学生心理健康教育有意义的活动,都可以采取与进行。定期举办以心理健康教育为主题的大讲堂活动,邀请"榜样人物"来校做讲座,举办歌舞比赛,在学校宿舍放置专门的信箱,碍于脸面的学生可以通过写信的方式向老师倾诉心事等学生喜闻乐见的活动形式,帮助他们释放压力的同时给他们带来积极向上的活力。

3.提高全校教师的心理素质

让教师健康良好的行为表现为学生起引领和表率作用。在此基础上,也应加强学校、社会及家长等多方面的合作,合力营造良好的心理健康管理环境。

4.注重社会实践基地建设

高校可配合课程内容的需要,与有关单位合作,比如脑科医院、心理医院、精神医院、监狱、戒毒所等,将这类单位作为开展大学生日常教育的社会实践基地。另外,高校也可组织学生走进社区、下基层等开展社会义务工作和心理健康教育相关的社会调查类活动,以促进学生心理健康教育的内化。

**(二)创新高校心理健康管理体系下的课程组织与方式**

就教学内容而言,除了心理健康课外,可根据大学生实际需要,开设就业与心理、恋爱与心理、压力与心理健康等教育课程,缓解应届毕业生就业压力和提高大学生群体抗击打的心理能力;与此同时,面向大学生开设心理学相关方面的选修课程、心理健康教育专题或开展系统地心理知识培训,让学生更多地了解和自觉地调适心理压力与心理问题。

就教学方式与手段而言,一般的课堂教学在传授心理学知识的同时,还要注重提升学生的学习兴趣。教学方式包括但不限于开放式教学、互动式教学、情景式教学以及实验性教学等"互联网+"下衍生出的新型教学模式。

开放式教学,一是指课堂的开放,可以让更多的同学进入课堂听课学习。二是指在学校食堂等地通过知识图片的展览、短小的科教电影放映、主题沙龙研讨活动等方式,让大学生群体在放松自然的情境下顺其自然地接受心理健康教育,认识到正视心理问题的重要性以及学会舒缓压力与调整心态的必要性。

互动式教学可以让学生参与到具体的活动中去，其主要表现在：一是让学生直接参与到组织的心理健康教育活动中去，他们既是活动的组织者，也是活动的受教者，能潜移默化地提高自身的心理素质；二是让学生参与教学内容和教学形式的选择，以便学生在查阅教学内容的同时自觉地提高相关问题的认知，让大学生从心理健康管理相关活动中，从活动的参与者向活动的组织者转变，可以说这一方法在增加学生参与度的同时也提高了教学效果。

情景式教学可以通过情景剧和心理健康咨询情景的模仿来实现，这一模式不仅要求学生要有充足的课前准备，如广泛地查询相关知识以备表现之用，同时，也通过学生作为心理咨询师和剧中人物，得以从心理上锻炼自己，因而教学效果显著。

需要注意的是，不同的教学内容要与不同的教学方式和手段相适应，同时，师生还要有较多的课后时间与精力做准备和配合。因此，大学生心理健康管理要因人而因，因地制宜，对于在各高校不同的地理环境、人文素养下大学生群体所表现出的具体心理情况，要综合考虑并选择适当的教学模式。

### （三）加强高校心理健康管理体系下的人员配备

1. 心理学专业教师队伍的建设

学校在适当引进专业教师的同时，更要考察教师的专业素养和相关经验与经历。条件许可时，可引进行业专家进行指导和培训，以充实专业教师的整体素质和水平，从而提高学校的心理健康教育与咨询服务的层次。同时，也可以聘请社会上专业的心理咨询师，这部分人既有丰富的咨询经验又有扎实的专业功底。

2. 辅导员带入心理健康教育工作的师资建设

从某种意义上来说，辅导员更是学生心理健康教育的主力军。他们几乎每天都与学生接触，也比普通的任课教师更了解学生有怎样的心理压力以及心理健康状况。因而，他们能够第一时间发现学生心理健康问题，并及时出现在学生面前开展实质性的帮助和疏导。同时，辅导员也是班级心理辅导活动的带领者和组织者。相较于校级组织的心理咨询活动，班级内部的心理座谈会更容易让碍于情面、害怕非议的大学生群体接受。故而，提升辅导员队伍的心理健康专业教育水平意义重大，这就要求学校要对这部分任职教师进行系统性的培训，以确保大学生心理健康教育管理工作的高效进行。

3.任课教师队伍重视心理健康教育工作的意识建设

任课教师虽与上面两类教师的专业和承担的任务不同，但他们本身的形象、课堂以及教学内容，都会给学生产生一种潜移默化的影响。任课教师对每位学生鼓励和欣赏的眼神，耐心听取学生的话语或意愿的交流和沟通以及课业测试公平公开公正的结果，等等，这些都会给学生的心理带来良好的影响，也有利于缓解存在心理健康问题学生的负面情绪，因此，任课教师队伍要清楚自己的地位，明白对大学生心理健康管理水平的提高所起到的作用，学校要充分意识到这支隐形的心理健康教育师资队伍存在的重要作用。

## 三、心理健康管理组织构建

### （一）建立网络化心理健康管理组织

随着我国健康教育管理相关政策的不断完善和落实，健康教育管理事业也呈现蓬勃发展的势头，高校应该抓住互联网的时代机遇并借此之势，"因地制宜"式地制定并健全相关健康管理制度体系，将学生健康教育管理体系进一步规范为规章条例，构建的健康教育管理体系实施平台要以学生发展中心、心理咨询中心和校医务室三大校内学生管理机构为支撑。

利用"互联网+"时代下信息快速传播的特点，高校要摒弃"班级—辅导员—学院—学校—心理咨询室"的上报机制，转变为及时有效地收集相关心理问题，由学生自主选择干预机制，同时学生发展中心要将有关案例进行整理、分析、评估影响大学生心理健康发展的相关因素，并为本校学生制定一系列高校心理健康教育管理方案。

目前的心理健康管理组织是单纯地存在自上而下的管理结构，在学校设立心理健康管理方面的相关部门，由相应的校领导全权负责；在各二级学院内部设立与学校心理健康部门相对应的心理健康管理小组，由各二级学院的党委书记担任小组组长，各辅导员担任小组成员，由辅导员负责联系所带班级的心理委员，心理委员统筹本班级各舍长，最后由舍长对舍员进行心理健康管理与监察。同时心理健康管理组织也要实施自下而上的反馈沟通机制，大学生心理协会要在其中起到关键的作用，给予学生和老师更多的沟通机会，提供各层级服务给每一位需要的同学，保证大学生心理健康管理的及时性、高效性，对于有心理健康问题的学生能够及时地给予关照和帮助，在后续的生活中，能够进行监督，从而形成一种双向的、具体完善的、科学有效的大学生心理健康管理体系（详见图6-2）。

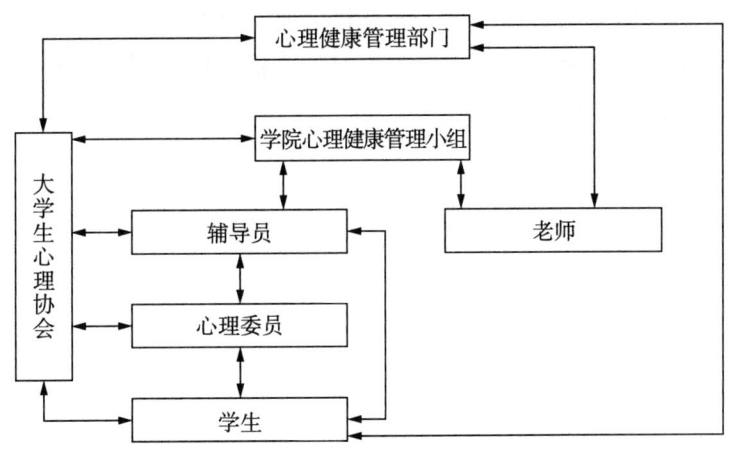

图6-2 网络化心理健康管理组织

## （二）针对不同学生进行差异化重点管理

基于心理健康管理机制，心理健康管理部门要及时发现有心理健康问题的学生，并建立这部分学生的档案，以便后期的监督与管理。对于有心理健康问题的学生，日常管理要因人而异，即根据每个有心理健康问题的学生的具体情况，制定一系列有助于提高其心理健康水平的管理措施，并在后续的管理中充分体现出来。管理措施实施后，学生心理健康情况是否有改善、改善效果如何都应该记录在其档案中。此外，在大数据时代背景下，我们可以专门设立一个心理健康问题学生档案库，根据心理健康情绪等方面产生的原因对档案进行归类，使用软件管理系统对所收集的档案进行存储，并进行分析及归纳，为后期有类似心理健康问题学生的管理工作提供相关的指导意见。

总之，构建大学生心理健康管理体系是大学生心理教育管理的一大重要举措，它也为大学生心理健康管理指导提供了一种新型管理模式。

## （三）明确高校心理管理体系责任机制

大学生心理健康教育管理的主体显而易见的就是高校大学生群体，但由于大学生群体呈现出正逐步走向成熟但尚未真正成熟的心理特点，高校在开展心理健康教育管理工作时，不可避免地就要面临较大的风险与责任。因此对大学生健康教育过程中的各个参与主体的责任以法律政策的形式进行强制性规定就显得尤为必要。首先，参与主体必须清醒地认识到严格执行的重要性，积极主动地承担风险，否则法律政策就成了纸上谈兵；其次，各个参与主体之间要树立共担风险意识，不能因为自身的利益目标而忽略心理健康教育主体；最后，政府主体要在心理健康教育管理过程中起到监督作用，制定相应的惩处措施，并将执行情况纳入个人信用记录。

# 第七章 高校学生管理工作之就业管理

## 第一节 高校学生就业管理的系统概述

### 一、大学生就业管理的概念

#### (一) 就业管理

就业管理就是对就业工作实施管理职能,是指党组织、政府机构、学校与其他主体运用法律、法规、政策、道德、价值等就业规范体系为求职人员进行服务、协调、组织、监控、激励的过程和活动。

#### (二) 大学生就业管理

大学生就业管理是指高等学校运用就业规范体系为大学生进行服务、协调、组织、监控、激励的过程和活动。它的目标是:积极为用人单位和大学生提供有效信息和服务,引导大学生正确认知自我,科学判断社会对职业的需求和要求,指导大学生找到与自身个性特征和能力素质相匹配的职业,有效、快捷、全方位地与实际工作相融合,在工作中实现人生和社会价值。

### 二、大学生就业管理的意义

#### (一) 有利于教育体制的改革

大学学生就业管理工作是学校与社会联系的纽带。大学培养的人才是否能够适应社会的发展与时代的变革,一方面要及时了解社会需求,另一方面要以此为依据加紧教育教学与管理工作的改革。完善的学生就业管理工作可以使学校及时掌握社会需求以及社会对于学生的要求,并根据社会需求有针对性地进行教育改革,提高办学效益。

### (二) 有利于大学生的成才与发展

职业在实际生活中，不仅是个人生存的依附条件，而且应该是个人发挥个体力量参与社会建设，为社会做贡献的载体。择业是人生的关键问题，面临择业，如何分析自身的优劣情势，怎样看待不同岗位的利弊得失？学生就业管理工作，能够帮助大学生树立正确的人生观、价值观以及择业观，帮助大学生正确认识择业过程中出现的问题以及在面临抉择时做出正确的选择，从而为其成才与发展打下良好的基础。

### (三) 有利于人才资源的合理配置

在市场经济条件下，如何合理地配置人才资源，使大学毕业生能够学有所长、学有所用，已成为大学生就业管理的突出问题。大学加强学生就业管理，一方面可以使用人单位了解各类专业情况和适用方向，了解大学毕业生自身的多种情况，以便合理安排、科学任用；另一方面，可以帮助毕业生树立正确的择业观，科学地分析自身的条件和现实的就业需求，充分了解社会发展对人的需要，最终使人才资源合理配置。

### (四) 有利于大学生顺利就业

在缺乏学生就业管理或学生就业管理极不完善的前提下，大多数学生只有在临近毕业的前提下，其求职意向才会逐步清晰和随着现实条件转变趋势。在这样的前提下，毕业生往往不能客观评价，期望值过高。加强大学生就业管理可以帮助大学生用正确的价值观念、道德标准和行为规范参与求职择业活动，增强大学生适应新的就业形势的能力，为大学生提供准确的社会需求信息和择业技巧，从而为毕业生顺利就业搭好桥梁，铺平道路。

### (五) 有利于社会的稳定与发展

大学毕业生是社会就业群体中的特殊群体，他们知识层次高、活动能力强、影响力大，是关系社会稳定的重要因素。大学毕业生一旦获得了较满意或较适合的职业，又能在实践中发展自己，实现自我价值，他们的积极性和创造性的调动就有利于社会的发展。只有在上述的大前提下，正常的生产秩序、工作秩序、生活秩序和社会秩序才能得到维护，才有利于社会的稳定，有利于促进安定团结。

### 三、大学学生就业管理的原则

#### （一）思想性原则

大学生就业管理的过程就是对毕业生进行思想教育的过程。在大学生就业管理中，要引导学生树立正确的职业理想和职业观。这不仅是职业导向和教育的基本内容，也是高等学校思想政治教育工作的重要内容。

#### （二）协作性原则

对于高等学校就业的主体——大学毕业生，大学学生就业管理部门及有关工作人员要对大学毕业生进行引导，为他们提出建设性意见和提供必要的帮助。比如，对学生进行思想政治教育，帮助其树立正确的职业理想和职业观，或为其提供社会需求信息，讲解有关的政策法规，等等。该工作必须由学校、社会、学生等主体相互协作，方能完成。缺乏某一方的支持，都会对大学生就业管理工作产生不可忽视的影响。

#### （三）效益性原则

大学学生就业管理的最终目的是使学生、学校和社会等各方都能获益。如果每个毕业生都只依据自己的特点去选择职业，很可能会出现热门地区、热门产业人才满溢的现象，而相对落后的地区或产业又可能出现无人可用的状况。因此大学学生就业管理要在综合考虑社会需求与学生实际、学校所设专业以及培养层次等情况下，更好地对学生进行引导和管理，并把国家、集体、个人三者的利益结合起来，既要从社会需要出发，做好学生的思想工作，又要设法解决学生的具体问题和困难；既要保证学生心情舒畅地离开学校，奔赴工作岗位，又要保证大学生满足国家建设和发展的需求。只有达到以上要求，才能使大学生就业管理工作取得最大效益。

## 第二节　高校学生就业管理的历史沿革

### 一、计划经济体制下的大学生就业管理

1949年中华人民共和国成立，百废待兴，社会各个领域都急需人才，国家

也开始重视大学生的培育。大学生是天之骄子，是社会高级人才，是有着知识和活力的建设者，为了让他们尽快投身到国家的各项建设中来，国家对大学生采用"统包统分"的就业分配方式，根据经济发展的特点和社会进步的需求统一进行计划安置。在这段时间内，大学生的分配先由计划部门统一下达分配计划，再由教育部门和人事部门制订同意调配计划，然后由用人单位的各大系统统一指定分配方案，最后由学校统一制订派遣计划。①。学校的就业管理工作也只是局限在贯彻执行教育部、原国家计委、国家人事局1981年发布的《高等学校毕业生调配派遣办法》(现已废止)和当年国家的分配工作的指示精神，教育毕业生从国家利益出发，服从国家分配。在这一阶段，高校对毕业生提供的就业管理仅仅局限在派遣、户口、档案等行政工作内容。

## 二、市场经济体制初建阶段的大学生就业管理

20世纪80年代中期至90年代中期是毕业生分配制度改革的过渡时期，每年国家都针对就业制度改革的新形势、新情况出台相应规定。1986年，原国家教委根据《中共中央关于教育体制改革的决定》的文件要求制定出了改革方案，针对国家教委所属高校和部分部委院对毕业生的分配计划采用了新的安排方式，也就是"任务"制。为确保能够为国家培养众多重点建设所急需的人才，由国家教委及主管部委首先下达重点计划的人才数量，学校根据计划提供一定数量的人才，而与此同时在一定的范围内，毕业生和用人单位可以互相选择。这一阶段中很重要的一点就是将竞争机制带入高校，逐步让毕业生适应市场化经济的要求，有利于促进大学生进一步发现自身的不足，从而完善自己，增强自身的竞争力。

在"双向选择"阶段，随着高校毕业生就业制度的改革发展，高校与用人单位之间的交流也开始加强了，高校在毕业生就业管理方面开始逐渐发挥作用，主要任务从派遣手续和档案发放等行政工作向疏通就业渠道过渡，逐步成为毕业生和用人单位之间的桥梁，为供需双方提供服务。高校的大学生就业管理工作也开始慢慢步入正轨。

## 三、市场经济改革深化阶段的大学生就业管理

"双向选择"只是毕业生就业工作的过渡性政策，在市场经济进一步完善

---

① 陈令霞. 我国大学生就业政策演变及其价值分析[D]. 沈阳：东北大学，2006：12.

后，以市场为导向的就业制度逐步建立。具体标志为1993年正式实施的《中国教育改革和发展纲要》，其中详细地解释了针对高校毕业生目前的就业制度存在的问题，改革的方向和目标是：把过去"统包统分"的高校毕业生就业制度改为以市场为导向的"自主择业"就业制度，这样更有利于实现高效率的就业水平。《纲要》的颁布实施标志着我国高校毕业生"自主择业"就业制度的开始。2000年教育部将派遣证改为就业报到证，意味着我国高校毕业生就业制度开始真正步入市场化的轨道。目前，我国高校毕业生就业政策的主要依据是由教育部于1997年3月24日印发并实施的《普通高等学校毕业生就业工作暂行规定》。这是指导毕业生就业工作的最根本、最原则性的法规，并且对大学生就业的各个环节进行了详细的规定。该法规主要从毕业生就业工作程序、毕业生就业指导与毕业生鉴定、供需见面和双向选择活动三个方面进行了介绍。

在我国高校毕业生就业制度改革的基础上，高校大学生就业管理工作也开始蓬勃发展起来，就业管理相关的理论研究与实践活动也逐渐增加，高校相继建立了"大学生就业指导中心"等就业指导机构，并开设了就业指导相关课程。近年来，大学生的就业问题成为全国人民普遍关注的问题。国务院、教育部多次发文要求：各地各高校要增强对高校毕业生的职业引导，提高就业服务的水平，要积极完善就业指导课程，深入推进学科建设，大力开展就业指导服务，强化就业指导的针对性。如2021年10月12日，《国务院办公厅关于进一步支持大学生创新创业的指导意见》（以下简称《意见》）公开发布。《意见》指出要聚焦大学生创新创业需求，将有力服务和引导更多大学生投身创新创业。放眼未来，中国当代大学生必将绽放自我，奋力跑出中国创新的加速度。

# 第三节 高校学生就业管理的主要内容

## 一、思想政治教育

### （一）就业方针、政策宣传

针对当前的就业形势，国家和各级政府也在积极地帮助大学生创造更多的就业机会，对相关就业方针、政策进行宣传，积极引导鼓励学生面向基层、面向中西部地区、面向国家需要的重点行业、重点领域就业，并对学生讲解相关的鼓励性和优待性政策，教育和帮助学生清楚地认识国家大局和个人需求的关系，在实现社会价值的同时，把自己的个人价值与国家利益紧密结合起来。

### （二）就业教育观

正确的就业观对大学生的就业影响举足轻重，不仅可以帮助大学生树立坚定的就业信心，克服在就业过程中遇到的困难，而且会对毕业生以后的职业发展生涯和人生道路发挥积极的作用。随着高等教育的大众化，当代大学生要树立大学生已不再被称为天之骄子，各行各业都需要大学生要有"大众就业观"，要有通过竞争来获得理想职业并实现自身职业理想的"竞争就业观"，要有从对渠道、多门路、多方面入手实现就业的"多渠道就业观"，等等。近年来各级政府陆续出台鼓励自主创业的相关政策，大学生要紧紧把握机遇形成"自主创业观"。

## 二、就业指导

### （一）职业生涯规划

高校要培养大学生职业生涯的意识，帮助其正确的认知自我，正确分析职业环境，制订出符合自身的职业生涯规划，实现自我的职业发展，并且向大学生提供专业化的职业测评、咨询和辅导，做到人职匹配。

### （二）择业技巧

毕业生的应聘其实就是他们不断地认识自我，向社会单位推荐自己，让社会接纳自己的一个过程。这个时候，择业技巧就显得尤为重要，它事关毕业生是否能应聘成功，能否找到适合自己的岗位。这就要求我们一定要让毕业生认清当前的就业形势，树立正确的就业观，提升其就业能力，调整好就业心态，做好求职资料准备，了解求职程序，还要在就业的权益维护方面帮助毕业生了解相关的法律法规，避免求职的陷阱，保障其合法权益。

### （三）创业指导

创业指导包括从创业意识的培养到创业的准备再到创业的实施整个过程的指导。高校还要向大学生传授当前国家和地方的各种创业优惠政策，积极鼓励大学生抓住机遇，自主创业。

## 三、就业心理指导

高校大学生在遇到一连串的求职挫折后，心理负担比较重，往往会出现自卑畏怯的心理问题；也有的大学生因为学习成绩优秀，会出现盲目自信的思想；还有的会有急功近利的想法；等等，这些都需要运用心理学的知识来解决。就业心理指导主要是帮助大学生树立一个正确的择业观，既要有时不我待、舍我其谁、敢拼敢冲的奋斗精神，还要有面对困难、挫折时不屈不挠的顽强精神。理想很丰满，现实很骨感。高校既要加强大学生的思想政治教育，树立其远大的理想，又要让其做好脚踏实地、艰苦奋斗的实际工作。这是一个潜移默化，润物细无声的长期工作。

## 四、就业管理

高校要全面收集和掌握毕业生的就业基本情况，及时了解毕业生的工作状态，从用人单位方面具体了解和深入调查对毕业生的满意度和具体要求，从而有可能分析判断出未来就业市场的方向，预测职业和职场的新需求，进而为学校设置相关专业、配套相关设施、引进相关人才、制订学习计划提供参考。同时，高校还要通过就业管理的实际工作，总结归纳就业管理的相关理论。

## 五、就业服务

### （一）就业信息服务

学校作为就业信息服务的主体，要为大学生搭建就业信息服务与咨询平台，努力开辟新的就业渠道，积极开展毕业生双向供需见面会，提供必要的就业信息指导。同时，高校要利用网络资源的优势，帮助毕业生了解就业信息的准确程度，辨别真伪，指导他们筛选过滤信息，避免误入歧途。对于一些时效性很强的招聘信息，学校要积极主动地准确传达，并及时收集毕业生的反馈信息，以便帮助他们及时做出回应。

### （二）就业帮扶

高校要把尚未就业的少数民族毕业生以及家庭经济困难、就业困难的毕业生作为重点服务对象，为其提供个性化的精准的就业指导，可以根据其自身特点量体裁衣，有针对性地重点培训，深度发掘招聘信息，向一些对口企业优先推荐，经济上可以给予一定的帮助，让他们尽快找到工作，融入社会。

## （三）其他服务

高校要为毕业生办理各种就业相关手续，包括就业协议、学生档案、报到证等。

# 第四节　提高学生就业管理水平的对策

## 一、就业管理内容创新

### （一）增加女生创业指导

高校应该加大女生创业的相关指导，让女生充分了解创业的激励政策，引导女生通过相互合作进行创业，带领女生参观创业园，邀请创业成功校友来校分享创业经验。另外，高校还可以制定各自的创业激励制度，特别是要加大对女生创业的激励。这样，不仅能提高女生的创业激情，也可以提高女生对就业的信心。

### （二）注重家庭教育对学生的积极作用

学生家长在平时应多关心学生的学习生活情况，时刻关注学生的发展动态，引导学生形成正确的就业择业观，鼓励学生自主就业、择业。

全社会都对大学生寄予厚望，希望大学生走上工作岗位后能够成为建设小康社会、实现中华民族伟大复兴的中流砥柱。这就要求大学生认识到就业、择业的重要性，在努力提高就业能力的同时建立较强的就业意识，树立正确的就业观和择业观。

### （三）不同年级的学生开展不同内容的就业指导

针对大学一年级学生，学校应该根据专业特点进行职业生涯规划教育。通过职业生涯规划，开展"第二课堂"的相关活动，引发学生对自身职业规划的思考。针对大学二年级学生，学校应该鼓励学生进行职业测试，以充分了解自我，完善自我认知，充分了解自身的职业能力、职业倾向和职业价值观等。针对大学三年级学生，学校应该注重专业技能的提升，加强就业政策、就业流程等方面的教育。针对大学四年级学生，学校应该强化学生在面试技巧、信息收集、人际交往等方面的能力，加强学生的就业观念教育，确保学生充分就业。

## 二、就业管理途径创新

### (一) 建立省级高校就业共享信息库

高校应积极开展网络就业管理与指导工程建设。一方面,高校需要建立并逐步完善各级就业信息库。通过系统性的建设,各高校可以获悉往届学生的就业去向、就业专业对口的占比等,针对不同专业的学生提供就业、择业帮助。另一方面,学生们通过查询信息库,可以更深入地了解自身专业的就业前景,根据专业就业流向,切实清晰地把握本专业的就业目标,由此更好地规划今后的职业生涯。就业信息库的内容应包括当前最新的就业政策解读、招聘信息、就业形势分析、专业行业介绍、往届毕业生的就业去向、就业典型案例、优秀学生的职业生涯规划案例等。学生可以通过网络在就业信息库里随时查询就业方面的信息,充分了解本专业的主要就业去向和就业企业,增强就业观念。

### (二) 搭建官方就业微信平台

高校应积极搭建官方微信平台,针对不同年级、不同专业、不同地域的学生,实时发布高效、高质量的就业信息,从而紧贴市场变化。各高校应通过官方就业微信平台,做好后台的宣传和服务工作,设立相应的微信公众号和订阅号,整合及优化社会资源,定期推送就业信息,满足大学生对就业信息的不同需求,让每位学生都能收到相关就业信息。这样学生能第一时间获取就业、招聘信息,既方便又高效。

利用好官方就业微信,一方面为各类用人单位和学生搭建沟通桥梁,通过线上线下的互动方式,优化资源配置,并且把招聘信息、招聘内容和招聘活动有机结合起来,环环相扣,形成一个良性的循环;另一方面,学校也能够更好地了解用人单位的需求和学生的就业需要,帮助学生答疑解惑,以便更好地开展就业指导。

### (三) 借助微博推动大学生就业指导工作

在多媒体快速发展的今天,高校要结合时代发展的特点,善于针对学生使用微博获取资讯的习惯来推动就业指导工作。虽然以辅导员微信和QQ通知为主的传统途径在学生获取就业信息方面仍占主导地位,但大学生通过微博等途径获取就业信息的比例也有明显上升。这说明随着技术手段的不断提高,未来学生获取就业信息的途径会更多。不同的就业信息获取的渠道将会在今后的就业过程中发挥着不可忽视的重要作用。因而，高校在开展就业管理与指导工作的时候，要与时俱进，将传统途径和新兴途径结合起来，在开展传统的就业宣讲会的同时，要利用微博同步进行就业政策、就业形势等方面的宣传。这样，学生即使错过了就业宣讲会，也可以第一时间通过微博获取信息。

高校通过微博平台，可以将就业相关资讯以"润物无声"的形式渗透到学生们的日常生活中，使就业信息的推送服务成为学生群体所关注的热门话题，从而推动大学生就业指导工作的开展。

**（四）开发大学生就业手机软件**

目前，手机已经成为大学生必不可少的日常用品。随着智能手机的普及，开发大学生就业手机软件迫在眉睫。高校可以根据实际情况开发官方就业手机软件，同时做好宣传工作，让每位学生下载使用。学生可以用自己的学号登录就业手机软件，查询就业政策、招聘信息、就业手续、企业信息等方面的内容，这样方便其在外出时也能随时查看相关的就业信息。

现如今，我国高校毕业生人数在逐年增长，面对越来越庞大的毕业生群体，如何全面落实和贯彻就业与创业工作，是各地高校面临的首要问题。高校应注重和逐步实现官方就业手机软件与学生的切实对接，参考社会常用的就业手机软件，例如智联招聘、前程无忧、赶集网、58同城等，完善高校官方的就业手机软件。这样有利于为大学生们提供可靠、真实的就业信息，形成高校为企业提供优质人才的同时又为学生们提供优质岗位的双向互动模式，不断推进人才、岗位等资源的优化配置，促进大学生就业与创业。

## 三、就业管理队伍创新

**（一）开辟专业教师与学生交流新渠道**

高校在开展就业管理时，应该充分利用专业教师的资源，建立专业教师与学生之间交流沟通的新平台。各专业负责人可以通过开通专门的微博发布各自专业的专业前景、就业领域等，也可以建立微信群、QQ群，将专业教师和学生拉入同一个群内，学生可以随时在群内进行就业咨询，专业教师可以第一时间进行答疑。同时，专业教师也可以在授课时适当穿插就业行业的介绍，对学生进行个性化的管理与指导，给学生传授专业就业方面的知识。这样，学生不仅可以更好地了解自身的专业，也可以跟专业教师建立良好的沟通，更有利于今后的就业。

## （二）搭建学生家长与学校的交流平台

成长环境影响着学生的性格。不同性格的学生对就业的需求也不尽相同。鉴于此，高校在开展就业管理的过程中，应该充分考虑到家庭因素对学生的影响。在就业方面，无论是男生还是女生，家人的意见起着相当重要的作用。高校有必要随时与学生家长保持联系，定期沟通。高校可以建立家校联络体系，针对每个班级建立各自的家长微信群或 QQ 群。在群里，家长可以随时了解学生各方面的表现，与学校老师进行互动，互相交流心得。家长可以根据学生的不同表现，引导学生正确选择适合自己的职业，树立正确的就业观，给予学生更多的帮助，提高学生就业与择业的能力。

## （三）建立行业、企业与学生之间的交流平台

大学生的就业管理除了离不开高校和家庭的教育和引导之外，自然也离不开社会和企业。根据调查数据分析，学生在就业的过程中，对将要从事的行业和职业了解不深，这就导致学生的择业成了难题。针对以上现象，高校应倡导建立企业管理人员与学生之间的联络机制。首先，可以根据学生的需要，定期邀请企业管理人员来校进行职业讲座，让企业管理人员和学生面对面交流。其次，为方便学生与企业管理人员进行及时有效地沟通，相关管理人员要建立学生与企业管理人员交流的微信群、QQ 群或者讨论组，利用新媒体技术，加强网上互动。这样，学生就可以随时获取相关的就业信息。最后，可以定期组织学生实地参观企业，参观一线岗位的具体工作，深入了解不同企业的文化，这既加强了企业管理人员与学生之间的互动交流，也可以更好地开展校企合作，更有利于学生的就业。

# 第八章　高校学生管理工作的创新研究

## 第一节　新媒体与高校学生管理工作的创新

### 一、新媒体的概念和特点

关于新媒体（new media）的定义，有从信息技术方面概述的，有从传播学角度进行界定的，也有从与传统媒体比较概述的。美国《连线》杂志对新媒体的定义："所有人对所有人的传播。"① 联合国教科文组织对新媒体的定义："以数字技术为基础，以网络为载体进行信息传播的媒介。"② 还有我国新传媒产业联盟秘书长王斌提出："新媒体是以数字信息技术为基础，以互动传播为特点，具有创新形态的媒体。"③ 赵晓艳认为新媒体是相对于传统媒体而言的，是报刊、广播、电视等传统媒体以后发展起来的新的媒体形态，是利用数字技术、网络技术、移动技术，通过互联网、无线通信网、有线网络等渠道以及电脑、手机、数字电视机等终端，为用户提供信息和娱乐的传播形态和媒体形态。④ 综合以上一些说法，再结合一些学者的研究，本研究对新媒体的界定更加侧重从新媒体对人类和社会造成的影响方面阐述，认为新媒体是一个动态的概念，是会随着科技发展而不断变化的，是与传统媒体相对应的一个概念。新媒体打破了时空限制，为人们提供多样化的信息服务，给人们创造了新型的生活形式，营造了一个新媒体环境。同时，在新媒体基础上，"第五媒体""微媒体""自媒体"等概念得以产生。

---

① 朱海松.碎片化传播[M].北京：机械工业出版社，2020：9.
② 张清.新媒介视域下的中学写作教学模式创新与实践[J].语文月刊，2019（4）：44-47.
③ 王斌.新媒体的特点及与传统媒体的融合发展趋势探析[J].采写编，2014（5）：66-67.
④ 赵晓艳.新媒体与传统媒体的特征比较及结合发展[J].活力，2017（8）：108.

新媒体已经渗透到我们生活的各个方面，对我们的生活造成了很大的改变，其具有广泛的渗透力、强劲的吸引力、强大的号召力和深远的辐射力。本研究从新媒体对学生工作的影响方面来分析，其特征如下：一是新媒体具有受众广泛性。因为新媒体可以通过电视、电脑、手机等终端进行传播，在数字技术和互联网技术日新月异的今天，新媒体的受众是最多的，传播范围也是最大的，也可以简单说"人人都是新媒体人"。二是新媒体的途径和内容具有多样性。传统媒体注重的是主流媒体，而新媒体受众群体也可以是新媒体信息的制造者，而且可以通过微信、微博、朋友圈、贴吧等多种形式传播，所以新媒体也造就了一些新群体如"网络主播""网红""吧主"等。三是新媒体传递信息具有即时性、传播速度快。新媒体内容能够在信息制造后马上被传播。四是新媒体具有开放性和互动性。新媒体传播是双向的，信息制造者和信息接受者在位置上是可以互换的。当然新媒体还具有内容多元性、共享性、自主参与性等。具有这些特征的新媒体对高校学生工作的开展有益，但同时也带来了一些冲击。

## 二、新媒体对高校学生管理工作的积极影响

### （一）新媒体对高校学生交流与学习的影响

1. 提供了丰富的学习资源，扩展了学习空间，丰富了学习方式

学生可以利用智能手机、电脑等工具从各类学习平台获取音频、视频等学习资源，自主选择学习内容，掌握学科发展的最新动态，学习范围更加广阔，促进自学能力的提升。通过新媒体获取大量的信息有助于学生开阔眼界，关注社会热点问题，缩短了大学生与外界的距离。面对大量不同的信息，大学生的思维方式也更加灵活，逐步学会客观理性地认识世界、认识自己。同时新媒体也为课堂教学提供了便利，教师可以利用"雨课堂"等教学软件及时掌握学生的学习情况，图文并茂的课件展示使学生能够在轻松和谐的氛围中获取知识，教学方式更加灵活多样，有利于提高学生的学习兴趣。手机媒体作为教师与学生沟通的媒介，不受时空限制，可随时随地展开学习和交流，极大地方便了学生查阅信息，其形象生动的视频资料、多样化的学习方式可让学生将碎片化的时间充分利用起来，轻松实现移动学习。

2. 交往范围更加广泛，沟通渠道更加顺畅

相对于传统的面对面交往，微信、微博、QQ等交流方式更受大学生青睐。

原因在于这些交流方式更加轻松便捷，可实现随时随地交流，表达方式也更加灵活，避免了面对面交流中的各种顾虑。同时可轻松实现与陌生人交流，突破了时空、年龄、身份的限制，可借助各类交流平台进行互动、表达诉求宣泄情感。在高校学生管理工作中，微信群、QQ群、电子邮件等方式也已成为教师与学生、学生与学生之间交流的重要方式，为其沟通提供了便利的条件。传统的谈心谈话教育方式易让学生感到紧张拘束，且受双方时间限制，很难做到畅所欲言。教师可以充分利用网络沟通媒介开展学生管理工作，通过微信朋友圈、QQ空间迅速掌握学生的思想动态、生活轨迹，并根据获得的信息对学生可能出现的问题提前进行引导教育，因此学生管理工作的预见性得到提高。师生之间的互动增多，有利于增进师生情感。根据需要来重点关注特殊学生群体，有利于针对性地开展教育，丰富教育手段。合理利用新媒体技术能迅速收集学生信息，提高工作效率，极大地方便了日常学生管理。目前，班级QQ群也已成为学生管理工作的重要工具，群投票、群公告、接龙统计、收集表、定位签到等功能使班级更加公开民主，收集信息更加便捷，又能及时准确地掌握学生的行动轨迹。学生在日常生活中利用微信朋友圈互相点赞、留言、评论，增进了同学之间的团结友谊，提高了班级凝聚力。

### （二）新媒体对高校学生管理工作者的影响

1.丰富了学生管理工作者的工作手段和形式

新媒体让学生管理工作者在工作上的形式和手段更丰富了，其借助新媒体平台，让学生管理工作的时效性、实效性和渗透性都更强了。高校学生管理工作涉及面本就非常广，而且工作量大，既有一对多的工作，又有一对一的工作，而新媒体可以让学生管理工作"线上"和"线下"结合开展，线上可以把共性的问题统一解决，线下可以采取个性化、差异化的问题处理；学生管理工作者借助微信、公众号、QQ、飞信等多种手段可以及时发通知，也可以与学生随时随地互动，这样能够及时处理好工作；新媒体也能够让学生管理工作者更清晰地了解到学生的需求，把学生工作深入到学生的心理；学生管理工作者借助新媒体，利用社会资源、学生家庭资源，形成教育合力，让工作的渗透性和实效性更强。

2.拉近了与学生之间的沟通距离

高校学生管理工作者既是教育者，又是管理者和服务者，这样的多重身份让学生管理工作者很难以处理各种角色转换，而新媒体的出现让学生管理工作者可以更好地处理这些问题了。新媒体可以拉近师生之间的距离，通过新媒体进行交流和互动，学生会感觉比较轻松，没有压力，也能够更好地和老师交流自己的想法，很多时候学生不敢当面提意见，通过新媒体，学生可以畅所欲言，让老师更好地了解他们真实的想法，师生之间的交流就会更加的亲切，联系也更为密切。

3.提供了充足的学习和提升空间

以往学生管理工作者总是忙于各种烦琐事务性的工作，很难有时间进行系统的业务学习或个人的晋升，而新媒体在这方面为其打开了一扇窗。学生管理工作者可以通过新媒体进行知识的学习，获取更多的知识，也可以和同行进行很好的工作交流，让自身不断地提高和进步，特别是新媒体打开了其国际视野，能更好地建立现代观念，对个人综合素质的提高起到了促进作用。

## 三、利用新媒体助推高校学生管理工作创新

### （一）新媒体助推高校学生管理和思想工作创新

对学生在校园里的生活、学习进行管理，保障学生的思想及心理健康发展是高校学生管理工作者的本职工作。在新媒体时代，学生管理工作者可以利用新媒体工具更高效、更科学地完成这些工作。他们可以通过网络及社交软件把学校发布的规定和信息及时准确地传递给学生。在思想管理方面，学生管理工作者无法改变信息繁杂、良莠不齐的网络环境，但是可以充分利用新媒体，经常与学生沟通交流，拉近与学生的距离，了解学生最新的思想动态，积极引导学生树立正确的价值观念，不仅要做学生学习道路上的引路人，更要做学生可以倾诉心情与烦恼的朋友。学生管理工作者也可以充分利用新媒体建立与学生交流沟通的渠道，建立QQ群、微信班级群，开展安全教育工作，了解学生的思想和行为，创造良好的网络文化氛围。学生管理工作者还可以通过抖音、微博、朋友圈等公众平台分享自己的工作和生活，转发一些正能量的文章，方便学生更加深入地了解自己，展示自己的知识学识和人格魅力，发挥优秀榜样的作用，增进与学生的友谊，潜移默化地影响学生，帮助学生树立正确的价值观念，从而更好地抵御网络上的不良信息。

## （二）新媒体助推高校实践活动组织与创新

新媒体时代，高校学生长期依赖手机、计算机等媒体设备会让学生丧失对现实生活的热爱与向往。网络上刺激的游戏、情节动人的影片等具有极强的诱惑性，使学生不知不觉间就浪费了一整天的时间，若习以为常，则对网络的依赖日甚，导致整日沉溺其中的结果。高校学生管理工作者作为与学生接触较多的教师，应是学生的榜样和引领者。学生管理工作者可以利用自身的号召能力和组织能力，以班级或年级为单位，组织线下实践活动，帮助学生认识到现实世界的真实和美好。例如在端午节当天，学生管理工作者可以借用学校食堂，组织学生进行包粽子的实践活动。在开始之前，学生管理工作者可以讲述一些关于端午节的传说典故等，引起学生的兴趣。包粽子过程中，学生的动手能力与沟通能力都能得到有效提升，对传统文化也有了更深的了解。学生管理工作者也可以利用周末时间，组织学生去学校附近的养老院，通过陪老人聊天，帮助老人打扫养老院的卫生等，让学生更加了解老年人的生活，培养学生敬老爱老的传统美德。通过这些线下活动，可以让学生对现实生活更加感兴趣，以培养学生对现实生活的热爱，提高学生的综合素质，帮助学生减少对手机、计算机等设备的依赖。

## （三）新媒体助推学生网络安全知识普及与创新

在新媒体时代，学生的思想观念不知不觉间就会被网络上的内容所影响。如今网络上的骗局层出不穷，学生很容易上当受骗，学生管理工作者应合理利用新媒体信息传递的即时性与广泛性，向学生普及网络安全知识，帮其树立正确的价值理念和行为准则。例如学生管理工作者可以开设微信公众号，经常更新一些关于网络诈骗的时事新闻，引导学生对网络安全的关注，让其了解防骗知识。学生管理工作者也可以把提高网络安全意识作为主题，组织学生编排一些构思巧妙、引人深思的小故事，发布到学校的抖音、微博等公众平台，通过活泼生动、学生喜闻乐见的形式，引起全校学生对网络安全知识的重视。学生管理工作者要利用互联网积极推广正确的思想意识，在学生心中树立起道德与法律的标杆，让其自觉遵守网络规则，遇到网络诈骗做到不受骗、不参与，积极向有关部门举报诈骗行为，履行自身应尽的责任和义务。学生管理工作者也应该积极宣传勤俭节约的良好美德，帮助学生树立正确的消费观念，不被网络上的不良风气影响。

### （四）新媒体助推学生在现实中交流与创新

如今高校学生都喜欢通过微信、QQ、微博交流，虽然无法面对面地锻炼学生人际交往的能力，但这些软件确实极大地方便了同学们之间的沟通，很多面对面无法说的话，可以通过此种形式表达出来，避免面对面沟通可能遇到的尴尬。利用微信、QQ、微博等软件进行沟通已经成为学生日常生活的一部分。学生管理工作者可以利用网络沟通范围的广泛性与便利性，建立年级聊天群、校区聊天群，让学生之间通过新媒体互相认识，扩大交友范围，提高交友能力。通过网络相识之后，学生自然而然地就会互相联系，在见面的过程中进行沟通、相互了解，从而提升人际交往能力。在微信群或QQ群建立一段时间之后，同学之间有了基础的了解，此时学生管理工作者可组织集体见面会，为同学之间建立沟通的桥梁，扩大学生交友范围，提升学生人际交往能力。当学生在现实生活中的朋友越来越多，对现实生活中的人际交往也就更有兴趣，当学校组织集体活动时，学生也更愿意参加，进而加强了校园集体建设。

### （五）新媒体助推高校"一站式"服务与创新

"一站式"学生管理服务，是由学生管理工作队伍带领一群勤工助学的学生和学生干部进行服务，借助新媒体开通的"线上"和"线下"一体的办事大厅。"一站式"学生管理服务的内容主要包括涉及学生管理工作的事务，如学生证办理、奖助贷申请、团活动申请、就业暂缓、后勤报修、宽带办理、饭卡充值、成绩查询等，这些事情能够通过"线上"解决的，就不需要在"线下"进行办理。"线上"办事大厅主要是受理和预约功能，也有一些简单的查询和咨询功能，还有就是评价和反馈功能；"线下"办事大厅的方式主要是参照政府办事大厅的工作模式，实行专项工作专门窗口受理申请，然后通过"一站式"学生事务服务的工作人员与各行政部门协调办理，在规定工作日内把处理结果反馈给学生，如果能够当场办理的就当场给予办理，并接受学生的监督和评价。"一站式"服务的根本目的就是实现服务育人，让学生自我服务意识和实践得以更好体现。

## 第二节  微时代与高校学生管理工作的创新

### 一、实施"微管理",转变和创新学生管理理念

#### (一)学生管理工作思维的转型

"微时代"下,随着微媒体在校园内的普及,学生管理工作者可以借助微媒体平台作为新的学生管理工作阵地和载体,使学生管理工作不断现代化和科学化,从而提高工作效率,这就需要学生管理工作者进行思维的转型。

第一,学生管理工作者应该从思想上重视微媒体平台所具备的潜在管理功能。"微时代"下,随着微博、微信等微媒体在大学生中的普及,学生管理工作者如果能运用这些平台作为和学生互动及管理的新方式和新途径,那么就能让学生更好地融入学习和生活中,就有可能发挥平台潜在的管理功能。这就需要学生管理工作者转变思维方式,不对微媒体抱有偏见,反而要正确认识微媒体、认真研究微媒体、大胆使用微媒体。

第二,管理思维可尝试由现实管理向虚拟管理转型。与学生进行面对面的交流是学生管理工作者普遍采用的方式,他们认为这种方式能较好地实现对学生的管理。但是在"微时代",这种方式可能并不为学生们所普遍接受,甚至容易使部分学生产生厌烦的情绪,因此,学生管理工作者应该将管理思维向虚拟管理转型,重视并尝试通过以学生喜闻乐见的虚拟微媒体平台实施宣传、交流、管理、服务等功能。

第三,积极转变管理理念。高校要把握"微时代"带来的机遇,树立"以学生为本"的理念,打造民主和谐的校园环境、构建科学完善的学生管理制度、重视学生的主体性地位,使管理更加的科学化、民主化和正规化,从而实现学生的全面发展。

高校也应适应潮流,转变学生管理工作思维,适应新环境、新要求,将微媒体平台纳入学校整体学生管理工作战略中,加大资金和技术的投入,谋求可持续发展的创新之路,为推进高校学生管理工作健康、有序地发展奠定坚实的基础。

## （二）重视微媒体使用的价值引导

大学阶段是学生形成正确世界观、人生观和价值观的重要阶段，而各种信息层出不穷，其中的负面信息容易对大学生的思想观念和道德认知造成不良影响，甚至导致其出现理想信念不坚定、价值观混乱等问题，如果学生管理工作者不及时加以引导，就可能造成难以弥补的遗憾。"微时代"既有利于学生更新思想观念，又容易使他们受到不良信息的误导，影响他们正确观念的形成。但是，学生管理工作者如果能引导学生正确使用微媒体，使他们具有良好的微媒体使用素养，就能让其有选择性地利用微媒体平台中的资源，从而抵制不良信息，促进自身的全面发展。首先，高校可尝试开设微博、微信等微媒体使用技术的培训班或选修课，向学生传授微媒体的基本知识和主要用途，使他们了解微媒体的传播途径和方式，提高对微媒体信息的独立思考、理解和批判性选择的能力，远离不良微媒体环境，并强化学生微媒体使用的道德意识和法制观念；其次，指导和鼓励学生尝试参加微媒体实践活动，提高微媒体使用技能，如制作微视频、微电影、举办微公益校园活动项目等。

## 二、打造"微队伍"，推进和优化学生管理工作队伍

"微时代"下，高校可尝试利用微媒体平台的便捷、快速、易互交的特性建立辅导员、教师、学生干部和家长"四位一体"的学生管理工作队伍。辅导员、教师、学生干部、家长不仅要在学生管理工作中发挥好各自的作用，相互之间还要加强配合、加强交流、优势互补、协调一致，从而实现"1+1+1+1>4"的效果，最大力度地发挥"四位一体"学生管理工作队伍的功用。

### （一）辅导员

辅导员是学生日常管理的骨干力量，是学生健康成长的指导者和引路人。他们的主要职责是负责学生班级工作、学生党团、学生学业、就业、交友、心理指导咨询工作、学生宿舍管理、奖助困补、安全维稳等工作，在大学校园中与学生接触得最多、关系最为密切，学生对他们的依赖程度比较高。辅导员所带学生比例一般不低于1∶200，工作量大，任务较重。"微时代"下，辅导员可以利用微媒体平台提高工作效率，扩大学生受众面，如利用班级微信、微博、QQ等微媒体准确地传达信息，巧妙地描述事件，积极地交流互动，有序地管理引导，以达到更好地服务学生的目的。

## （二）教师

高校可从已有校园资源入手，一是加强对学生管理工作相关部门如学校学工处、保卫处、招生就业处、后勤处、团委、各（院）系学工办、学院/班级等教师的培训，提升他们使用微媒体的能力，鼓励他们利用微媒体平台开展工作。在具体工作中，他们既要维护好部门或个人的微媒体平台，又要关注和参与到学生媒体平台中去，才能达到较好的管理效果。如通过微博、微信或QQ与学生交流，既能增进师生感情，又能及时了解学生动态；或是利用他们自己的微媒体平台在学生中传递正能量，引导学生树立正确的三观。二是加强对专业教师的培训。专业教师也可以通过微博、微信、微课程等学生所喜闻乐见的方式来组织课堂，并积极地与学生在学习上交流互动，甚至可以将课堂延伸到课外，以增强学生学习的积极性，巩固教学效果。

## （三）学生干部

除了学生会、团总支、社团联合会、青年志愿者等学生组织的学生干部之外，还可以组建一支作风好、纪律强、技术强的学生干部队伍深入学生中间，积极转发传播学校官方信息，及时关注学生中的舆情动态，传递正能量，发挥学生朋辈相互影响的积极作用。如组建学生干部微团队，专门从事微电影、微故事、微公益、微访谈等微素材的制作，并发布到微媒体平台上，以达到教育管理的目的。

## （四）家长

随着"微时代"的到来，越来越多的家长也使用微博、微信、QQ等微媒体，这就为教师、学生、家长三方互动，共同关注学生的成长提供了更好的平台。如教师可将学生在校园的学习、生活、心理等情况通过微媒体平台向家长反馈，特别是部分重点关注的学生对象，这样家长就不受限于时间、空间，能及时了解学生的最新动态。

为了更好地发挥"四位一体"的学生管理工作队伍的作用，学校也可以通过开展微媒体培训、社会考察、知名媒体机构交流经验等学习活动，加强他们对微时代的认识，鼓励他们提升使用微媒体的技术、能力。

## 三、开展"微活动",丰富与创新学生管理工作方式

### (一)构建"微活动"校园文化,形成润物无声的管理特色

大学生十分注重校园文化生活,营造良好的"微活动"校园文化氛围可以调动学生参与活动的积极性。高校学生管理工作者可以尝试将微博、微信等微媒体平台运用于构建校园"微活动"中,并通过"微活动"向大学生传播教育知识信息、弘扬社会主旋律和树立正确的价值观念,以凸显"春风化雨、润物无声"的管理特色,为更好地开展"微时代"下高校学生工作管理奠定基础。首先,学生管理工作者可尝试挖掘和培养一批思维活跃、现代意识强、善于策划组织且多才多艺的教师或学生干部队伍,让他们深入学生中间,并能够顺应时代需求,不断创建新的活动形式;其次,可加入"微时代""微时尚"元素,推广校园文化活动,广泛地吸引大学生积极地参与进来;第三,创新校园文化活动形式,在传统的校园文化活动形式的基础上,举办一些符合"微时代"发展、以"微时代"为主题的校园文化活动,比如微电影比赛、微博摄影评比、微商创业活动等。通过开展"微时代"校园文化活动,既丰富了大学生的课余生活,又锻炼了大学生的人际交往能力,有利于其积累社会实践经验。

### (二)推广"微公益"校园项目,凸显"育人无形"管理效果

"微公益"指的是通过微不足道的小事来进行公益事业的传播,汇微小成巨大,微公益强调积少成多。在"微时代"中,人人都是"微公益"的践行者。在大学生中开展"微公益"校园活动项目,既能够帮助一些特殊学生,解决他们的困难,又能弘扬互帮互助精神,增进学生之间的感情,传播正能量,实现"育人无形"的效果。高校举办校园"微公益"活动项目的意义深远。校园中的"微公益"不仅仅是一种简单意义上的校园文化活动,更重要的是通过"微公益"活动,培养大学生感恩的生活态度,提升大学生的社会责任感,升华其思想道德品质,以达到"我为人人,人人为我"的人生境界。因此,高校学生管理工作者要了解有关"微公益"的基本知识,并结合工作中的实际情况,经常举办一些适合大学生参与的"微公益"校园活动项目,并在学生中积极地宣传。如在大学生中发起一月捐献一元的"微公益"校园活动,帮助校园中家境困难、患有严重疾病的同学;向同学们倡议捐出自己用旧了的书籍等学习用品或衣服等生活用品,寄给偏远山区的学生。

# 第三节 大数据与高校学生管理工作的创新

## 一、大数据

### (一) 大数据的概念

从 1980 年阿尔文·托夫勒（Alvin Toffler）第一次于《第三次浪潮》中提出"大数据"一词到现在，越来越多的人了解和应用到了大数据。短短三十多年的时间，大数据以其独特的优势已经在多个领域得到应用，而且在不断扩展。根据查阅的相关资料显示，到目前为止并没有一个普遍受人们认同的"大数据"概念，不同的学者或机构根据大数据的特性从不同的角度对大数据进行了定义。主要可以分为两种界定方式。

第一，从获取数据性质的角度进行界定。例如，维基百科注重的是收集数据量的大小，认为"大数据指的是所涉及的资料量规模巨大到无法通过目前主流软件工具，在合理时间内达到撷取、管理、处理并整理成为帮助企业经营决策目的的资讯。"[1] 国际数据中心（IDC）把数据规模和多样化作为定义的关键，并提出"大数据技术描述了一个技术和体系的新时代，被设计于从大规模多样化的数据中通过高速捕获、发现和分析技术提取数据的价值"。[2] 在此基础上，美国国家标准和技术研究院（NIST）在大数据概念中注入数据获取速度以及表示方式等方面的性质，认为"大数据是指数据的容量、数据的获取速度或者数据的表示限制了使用传统关系方法对数据的分析处理能力，需要使用水平扩展的机制以提高处理效率"。[3]

第二，从数据处理的角度进行界定。例如，麦肯锡公司认为传统数据处理技术无法满足现有数据是促进大数据技术发展的关键，并提出"大数据是指无法在一定时间内用传统数据库软件工具对其内容进行采集、存储、管理和分析

---

[1] 高露.大数据时代下新型会计模式探讨[J].环渤海经济瞭望，2020（2）：11.
[2] 曾宪武.大数据技术[M].西安：西安电子科技大学出版社，2020：5.
[3] 郭福春，陶再平.互联网金融概论：2版[M].北京：中国金融出版社，2018：173.

的数据集合"。① 研究机构 Gartner 表示大数据是在无法满足现有需求的推动下产生的一种新的数据处理方式,认为"大数据是指需要新处理模式才能具有更强的决策力、洞察发现力和流程优化能力的海量、高增长率和多样化的信息资产。"② 2011 年,麦肯锡公司在研究报告中表达了与之相似的大数据观点,并将其定义为"超过了典型数据库软件工具捕获、存储、管理和分析数据能力的数据集"。③

从以上的定义可以看出,各学者和机构大多采用描述法对大数据进行定义。本文采用张燕南在《大数据的教育领域应用之研究——基于美国的应用实践》对于大数据的定义,即"大数据是信息技术高速发展背景下产生的一种数据采集、管理和分析的方式,一个发现和认识事物及其规律的新逻辑,一条改造和变革传统行业领域模式的新途径"。④

### (二)大数据的特性

相对于传统数据而言,大数据所具有的特性。虽然学者从不同的角度分析,对于大数据的概念界定不同,但对于大数据特性的看法是比较一致的,从"3V""4V"发展到现在普遍得到认可的"5V",具体包括如下五个特性。

1. 数量大(volume)

各行业每天都会产生大量的数据,《数字中国发展报告(2021年)》显示,2021 年全年我国数据产量 6.6ZB,全球占比 9.9%,位居世界第二。

2. 类型多(variety)

传统数据以结构化数据为主,以行数据为主要储存和处理形式。在此基础上,大数据将文本、图像、视频以及音频也作为处理对象,构成结构化、半结构化和非结构化数据相整合的数据处理技术。

3. 处理迅速(velocity)

这是大数据最显著的特征,在处理过程中,新技术框架的引入,解决了传

---

① 马学忠,李世强.大数据时代决策理论在企业管理中的应用[J].现代企业,2014(4):8-9.
② 顾颖硕.大数据与云计算[J].中学生数理化(学习研究),2018(4):17-18.
③ 郭慧馨,葛健.移动互联时代大数据对供应链整合营销的影响研究[M].北京:中国财富出版社,2020:117.
④ 张燕南.大数据的教育领域应用之研究:基于美国的应用实践[D].上海:华东师范大学,2016.

统数据统计方法的弊端并破除了其局限性。

4.真实性提高（veracity）

大数据以实时获取的连续数据为基础，保障了数据来源的客观性，数据分析处理的过程相对准确，从而使数据处理结果的可信度和有效性大幅提升。

5.价值性凸显（value）

大量数据使有价值的信息混杂其中难以被发掘，大数据技术的应用可以用于挖掘数据与数据之间的隐含关系，从而保证更快、更准确地寻找出有价值的信息。

### （三）大数据的处理过程

由于大数据自身的特性以及时代发展的要求，大数据已在多个领域得到了广泛的应用。总的来说，大数据的处理过程基本一致，但由于数据来源以及所要得到的分析结果不同，不同领域的大数据处理过程具有一定的特异性。大数据在学生管理工作中的处理过程可分为：管理数据的获取、管理数据的存储和整理、管理数据的分析和挖掘、结果解释和应用。

1.管理数据的获取

在学生管理工作中，数据主要来源于三个方面：（1）学习、生活、活动等过程中生成的学生个人的数据。（2）课业成绩、对学生评价等由教师和学生管理工作者录入的数据。（3）包括监控录像、投影仪、计算机等数字设备所产生的数据。根据信息的表达方式可将所收集到的管理数据分为三类，即结构性数据、半结构性数据以及非结构性数据。传统数据时代以处理结构性数据为主，而大数据技术的发展使数据处理范围增大的同时保证了数据处理结果的准确性。

2.管理数据的存储和整理

大数据技术应用的前提是对海量数据的存储，所以对大数据时代的数据存储技术有三方面的要求：（1）适用于大规模数据。随着学生管理工作中数字化程度的不断提升，获取的数据不断增多，数据保存技术应与之同步发展，甚至是位于其先。（2）适用于不同类型的数据。数据存储技术尤其要做到能适用于半结构性数据和非结构性数据。（3）能够对数据进行初步整理。进行数据存储的同时需要对其进行整理，以便为接下来的数据分析和挖掘工作做准备。对数据的存储和整理主要从两方面入手：一是完整地保存原有数据，构成管理数据实体,保证数据的真实性和有效性。二是对数据进行整合,对数据与数据之间的关联性进行初步的探索,在节省存储空间的同时为数据处理做准备。

3.管理数据的分析和挖掘

在整个数据加工过程中,数据分析可以看作是数据整理的进一步延伸,旨在凸显数据与数据之间的关联,为下一步的数据挖掘奠定基础。数据分析是在数据整理的基础上,对全部数据进行筛选,剔除真实性低、价值性低的数据,并以可信赖的数据为基础,对数据进行调整,从而实现对全部数据的聚合和修正。数据分析得到的结果以相关联的集合形式进行保存,构成大规模的数据相关联集合体。数据挖掘是一种综合的处理方式,例如,关联规则、决策树等。它在已获得的集合体中自动探索数据与数据之间存在的特殊关系,并建立管理数据框架,对管理行为和学生行为进行相关关系分析,以期对实际的学生管理工作提供参考。

4.结果解释和应用

数据挖掘处理得到的结果需要进一步转化,使结果以更直观、更简洁的方式呈现,这一过程主要利用的技术有:数据可视化技术、查阅与检索技术以及人机交互技术。对处理结果进行解释之后便可将其应用到实际的工作中,其在学生管理工作中主要有以下三方面的应用:(1)评估。可实时而真实地对学生管理工作的效果进行评估。(2)决策。所获得的大量的数据和信息可以成为管理者进行决策的依据,可以极大地提高决策的正确性。(3)预测。大数据的重要特性之一就是预测,如果学生管理工作中利用了这一点,就可以提高工作的主动性,在学生安全管理上进行提前干预,在一定程度上可以减少损失。

## 二、大数据应用于高校学生管理工作的意义

### (一)推进高校学生管理信息化建设与发展

高等学校的信息化建设不断推进,直接或间接的与广大学生的教育管理相联系。各部门的各类系统实时存储着全体学生的学习生活行为信息,这些数据信息具备了大数据"数据存储量庞大、数据的种类和来源多样、数据蕴含丰富的价值"的典型特征。针对这些教育大数据,高校通过数据挖掘技术予以分析,并给出相应的决策,对于学生教育管理有着重大的意义。这样不仅提升了高校学生教育管理的信息化水平,而且促使学生管理工作者的思想转变,从而推进了高校学生管理的创新性建设。基于大数据的大学生教育管理是对教育大

数据的深度挖掘和应用，推动了高校管理模式的升级，加速了信息化管理的建设脚步。

### （二）推动高校学生管理更具科学性和预见性

随着信息技术的不断发展和推陈出新，移动终端设备的相继推出，使得各类学生行为信息随时随地产生并被存储记录。结合高校信息化建设的不断推进，信息化的学习和生活方式已经成为大学生日常习惯，而这些体现着大学生人生观、价值观和世界观的行为信息会被以数据信息的形式存储起来。相比而言，传统大学生教育管理方式的局限性逐渐凸显出来，如获取信息时效性差、各类信息的全面性不够、信息量往往较少等，导致针对学生思想动态的分析和研判缺乏及时和全面的把握。运用教育大数据能够快速、全面、系统地分析学生目前的思想动态，并给出"画像分析"，从而将学生教育管理工作进一步精细化、高效化和科学化，开展工作也更有针对性和预见性。

### （三）提升高校学生管理工作的针对性和时效性

大学生正值人生观和价值观养成的关键时期，心智和思想都不够成熟，部分学生面临学业压力、就业困难、家庭经济困难等问题时会引发心理问题，这些问题很多是可以通过对学生的教育引导及早解决的，但部分问题由于发现不及时、分析不准确等，导致对其处理的延时。而大数据技术及时、系统地予以分析研判，能够对各类潜在的问题进行筛查、预测，并加以干预和管控，很大程度上降低了校园安全风险的发生，使学生管理工作者在学生教育管理工作中更具针对性和时效性，更有利于营造安全稳定的校园环境。

## 三、大数据如何促进高校学生管理工作创新

### （一）大数据创新数据采集方法

不同时代有不同的数据采集和使用方式，大数据时代要立足于在数据获取、存储、共享以及计算机计算能力飞速发展的优势，突破传统的思维定式，克服技术局限，不断探索适用于新时代的数据采集方法。新时代的数据采集不但要拓宽采集渠道，还要丰富数据采集的类型，除了关注结构化数据，更要关注非结构化数据，尽可能覆盖到与学生相关的所有信息，在采集的过程中不仅要做到采集的广度和深度，更要注重细度。

高校学生管理工作是一个系统性的工程，在数据采集时要树立全局意识，

既要采集横向信息,如学生的个人信息,与学生相关的教学信息,学生管理信息、医务保障信息等,也要采集纵向信息,以时间为坐标轴汇总学生从入学到毕业,甚至离开校园走上工作岗位以后的各阶段数据。这样的纵横信息交叉,形成一个网络化的学生工作信息管理系统。这一系统将所有与学生相关的信息都囊括其中,在一定程度上彰显了学生管理工作的机制,即学生管理工作不是一个部门的工作,而是高校中所有部门的工作,不同部门之间有一种相互关联、相互配合的紧密关系。

网络化的学生工作信息管理系统彰显了教育合力。要想将这个数据网络织紧织密,学生管理工作者在工作中主要收集以下三类数据:一是个人信息数据,主要来源于学校中与学生工作相关的各分管部门所掌握的数据。例如,招生办公室的学生招生信息、档案部门的学生档案信息、教务处的学生学籍信息、公寓管理部门的学生住宿信息、学生管理工作部门的学生奖惩信息等。二是传感数据,主要来源于校园数字化管理平台和各种传感器、物联网等收集到的数据。例如校园一卡通,学生进出教室、宿舍、图书馆、实验室等场所的记录,图书借阅记录,就餐消费等数据信息。三是交互数据,主要来源于学生在各大网络社交平台和网络课堂等网络空间所产生的动态数据,例如聊天信息、购物记录、搜索记录等;还有通过安装在校园、宿舍、教室等场所的感应设备等采集的学生行为信息,如听课时的微表情、微动作等,这些都能反映出学生对这门课程的投入度、关注度以及与老师的互动等。在这三类数据中,个人信息数据和传感数据属于静态数据,个人信息数据是学生的属性数据,传感数据记录了学生的生活活动轨迹,一般都是结构化数据,非常容易获得。交互数据属于动态数据,包含了大量非结构化数据,主要记录了学生在网络这一特定领域的情感行为变化以及由感应设备所还原的学生生活的真实样貌。相比于个人信息数据和传感数据而言,交互数据的获取相对困难,需要专业的设备和技术支持。

高校要根据工作需要,在继承传统工作中优良做法的基础上,对数据资源的管理与共享不断开辟创新,加快数据标准的统一,明确语义网络,规范数据管理和使用的方法和流程,厘清不同数据之间的关系,搭建临近领域数据库,整合种类繁杂的混乱数据,实现不同系统之间数据的良性互动和分享,避免自成一家,消除"信息孤岛"。例如,学生学籍管理系统、学生医疗保健管理系统、学生志愿服务管理系统的数据,可以通过数据接口进行交换和汇总,并利用云计算对数据管理系统和校园网络系统进行整合，聚集更多的教育资源，构建一整套科学合理的数据采集、存储、交流以及应用决策流程。

## （二）大数据创新管理服务方法

随着时代对人才培养质量的要求越来越高，社会呼吁高校培养出更富有个性和创新精神的人才以适应未来社会的不断变化。国际个性化教育协会（International Personalization Education Association，简称IPEA）将个性化教育定义为："为受教育者量身定制教育目标、教育计划、教育培训方法、辅导方案并加以执行，组织相关专业人员为受教育者提供学习管理策略和知识管理技术以及整合有效的教育资源，帮助受教育者突破生存限制，实现自我成长、自我实现和自我超越。"[1] 在技术短缺和存储能力不足的小数据时代，个性化教育使学生管理工作者备受困扰，但在大数据时代，因材施教成为可能。而这一切通过传统的集体教育绝不可能实现。

在商业领域，大数据的个性化服务早已有了很多的成功案例。系统会在网络上收集用户的行为轨迹和购物喜好，从中挖掘出用户可能感兴趣的产品和服务，从而向用户提供个性化的推荐。当我们在网络上搜索想买的书籍时，系统会根据该书的主题自动推荐内容相似的书籍以供选择；当我们登录微博时，系统会自动推荐你可能认识或可能关注的人群，这就是大数据个性化服务的良好应用。

大数据的个性化服务在教育领域的应用是一个发展趋势，为了能够给学生构建起个性化的教育环境，高校需积极引入大数据技术和理念。例如，学生在互联网上的点击记录、浏览痕迹、发表的博文评论等可以很好地反映出学生的生活状况、认知倾向、兴趣爱好等私人信息，甚至记录学生的体验、感受等心理数据。这些数据都具有高度个性化的特征，对其他个体没有任何意义，但对特定个体却举足轻重。通过捕捉不同学生对不同事物的需求，有针对性地推送学生感兴趣的内容，如相关主题的书籍、文章、影音资料等，潜移默化地对其进行感染和引导。在这个信息爆炸的时代，大数据技术同样可以将"信息过载"的难题转化为对学生的个性化指导。例如，同样是《计算机科学与技术》这门很多学院都会开设的基础课程，高校就可以针对不同学院学生的学科背景推送

---

[1] 刘凤娟.区域基础教育信息化推进路径研究：以教育信息化2.0为背景[M].成都：西南交通大学出版社，2020：20.

不同的学习内容。对于计算机学院、信息学院等工科学院，高校可重点推送一些理论性的、难度稍大的附加内容，以开阔学生的思维。但对管理学院、经济学院等文科学院，高校则重点推送一些如何将所学知识在日常生活中进行应用的实践内容。即使在同一个学院，根据自适应教学系统所反映出的不同学生的学习行为习惯和特点，也要推送不同的内容，让学生通过大数据应用得到个性化的指导和更多的配套资源。

除此之外，电子科技大学的教育大数据研究团队认为教育大数据还可以帮助学生找到适合自己的道路，也让教育系统优化资源配置。[①] 因为数据库中不仅有在校学生的大量数据，还保存着已经毕业的学生们的成长轨迹。通过对已毕业学生的数据进行挖掘，不难发现，选择不同发展道路的学生在很多方面存在着差异，比如学习、生活、人际交往等。例如，毕业后想出国的同学更喜欢借阅语言、词汇类的书籍；想考研继续深造的同学更热衷于参加考研讲座与经验交流会；而有意向创业的同学更愿意将时间花在实践上，他们与社会和他人的交往频率更高。如果通过数据对比和分析，发现在校学生在某方面的活动轨迹与某类去向毕业生相似度较高，高校则可以将与此相关的教育资源更多地向这类同学身上倾斜，多提供相关方面的建议，有针对性地进行引导，有的放矢地帮助学生做进一步规划。

高校学生管理工作从传统的集体教育管理向个性化服务的转型克服了以往高校学生工作中无法提供具体的、有针对性的个性化指导的不足，有利于为每个学生提供私人定制的发展方案，实现个性发展。

### （三）大数据掌握管理话语权

大数据让高校对大学生的思想引领从被动变为主动，主动出击，不断提升话语分量。高校要充分运用数据挖掘和发现既有时代特色，又有中国情怀，同时又被广大学生所关注的情况和话题，在此基础上设置主题进行思想政治教育和一系列研究讨论活动。高校还要根据当代大学生的成长环境和背景，选择其乐于接受的话语体系、活动方式和传播途径，如专家访谈、线上交流、时事评论等，积极主动地引领大学生把握时代脉搏，让其树立符合时代要求的新思

---

[①] 张力玮，杜永军，郭伟.以大数据技术服务国家教育与人才战略：访提升政府治理能力大数据应用技术国家工程实验室副主任、电子科技大学教育大数据研究所所长夏虎[J].世界教育信息，2018，31（12）：41-45.

想和新观念。除此之外，高校应该与各大媒体建立良好的合作关系，依托新华网、新浪网等网络媒体，百度、谷歌等搜索引擎和微信、微博等社交软件，建立以大数据挖掘分析为基础的网络舆情监控平台，通过对数据信息的动态监控和内容分析，及时掌握广大学生对重大公共事件的观点和看法以及事件的发展趋势，第一时间发现苗头性和倾向性问题。对于正面积极的信息，高校要通过舆论宣传放大其音量；对于负面消极信息，则要及时查明情况、疏导控制，降低其话语音量。因此，通过大数据高校不但能掌握话语主动权，还能随时掌握事态的发展动向和趋势，形成预警机制，避免突发事件的发生。高校学生管理工作真正从控制舆论向掌握话语主动权大步迈进，这也是后续开展精准的思想政治教育的前提。

### （四）大数据重视学生数据安全

在大数据时代，每个人在网络上的轨迹都变得非常透明，个人资料、通信信息、聊天记录、购物详情等都被完完整整得记录下来，并且很容易被查询到。通过网络上的信息我们甚至可以很准确地推测及搜索一个人的线下生活。高校的学生是使用网络的主力军之一，再加上校园一卡通的使用，校园中各种传感器的安置，使得学生的大量个人数据和活动信息可以被轻而易举地采集，校园安全、个人隐私等都面临着前所未有的安全挑战。如果这些数据信息不能被妥善的存储和处理，一旦遭到泄露，就意味着这些数据可以被其他组织和个人随意进行挖掘分析，轻则学生成为某种产品的推销对象，并不断地接收到垃圾信息，重则成为手机网络等媒体诈骗的受害者，后果不堪设想。这不仅要明确数据的使用边界，对数据存储的物理安全性以及数据的多副本与容灾机制也提出了更高的要求。所以，高校首先要建立的就是数据信息的管理和使用等安全制度。面对海量的数据，高校要成立专门的部门统筹数据的采集、存储、挖掘、分析和使用等。此部门中既要有计算机领域的专业人才，也要有在学生管理工作领域有所建树的专家。高校要以该部门为主，建立健全有关数据信息的一系列规章制度。高校要根据各部门的职能，给各组织和个人分配一定的权限用于对数据的挖掘和分析，但其不能跨越权限对其他数据和信息进行查看和使用；数据挖掘和分析的结果要通过安全合理的通道在各组织和个人之间进行分享；根据数据分析结果的不同在适当范围内公布，以免影响学生的正常学习生活；每个数据库要配备专人进行管理和维护，建立强大的安全防御体系，及时发现和识别安全漏洞，防止数据泄露或被其他机构非法所得；定期做好数据备份,完善容灾机制,避免由于存储设备的物理损坏而导致的数据丢失等。

从轻视信息安全问题向重视学生数据安全的转型符合大数据时代的发展要求,在利用大数据提升高校学生管理工作科学性的同时,最大程度地降低由数据带来的安全隐患,还校园一片净土。

## 第四节 "互联网+"与高校学生管理工作的创新

### 一、"互联网+"的科学内涵

#### (一)"互联网+"的本质是传统产业的在线化、数据化

"互联网+"的本质是传统产业对互联网的深层次、全方位应用,以及互联网对传统产业的改造和重塑,与传统意义的"信息化"有根本区别。互联网的应用可以解决现有市场机制下许多解决不了的问题,如缓解信息不对称、降低交易成本,通过改变生产流程促进竞争力的提高。我国互联网在商业领域的应用已经处于世界领先水平,而互联网在工业领域的应用存在滞后。从互联网商业到互联网工业是从互联网应用到"互联网+"的最好诠释。互联网及信息化正带来新一轮的科技革命。中国当前正处在抓住和引领产业革命前沿的最佳机遇,抓住这次机遇,对于中国经济的长远发展和创新体制建设,具有深远的意义。

#### (二)"互联网+"是互联网的全方位应用

互联网归根结底是一种工具,就像前几次技术革命中的蒸汽机、电一样,从产生就广泛应用于各行各业。从这个意义上来看,"互联网+"是以互联网为主的一整套信息技术(包括移动互联网、云计算、大数据技术等)在经济、社会和生活各方面的扩散应用过程。单纯从互联网的应用角度来理解"互联网+"可能会让人产生疑问:既然"互联网+"是国民经济各行业和全社会对互联网的应用,而市场经济体制下,因竞争压力而借助互联网进行成本缩减必然成为市场主体的理性选择,那么互联网的应用不是水到渠成的事情吗?为什么各个国家都以不同的形式将类似于"互联网+"的内容列为国家级战略布局?其核心在于互联网与哪些产业"相加"。

**(三)"互联网+"是产业应用,更是产业重塑**

从中国近几十年来互联网的短暂发展史来看,中国当前正经历互联网商业向互联网工业过渡的时期。互联网与商业的结合极大地改变了我们的日常生活方式,中国电子商务的快速发展印证了这一点。互联网对商业的改写毫无疑问降低了市场的运行成本,但本质上并未改变其商业属性,解决的仍是生产与消费的低成本匹配问题。基于互联网的零售业从本质上只是缩短了零售环节,节省了交易成本。

经济史研究表明,商业经济时期,社会的创新能力并没有显著提升,其互通有无的本质注定不会产生"生产什么及如何生产"这样的经济知识。因此,基于商业贸易的互联网应用虽然可以改变产业形态,但从理论上来说,并不会大规模产生新的经济知识及技术创新。互联网与工业的结合却改写了工业的生产方式、经济知识供给方式及技术创新的模式。

美国的互联网发展及其战略规划恰恰是这个判断的一个典型应用。美国互联网产业发展较早、市场规模也较大,但因为其线下商业体系发达,所以互联网商业发展并没有中国式的增长态势。这从侧面证明,互联网商业在本质上仍是传统商业的有效补充。但工业互联网发展成为美国的国家战略,这是因为在工业领域,互联网并不仅仅是一种工具。基于互联网的工业并不是传统工业的补充,而是对传统工业的升级或替代。发达国家虽然服务业占比超过工业占比,但这些国家均具有对工业技术的核心掌控能力,制造业发展对国家创新体系仍起到非常重要的作用。

## 二、"互联网+"视角高校学生管理的优化与创新策略

**(一)营造学生管理"互联网+"应用氛围**

1.强化学生管理工作者的管理意识

"互联网+"在高校学生管理中能否发挥自身所具有的优势作用,与学生管理工作者的管理意识有着必然的联系。"互联网+"视角下的高校学生管理优化,需要学生管理工作者树立平等的沟通理念,要求高校的学生管理工作者、教师以及其他工作人员应全员参与,除此以外还应树立发展的理念。对于学生管理工作来说,与学生通过网络进行沟通并不是非常容易实施的行为,网络所具有的特殊性,决定了网络使用主体的平等性,进而也决定了学生管理工作者应从平等地位的层面出发,同学生进行对话与沟通。学生管理工作不仅仅是班

主任教师或者辅导员的工作内容，学校的学生管理工作者与其他教师，甚至其他工作人员也应担负与此相关的责任，这是因为高校的不同工作人员在学生管理工作中扮演的角色是有区别的，因而其所从事的工作内容与学生管理工作之间的联系也存在区别。除此以外，还要树立发展理念。这是因为互联网以及与此相关的技术在"互联网+"视角下是不断发展变化的，这就要求学生管理工作者在对学生进行管理的过程中应以发展的眼光看待问题，不断地优化管理对策。

2.创建积极向上、主题鲜明的校园网络文化

校园网络文化是校园文化在网络环境下所产生的文化形态。在互联网对高校影响逐渐深入的环境氛围下，如何创建积极向上与主题鲜明的校园网络文化，也是"互联网+"视角下优化高校学生管理必须关注的重要问题。这是因为，从本次上文的调查情况来看，高校学生的日常生活、学习以及娱乐等都和互联网有着密切的联系，校园文化建设过程中互联网的影响也越来越广泛，表现为高校现有的各类社团互动以及校园文化都变得丰富多彩。校园文化作为公共组织文化之一，在"互联网+"的视角下必然要进行完善，这就需要学生管理工作者确定校园网络文化目标，有计划且有步骤地来推动校园网络文化的建设与发展。具体的做法可以根据实际情况灵活地确定对策，如可以通过校园网建设来树立本校学生管理部门的良好形象，通过校园网论坛管理员以及其他学生网络团体来创造和谐、团结、心情舒畅的网络校园环境氛围，即通过校园网络创造高效的学生管理工作氛围，实现高校发展与学生发展的双赢。

3.加大对校园网技术层面的投入

"互联网+"视角下高校学生管理的优化离不开技术的支持，高校主要的工作重点应是加大对校园网技术层面的投入。网络技术的快速发展与"互联网+"应用之间有着密切的联系，网络技术的发展必然会对高校校园网的硬件设施提出更新的要求，从这个层面出发，高校应根据自身的实际情况，从不断满足高校学生对网络文化需求的层面出发，加大对校园网技术层面的投入。高校应以校园网现有的情况为基础，加大对学生管理的关注力度，在校园网络建设方面应贯彻学生管理的全过程，简单说就是应将学生管理纳入校园信息化管理中，进而发挥"互联网+"在高校学生管理中所具有的不可取代的作用。高校对校园网技术层面的投入，除了硬件方面以外，还应完善与学生管理相关的管理技术，加大对管理技术的培训，如在加强与学生网络交流互动的同时，也应加大

学校信息资源利用的效果,通过培训的方式引导学生管理工作的参与者们更有效地发挥校园网的作用,帮助学生形成积极良好的网络应用理念与行为习惯,进而从根本上提高学生管理工作的有效性。

### (二)推进学生管理的科学化

1. 学生上网目标与结果管理的规范化

"互联网+"视角下学生管理的规范化必然不同于传统的学生管理规范化,其主要区别在于互联网等相关技术的引入,同时高校还应关注互联网介入到学生学习和生活中所产生的各类影响。对于高校来说,需要结合三个不同层面"互联网+"视角下学生管理科学化的内容,对学生管理实施规范化,其中重点是学生上网目标与结果管理的规范化。具体来说,学生上网目标与结果管理的规范化应以现有的法律、法规以及规章制度为基础,结合政策引导、舆论宣传等多种不同的方式来引导学生的网络生活,进而推动学生的健康发展,发挥网络技术发展在学生个人成长与教育方面所具有的积极作用。进一步调整现有的规章制度中与"互联网+"应用不符的相关内容,进而通过制度规范化的方式来实现分工协作推进"互联网+"视角下学生管理工作的开展。

2. 学生上网目标与结果管理的精细化

"互联网+"视角下的学生上网目标与结果管理的精细化,是以高校现有的"互联网+"对学生学习与学生管理的影响为基础的,其强调的是针对高校现有的互联网层面的学生管理工作中存在的突出问题而采用相应的解决对策,结合互联网所具有的优势,全面提升高校对学生的管理水平。高校要充分利用"互联网+"在现有学生管理工作中所具有的优势,进一步细化对学生的管理,例如,了解到高校中有些学生喜欢在网络上"吐槽""晒心情"等,高校在具体的学生管理中,就应以这些实际情况为基础,通过设置网络观察员的方式来关注学生的网络生活。网络观察员可以通过网络社区、论坛、QQ以及微信等不同的方式来了解学生的网络生活,第一时间追踪学生的思维动态与行为动态,进而能够及时地对学生进行有效管理,推动学生管理精细化的应用。

3. 学生上网目标与结果管理的个性化

"互联网+"视角下的高校学生管理优化还应关注到学生上网目标与结果管理的个性化,学生管理的个性化也是学生管理科学化应有的内容之一,这是因为学生管理工作应自始至终都贯彻落实人本管理的理念,凸显高校学生的个性，从互联网应用层面来推动学生的全面发展。此处的人本管理理念的贯彻强调的是"互联网+"视角下的人本管理理念，也就是说应关注互联网自身所具有的特殊性的人本管理，如上文提到的互联网的交互性。高校在推动"互联网+"视角下的学生管理工作时应全面贯彻人本管理。首先，高校要发挥互联网在学生专业学习方面的优势，应以学生在专业学习的现有情况为基础，同时关注学生在专业学习中面临的共性问题与个性问题，通过互联网技术的应用来提升学生的学术水平和工作能力，使学生成长为复合型人才，推动学生全面发展。其次，高校应积极发挥本校学生骨干在网络中所具有的作用，如可以通过论坛版主以及群主等来发挥互联网技术在学生管理中的有利作用，通过学生骨干所具有的带头作用来进一步提高学生管理的工作水平，学生骨干由于和学生联系较为紧密，且在经历等方面有着较为共同的体验，因而能够在网络生活中起到良好的带头作用。最后，学生管理工作者还要多借助QQ、电子邮件、微信等先进的通信手段与学生加强交流，对发现的问题采取有针对性的解决对策，关注学生的个性化发展，推动学生全面发展。

### （三）提升队伍的整体素质，提高互联网应用效率

#### 1.提高管理队伍主动获取信息的能力

作为学生管理工作的主导者，正确地理解网络社会所存在的人际互动规律，熟悉网络相关的技术操作，紧跟互联网技术的发展，在网上和学生不但能平等相处又能维护自身的尊严，真正有效地将互联网作为管理工作的工具和手段，是一个学生管理工作者应具备的基本素质与能力。目前高校的学生管理工作采用最多的方式是发布公共信息和通知，除此以外，通过高校主页对学生进行部分管理也是经常采用的方式之一。"互联网+"视角下高校学生管理工作的优化，要求管理队伍应加强获取信息的能力，也就是说不仅仅要获取学生网络生活与网络学习等方面的信息，还要加强获取学生管理工作的相关的信息，尽可能全面取得信息，只有这样才能有针对性地对学生管理中所面临的各种情况进行细致的分析，进而为学生管理水平的提高奠定信息方面的基础。简而言之，高校应通过培训或者会议交流等诸多途径来不断地提高管理队伍在主动获取信息方面的能力，从而提高工作质量。

#### 2.强化对管理队伍的培训

高校应建立选拔制度，提升"互联网+"下高校学生管理队伍的业务能力。

高校要有优化学生管理队伍的业务能力，对与"互联网+"应用相关的业务能力进行重点培养，通过选拔任用制度的实施，提高学生管理队伍对互联网的重视程度和使用程度。例如，高校在招聘人才时，要选择具有将互联网相关优势应用到学生管理中的专业人才，从根本上不断提高学生管理队伍的整体素质。高校还要定期组织互联网方面的培训，提升学生管理队伍对互联网的应用能力，还可以采用"请进来，走出去"的方法，引进学习先进的互联网应用管理经验，从动态的层面出发来持续强化管理队伍的工作能力。

3.制定行之有效的奖惩制度

高校要在学生管理工作的考核与激励中引入"互联网+"的相关内容。客观上来说，政策制度上和活动组织上两手都要硬，强化"互联网+"层面对学生管理工作者工作绩效的影响，具体的方式是把"互联网+"相关工作内容纳入考核制度与激励制度中。高校要修订原有教学考核办法中与"互联网+"视角下学生管理工作实际需求不符的地方，加大同学生管理工作相关的人员在"互联网+"视角下开展学生管理工作的考核权重，将互联网时代所具有的实际影响与学生综合素质提升进行有效的结合。具体的奖惩制度所涉及的主体是同学生管理工作相关的人员，高校要提高这些人员在从事学生管理工作中对互联网相关内容的关注。实施的具体措施为是以德育学分制、诚信档案建设等形式为抓手，把学生在校期间的网络学习以及网络相关的其他表现纳入学生的学分考核并和学生的毕业挂钩，要求学生应修够规定的网络德育学分才能毕业。同学生管理工作相关的人员要逐步引导学生加强网络在实际学习生活中所具有的积极作用，避免学生忽视网络在实际学习生活中所具有的推动作用，积极主动地配合学校的学生管理工作，从根本上推动学生的全面发展。

**（四）加强学生自我教育和自我管理**

1.加强学生的自我教育

在"互联网+"视角下，高校学生的自我教育的首要基础是教育者应先接受教育。对于高校的学生管理来说，学生管理工作者只有自己对"互联网+"视角下的种种情况形成理性认识以后，才能有针对性地解决学生们在互联网影响下所产生的诸多学生管理方面的问题。其次，高校应严格贯彻学生管理工作者与学生两者所具有的平等地位，这是由互联网应用所具有的特殊性决定的。学生管理工作者和学生处在平等的地位，是互联网本身发展的要求，也是学生管理中人本管理、民主管理以及无边界管理发展的必然选择。对于现有的高校学生管理来说，学生管理工作者与学生处在平等的地位是对高校学生主体意识的重视，也是高校教育向自我教育转变的基础。同时，学生管理工作者还应关注自我教育内容所具有的时效性。互联网在应用过程中有着传播速度快且发展变化快等方面的特点，这些特点决定了在学生管理过程中，学生管理工作者应提高对时效性的关注，把握好网络热点问题对学生自我教育的影响，利用互联网所提供的素材，提高学生分析问题以及解决自身所面临实际问题的能力，进而推动学生自我教育水平的提高。比如对于当前网络上出现的一些拜金主义行为，高校学生作为有知识、有素质的群体，对此应该学会去理性地进行分析。除此以外，学生管理工作者还应关注对学生自我教育的方式和方法等方面的引导。如学生管理工作者可以利用与互联网相关的正反两方面的典型案例对学生进行教育，进而引导学生提高自我教育的能力，推动其自身的全面发展。

2.加强学生的自我管理

大学生身心发展的阶段决定了大学生管理与中学生管理存在一定的区别，这种区别主要表现为学生管理工作者不需要对高校的学生实施全方位的管理，而是针对本校学生的实际情况，在对学生学习生活了解的基础上逐步提高其自我管理的能力。"互联网+"视角下高校的学生管理也需要实现对学生的自我管理，引导学生自我成长。高校的大多数学生对网络社区有着较高的参与度，学生管理工作中可以利用这个特点，引导学生参与到学校的网络社区中，在交流学习、兴趣以及浏览信息等活动中，增进学生彼此间的感情。学生管理工作者在鼓励学生参与网络社区生活时，还应关注对学生网络生活的引导，避免学生在网络社区活动中存在无组织和无纪律等方面的行为，引导学生加强自律性，避免其在网络生活中"随心所欲"，进而实现学生管理的管理目标。学生管理工作者可以通过培养网络社区管理员的方式来加强学生的自我管理，如在班级群中设置管理员，管理员也可以通过学生自荐或者学生选举产生，通过网络学生领袖的方式来提高学生自我管理的能力。与此类似的还有校园论坛的版主，等等。论坛的版主负责管理网络社区的相关事务，对论坛成员的发言内容进行审核，发布一些公共信息，等等。这些网络学生领袖的存在，不但可以推动学生互联网水平的提高，还可以成为学生和学生管理工作者之间的桥梁，进而实现学生和高校两者的双赢。

## 三、"互联网+"背景下学生管理趋势分析

### （一）管理理念：坚持师生平等更凸显学生的主体性

在以往的学生管理中，管理者往往代表着权威，因此，学生会产生逆反心理，想要挑战权威，挣脱被管理的束缚，为学生管理工作带来了重重障碍，管理部门也难以有效地开展工作。教师与学生是平等的两个群体，学生既是管理的主体，也是管理工作的参与者，所以，高校必须既让学生意识到管理的必要性，也要能调动学生的参与积极性。高校要实行基于"互联网+"的学生管理模式，需秉承以"学生为主体，教师为主导"的教育理念，高度重视学生的自我价值实现、注重学生的全面发展。只有融入学生的个性化发展，拉近学生管理工作者与学生之间的距离，高校才能充分转变学生管理工作的管理观念，为学生管理工作者及学生树立正确的管理与被管理观念，从而做到有效沟通。

### （二）管理团队：工作职责更加专业化

学生管理并不是为了管理而管理，最终是要提高学生的综合素质，让学生今后有足够的能力为自己在社会上谋得一席之地。互联网时代有着鲜明的时代特征，学生管理团队的时代素养，决定着被管理的学生的时代特性，因此，学生管理团队不但要在实践层面更加专业化，同时，也要在实践中不断提高理论素养。为此，只有建设一支政治观念强、业务能力精通、纪律严明、作风端正、品德高尚、学术水平较高的专业学生管理团队，高校才能确保其学生管理水平能随着时代的发展而逐渐提高。

### （三）学生日常行为管理：依托教育技术更加信息化

学生日常行为的管理，在学生管理工作中往往是难点也是重点。学生养成一种行为习惯容易，但要纠正一种行为习惯就需要长时间跟踪与提醒。学校的学生管理工作者人数与学生人数的比例小，如何发现学生的日常行为弊病，这就要求管理者能灵活运用互联网这一信息大平台，将学风建设、校园文化、文体活动及日常文明行为相结合，充分调动学生的参与积极性，让学生在活动的参与中发现自己的不当行为，并及时用文明行为来规范学生的言行，通过教育技术的介入提高学生日常行为管理的效率。

### （四）学生心理健康把脉：基于多方信息逐步实施大数据管理

学生的心理健康在当今时代已成为各高校教育的重点，学生因生活环境、

家庭情况以及生活条件的不同，在学习与生活中可能会存在一些困扰。从发现学生的心理问题到帮助学生解决心理问题，会有一个过程，这给学生管理工作者带来了隐性的管理难度。现在的高校大多开设了心理健康教育课程，并设置了心理咨询室，配备了心理咨询师，但是，有些学生不太会主动向老师或心理咨询师坦言自己的心理问题，也有的学生担心其他同学对自己有看法，会特意隐瞒自己的心理问题，这些情况又为心理健康管理工作增加了难度。"互联网+"背景下，学生管理工作者可以依靠互联网，利用大数据分析来提升对学生心理健康管理的日常化，如定期对学生进行心理测试，利用大数据进行分析、排查学生的心理健康情况，视学生的心理问题严重情况进行分类，并制订专门的帮助教育计划，定期进行座谈，做好谈心记录及保密工作，帮助学生树立正确的世界观、人生观、价值观，从而帮助学生解决其心理问题。同时，学生管理工作者要积极引导大学生走出学习倦怠、生活懒散、精神空虚的消沉状态，培养大学生积极健康的学习生活习惯。

# 参考文献

[1] 刘松柏，陈燕，张平淡．管理学：基于能力的原理和方法 [M].2 版．北京：中国言实出版社，2018.

[2] 潘永明，毕小青，杨强．管理学 [M]．上海：上海财经大学出版社，2018.

[3] 奉中华，张巍，仲心．大学生教育管理的创新与实践研究 [M]．长春：吉林人民出版社，2021.

[4] 王守恒，郑建林．教育学基础 [M]．北京：现代教育出版社，2011.

[5] 赵敏．学校管理学 [M]．广州：广东高等教育出版社，2017.

[6] 王玉斌．国内一流大学拔尖人才培养模式研究：以武书连《2017 中国大学评价》中 24 所一流大学为例 [J]．河南工业大学学报（社会科学版），2018，14（1）：91-94.

[7] 云炜恒．我国大学生事务管理存在的问题及解决途径 [J]．内蒙古师范大学学报（教育科学版），2007（3）：70-72.

[8] 张书明，朱新筱．试析新时期高校学生工作的困境及其创新 [J]．思想理论教育导刊，2007（10）：80-82.

[9] 储祖旺，蒋洪池．高校学生事务管理概念的演变与本土化 [J]．高等教育研究，2009，3（2）：86-90.

[10] 冯培．关于高校学生事务管理转型的若干思考 [J]．经济与管理研究，2007（9）：62-66.

[11] 顾明远．苏霍姆林斯基教育思想的现实意义 [J]．新课程教学（电子版），2022（10）：191-192.

[12] 张韦韦．教育部副部长杜玉波：培养创新人才是我国高等教育的根本使命 [J]．教育与职业，2012（7）：24-27.

[13] 徐姗姗．存在主义教育思潮下我国新型师生关系思考及管理应用 [J]．中学

课程辅导（教学研究），2012（17）：82-83.

[14] 平延勋. 埃里克森的人格发展阶段理论探析[J]. 山东农业工程学院学报，2016：33（6）：74-75.

[15] 王希婷. 皮亚杰认知发展理论在儿童早期教育中的影响及其在职业教育中应用[J]. 成长，2022（4）：79-81.

[16] 蒋林，何旭娟. 柯尔伯格德育理论对社会主义核心价值观教育的启示[J]. 新西部，2017（21）：159-160.

[17] 梁芯箔. 试论高校学生管理工作的创新与发展[J]. 大学：研究与管理，2021（5）：53-56.

[18] 王铁军. 精致化：学校管理的新理念、新策略[J]. 教书育人（校长参考），2010（6）：58-60.

[19] 黄刚. 精细化管理理念在高校学生工作中的应用研究[J]. 教育教学论坛，2016（10）：8-10.

[20] 陈晓斌. 新型书院制：高校学生社区管理模式探索[J]. 教育探索，2013（8）：96-99.

[21] 卢萍. 高校学生社区书院制管理模式路径探析[J]. 人才资源开发，2016（14）：64-65.

[22] 张清. 新媒介视域下的中学写作教学模式创新与实践[J]. 语文月刊，2019（4）：44-47.

[23] 许峥嵘. 新媒体环境下高等职业院校学生心理健康教育对策分析[J]. 校园心理，2018，16（5）：383-386.

[24] 赵晓艳. 新媒体与传统媒体的特征比较及结合发展[J]. 活力，2017（8）：108.

[25] 高露. 大数据时代下新型会计模式探讨[J]. 环渤海经济瞭望，2020（2）：11.

[26] 马学忠，李世强. 大数据时代决策理论在企业管理中的应用[J]. 现代企业，2014（4）：8-9.

[27] 张力玮，杜永军，郭伟. 以大数据技术服务国家教育与人才战略：访提升政府治理能力大数据应用技术国家工程实验室副主任、电子科技大学教育大数据研究所所长夏虎[J]. 世界教育信息，2018，31（12）：41-45.

[28] 侯新颖. 现代信息技术在高校学生考试管理工作中的应用研究 [J]. 办公自动化, 2022, 27（17）: 25-27.

[29] 聂志锋. 智慧协同理念下高校学生工作信息化管理策略研究 [J]. 吉林农业科技学院学报, 2022, 31（4）: 32-35.

[30] 殷瑾. 自媒体助力高校学生管理工作创新研究 [J]. 吉林农业科技学院学报, 2022, 31（4）: 59-62.

[31] 王砚谊. 新媒体背景下高校辅导员学生管理工作创新 [J]. 品位·经典, 2022（15）: 106-108.

[32] 余尧. 新媒体时代高校大学生学生管理工作研究 [J]. 淮南职业技术学院学报, 2022, 22（4）: 109-111.

[33] 王欣. 积极心理学在高校学生管理工作中的应用研究 [J]. 太原城市职业技术学院学报, 2022（6）: 123-125.

[34] 张洁. "互联网+"环境下高校学生就业教育与管理工作研究 [J]. 湖北开放职业学院学报, 2022, 35（12）: 63-64, 67.

[35] 杨哲. 信息化时代高校学生管理工作改革创新路径探索：评《"互联网+"时代高校学生管理模式的变革与创新》[J]. 中国科技论文, 2022, 17（6）: 714.

[36] 张中华. 信息技术在高校学生管理工作中的应用 [J]. 科技资讯, 2022, 20（11）: 19-22.

[37] 夏秋亮, 张翠霞. 大数据时代高校学生教育管理模式转变策略研究 [J]. 海峡科技与产业, 2022, 35（5）: 86-88.

[38] 孟彦君. 自媒体时代高校学生管理工作提升途径 [J]. 科教导刊, 2022（12）: 150-152.

[39] 赵子漪, 杜倩. "互联网+"新业态下学生就业工作管理与创新 [J]. 辽宁高职学报, 2022, 24（4）: 103-107.

[40] 张春泥, 赵娜, 高笛, 等. 新时代背景下"一体四翼"大数据学生精准化管理体系构建：以北京中医药大学为例 [J]. 中医教育, 2022, 41（3）: 28-30.

[41] 郭伟. 新媒体时代高校辅导员学生管理工作创新探究 [J]. 国际公关, 2022（6）: 103-105.

[42] 刘叶.大数据时代下高校教育管理工作优化路径探析[J].黑龙江科学，2022，13（5）：104-105.

[43] 桂洁."90后"辅导员视角下的"00后"高职学生管理工作[J].国际公关，2022（5）：103-105.

[44] 郭亮.大数据背景下的高校学生管理工作创新策略探究[J].中国多媒体与网络教学学报（中旬刊），2022（3）：149-152.

[45] 郑旭霞.大数据时代高校学生教育管理工作个性化研究[J].公关世界，2022（4）：80-81.

[46] 孙晓妍.高校学生管理工作中大学生心理健康教育存在的问题及对策研究[J].黑龙江教师发展学院学报，2022，41（2）：101-103.

[47] 盛丹.互联网思维视角下高校学生生态管理模式探究[J].环境工程，2022，40（2）：279-280.

[48] 向咏，帅春，张雨彤.高校高质量人才培养导向下的学生管理工作策略探究[J].黑龙江人力资源和社会保障，2022（3）：117-120.

[49] 江涛章.人民至上：高校学生管理工作的启示[J].湖北开放职业学院学报，2022，35（2）：38-39，42.

[50] 白利红.新媒体环境下高校学生管理的挑战与对策探究[J].新闻研究导刊，2022，13（1）：202-204.

[51] 陆远.立德树人背景下高校学生管理工作[J].现代交际，2021（24）：157-159.

[52] 许子健，苏冰玉.目标管理在高校学生管理工作中的应用[J].现代交际，2021（24）：189-191.

[53] 吴燕燕.心理健康教育视域下高校学生管理模式创新探讨[J].江西电力职业技术学院学报，2021，34（12）：103-104.

[54] 韩浩天.大数据在高校学生管理中的应用分析[J].创新创业理论研究与实践，2021，4（23）：151-153.

[55] 曲妍."互联网+"思维模式下如何完善高校学生管理的探索研究[J].科技资讯，2021，19（30）：84-87.

[56] 刘慧玲.国际化背景下高等教育开放性研究[D].长沙：中南大学，2006：64.

[57] 颜巧妹.建国以来高校学生管理理念发展研究[D].淮北：淮北师范大学，2015.

[58] 杨斐.大学生参与高校学生管理研究：以武昌工学院为例[D].武汉：华中师范大学，2018.

[59] 陈心月.自媒体对高校学生管理工作的影响及对策研究[D].南京：东南大学，2018.

[60] 卢昊.新媒体时代"90后"大学生管理研究[D].武汉：武汉工程大学，2015.